权威 · 前沿 · 原创

2011年
中国文化产业发展报告

顾　问／江蓝生　谢绳武
主　编／张晓明　胡惠林　章建刚
中国社会科学院文化研究中心
上海交通大学国家文化产业创新与发展研究基地

ANNUAL REPORT ON DEVELOPMENT OF CHINA'S CULTURAL INDUSTRIES (2011)

社会科学文献出版社
SSAP
SOCIAL SCIENCES ACADEMIC PRESS (CHINA)

《2011 年中国文化产业发展报告》
课　题　组

课题组负责人　张晓明　胡惠林

课 题 组 成 员　谢　锐　章建刚　齐勇锋　李康化
吴江波　高家仁　惠　鸣

《2011年中国文化产业发展报告》撰稿人名单

（按文序排列）

张晓明　胡惠林　章建刚　王伟光　欧阳坚
兰　培　高书生　孔建华　金元浦　宋　阳
王文洪　徐升国　尹　鸿　程　文　黄升民
邵华冬　赵子忠　徐　琦　林日葵　宋革新
王　琳　王作权　马鸿斌　贾斯汀·奥康纳
鲍　红　苏　锋　王　莉　刘翠霞　王亚南
刘　婷　宋存洋　王莹莹

主编简介

张晓明 中国社会科学院文化研究中心副主任、研究员。上海交通大学兼职研究员。《文化蓝皮书：中国公共文化服务发展报告》、《文化蓝皮书：国际文化产业发展报告》和《中国少数民族文化发展报告》主编。中宣部《文化体制改革总体方案》和《十一五时期文化发展纲要》起草小组专家组成员。“扶持动漫产业发展部际联席会议专家委员会”委员，“国家动漫产业基本战略研究组”组长。

胡惠林 上海交通大学教授、博士研究生导师，国家文化产业创新与发展研究基地办公室主任。《中国文化产业评论》执行主编；中宣部《文化体制改革总体方案》和《十一五时期文化发展纲要》起草小组专家组成员。国家哲学社会科学基金项目艺术学科终评专家。

章建刚 中国社会科学院哲学所研究员、博士生导师，院文化研究中心理事、副主任、兼职研究员。上海交通大学兼职研究员。《文化蓝皮书：中国公共文化服务发展报告》执行主编。

摘　要

《文化蓝皮书：2011 年中国文化产业发展报告》是中国社会科学院文化研究中心和文化部、上海交通大学国家文化产业创新与发展研究基地合作共同编写的第十本年度性国家文化产业报告。

本书秉承了《文化蓝皮书》10 年来一贯的风格。“总报告”、“宏观视野”和“专家论坛”等栏目注重评估形势，分析问题，预测发展，提出建议。“行业报告”、“区域报告”、“个案研究”、“统计指标研究”等栏目侧重展示不同行业、不同区域文化产业的年度发展动态和个案剖析。“国际文化产业”栏目介绍了全球文化产业发展的最新动态和理论探索。

由总课题组撰写的“总报告”展示了本书的核心观点。“总报告”认为，“十二五”期间，宏观经济环境有利于文化产业的发展。但“十二五”期间文化产业的发展不应该是“十一五”发展的简单的量的放大，而是要有质的提升，要开辟新思路，看到新空间，寻找新路径，激发新的动力。如果文化体制、机制、政策到位，将有可能进一步提高发展速度，实现推动文化产业成为国民经济的支柱性产业这一宏伟目标。但如果管理体制和政策缺乏价值取向和制度基础，时而收紧、时而放任，则会动摇市场的良性预期，抑制文化产业的健康发展。

“总报告”指出，“十二五”期间推动文化产业实现新的跨越式“大发展”需要抓住五个重大契机。一是通过扩大内需来充分释放居民文化消费需求，这是我国文化产业大发展的基本依据。二是参与国民经济结构的战略性调整，充分发挥文化产业作为生产性服务业的优势，这是我国文化产业大发展的主攻方向。三是加速培育各类新型文化业态，实现文化产业超常规增长，这是我国文化产业大发展的重大机遇。四是发展新型城市文化经济，促进区域协调和错位发展，这是我国文化产业大发展的独特优势。五是优化对文化外贸易结构，使国家软实力战略与促进文化贸易的战略有机地结合起来，这是我国文化产业发展的新天地。

“总报告”认为，“十二五”期间，推动文化产业大发展需要以四个方面的认识突破为前提。一是重新认识文化在当代发展观中的核心地位；二是重新认识文化体制改革的目标模式，真正确立市场在文化资源配置中的基础性地位，切实保护人民群众依法兴办文化企业和从事文化创造、生产、销售等的权利；三是重新认识文化市场主体，形成多元合力共同驱动的文化发展格局；四是重新认识国家文化安全，积极开拓对外文化贸易。

“总报告”认为，“十二五”来临之际，中国的文化产业已经站在了新的历史起点上，必将创造新的奇迹。

Abstract

Blue Book of Culture: *Report on the Development of China's Cultural Industries*, *2011* is the tenth annual report about China's cultural industries, jointly prepared and produced by the Research Center of Humanities of CASS, the Ministry of Culture and National Cultural Industries Innovation and Development Academe of the Shanghai Jiaotong University.

This book remains the basic framework available in the last ten years. The column Main Report, Overview and Specialist Forum aim mainly at providing overall evaluations, analyses, predictions and countermeasure advices about China's culture industries, meanwhile Industry Report, Regional Report, Case Study and Statistical Topics focus specially on giving concrete descriptions and case analyses about different culture industries or the culture industries in different regions. Foreign Culture Industry intends to give a panorama introduction about the theory and practice of the development of global culture industry.

The main report provided by its special group still constitutes the core part of the whole book. It points out that the macro economic environment in the coming period of the 12th Five-Year Plan will surely be favorable for the development of culture industries, but for modern China's culture industries as a whole, quality improving is much more important than quantity expansion. It requires us to explore new way of thinking, to attempt new method of working and to improve substantially the relevant system, institution and policy environment. Only the institutional environment improving can speed up the process of China's culture industries and fulfill one of the goals set by the 12th Five-Year Plan, namely to make culture industry as a strategic pillar industry for China's national economy. On the contrary, if the management system and relevant institution lack a stable and correct value tropism and the policies keep wavering unpredictably, the culture industries would go slowly and stiffly.

According to main report, five key points are determinative for China's culture industries to make great progress in the period of 12th Five-Year Plan: firstly, fully release the consumer's culture consumption need; secondly, join the structure adjustment of national economy and take the advantage of culture industry as a productive service industry; thirdly, foster different kinds of new-type culture industry and realize the leaping development of China's culture industry; fourthly, enhance the new-type urban culture economy and promote concerted development among different regions; last but not least, optimize the structure of culture export trade.

In order to accomplish above mentioned tasks smoothly, we have to put the concept if culture development center place of our national strategy; to redefine the target of our national culture institution reform and admits that the market plays a fundamental role in distributing culture resource; to reiterate the idea that culture market needs to get driving forces either from the state or from the private sectors.

Main report believes that China's culture industries is standing at a new starting point and will create a new era in the coming period of the 12th Five-Year Plan.

目录

BⅣ 行业报告

BⅤ 区域报告

BⅥ 国际文化产业

BⅦ 个案研究

B Ⅷ 统计指标研究

B Ⅸ 大事记

皮书数据库阅读使用指南

CONTENTS

B I Main Report

BIV Industry Report

BV Regional Report

ⅮⅥ Foreign Cultural Industries

ⅮⅦ Case Study

ⅮⅧ Statistical Topic

ⅮⅨ Chronicle of Events

总 报 告

Main Report

B.1

寻找动力，重新起步

总课题组　张晓明　胡惠林　章建刚*

2010年是“十一五”最后一年，也是我国文化产业发展第一个10年的结束。《文化蓝皮书：中国文化产业发展报告》已经出版第十本。10年来，中国的文化产业随着改革开放的步伐快速做大；《文化蓝皮书：中国文化产业发展报告》则随着中国文化产业的发展而成长。10年来，《文化蓝皮书：中国文化产业发展报告》不仅成为中国社会科学院主要的蓝皮书品牌，也为后来涌现出来的文化产业的行业性蓝皮书和地方性蓝皮书提供了模本。

2010年在中国文化产业发展历史上有承前启后的意义。2月初，在中央举办的省部级主要负责同志转变经济发展方式专题研讨班上，胡锦涛总书记发表重要讲话，阐述了加快经济发展方式转变的重要性和紧迫性，提出把加快发展文化产

* 张晓明，中国社会科学院文化研究中心副主任、研究员；胡惠林，上海交通大学国家文化产业创新与发展研究基地办公室主任，教授；章建刚，中国社会科学院文化研究中心副主任、研究员。本报告撰写过程中，中国社会科学院文化研究中心研究员李河、贾旭东，助理研究员惠鸣博士参与讨论并提供了宝贵意见。博士后意娜、宋革新协助搜集和计算有关数据并参与了讨论。

业作为加快经济发展方式转变的八项重点工作之一。7月23日，中共中央政治局就深化文化体制改革举行第22次集体学习，胡锦涛总书记指出，一定要从战略高度深刻认识文化的重要地位和作用，并要求“加快发展文化产业，认真落实文化产业振兴规划，精心实施重大文化产业项目带动战略，推进文化产业结构调整，培育新的文化业态，提高文化产业规模化、集约化、专业化水平”。到了10月，十七届五中全会召开，在中央“十二五规划建议”中，首次引人注目地将发展文化产业的目标定位为“推动文化产业成为国民经济的支柱性产业”，文化产业正式位列国家战略性支柱产业之中。

以上重大政策性动向反映了我国经济社会发展的必然要求，也必然引发新一轮观念的变革。就整个中国的现代化进程而言，发展方式的转变意味着体制改革的全面深入和思想观念新的突破；就文化产业而言，要建设成为国民经济支柱性产业，也意味着一场脱胎换骨的改造、观念的突破与创新不可避免。展望未来5年，将文化产业发展为“国民经济的支柱产业”的任务并不轻松，体制机制创新再一次成为制胜的关键。任何粗放而无效、质次而价高或低俗或教条的文化产业，对经济结构的调整都不会起到值得期待的推动作用。任何缺乏价值取向和制度基础，时而收紧、时而放任的管理体制和政策，都将动摇市场的良性预期，抑制文化产业的健康发展。

2011年是“十二五”开局之年，文化产业发展的总体形势令人鼓舞。但未来五年的发展任务又的确是艰巨的。我们需要明确：该如何看待在“十二五”期间“推动文化产业成为国民经济的支柱产业”这一重大目标？达成这个目标是可能的吗？如何去实现这一目标？以下我们尝试回答这些紧迫的问题。

一　如何看待在“十二五”期间“推动文化产业成为国民经济的支柱产业”的目标？

2010年5月，国家统计局在第六届深圳文博会上发布了文化产业发展的官方统计数据，2009年中国文化产业增加值为8400亿元左右，比2008年增长10%，占同期GDP的比重为2.5%左右，仅比2008年提高0.07个百分点。以这个数据为基础，我们推算2010年我国文化产业增加值如果以同样幅度增加，将达到9240亿元左右。也有人认为，金融危机以来我国文化产业提速明显，2010

年文化产业将越过10000亿元大关。

将以上数字作为起点，目前对“十二五”期间文化产业发展目标有两种计算和两种结果，我们把它们称为“高线目标”和“低线目标”。

首先来看高线目标。根据一般的说法，成为“支柱产业”的最低标准是占GDP总量5%，因此，如果中国文化产业要在2015年成为支柱产业，就必须在GDP中的占比提升一倍。2011年3月5日，温家宝总理在第十一届全国人民代表大会第四次会议上作的《政府工作报告》中，将“十二五”期间国民经济年增率设定为7%，并指出到2015年我国国内生产总值将超过55万亿元。根据这个数字，如果到2015年我们要将文化产业发展为支柱产业，就要在目前2.5%的基础上增加一倍，达到国内生产总值的5%，总量应是2.75万亿元。按照这个数字计算，从2010年的9240亿元到2015年的27500亿元，年增率是每年大约24%。

再来看看低线目标。2010年12月9日，文化部负责同志在天津举行的第四批国家文化产业示范基地命名授牌大会上披露，正在根据《中共中央关于制定国民经济和社会发展第十二个五年规划的建议》起草《“十二五”时期文化产业倍增计划》，其中将提出五年内文化部门管理的文化产业增加值比2010年翻一番的发展目标。稍后，有关领导进一步明确地说，按照这个目标，如果2010年全国文化产业增加值超过9000亿元，到2015年，文化产业增加值将超过1.8万亿元，年增率要达到15%左右。按照这个推算，届时文化产业增加值将只能占到2015年国民生产总值55万亿的3.27%左右。

在统计口径基本不变的前提下，以上低线发展目标低于近年国内文化产业的年增率，因此似乎显得略有保留。高线发展目标的实现有一定的难度，但却并非不能。我国文化产业统计上有过两次较为准确的统计年报，即2004年第一次全国经济普查和2008年第二次全国经济普查。普查数据表明，这两年全国文化产业增加值分别为3439亿元和7166亿元，其年均增长速度在20%左右。考虑到我国文化产业存在巨大的发展潜力，“十二五”期间国民经济将出现重大转型，宏观经济环境有利于文化产业的发展，如果文化体制、机制、政策到位，将有可能进一步提高发展速度，实现推动文化产业成为国民经济的支柱性产业这一宏伟目标。

总之，我国文化产业在“十二五期间”发展成为支柱产业这一目标已经高悬在国家发展的前方，实现它则需要付出巨大的努力。要实现这一目标，不能满足于在目前增长的基础上靠惯性简单地或线性地规划文化产业的发展。换句话说，“十二五期间”文化产业的发展不应该是“十一五”发展的简单的量的放大，而是要有质的提升，要开辟新思路，看到新空间，寻找新路径，激发新动力。

二　如何看待“十二五”期间文化产业的发展空间？

“十二五”期间文化产业实现新的跨越式发展的可能性，根本原因在于存在巨大的市场空间。2009 年“文化产业蓝皮书”总报告已经对未来 10 年文化产业发展的市场空间做过一些分析，在刚刚通过的《中华人民共和国国民经济和社会发展第十二个五年规划纲要》（以下简称《“十二五”规划》）中，我们看到了更为清晰的图景。

（一）居民文化消费需求的充分释放，是我国文化产业大发展的基本依据

文化产业首先是满足人民群众不断增长的精神文化消费需求的现代服务业。“十二五”经济新政在扩大内需特别是扩大消费需求方面的政策取向构成了今后 5 年中国文化产业大发展的基本依据。

在过去几年的《文化蓝皮书》“总报告”中，我们多次分析过我国居民文化消费支出大大低于同等发展水平国家的状况。“十二五”时期有望成为中国现代化发展的分水岭：扩大内需，改善民生已经成为中国经济政策的主轴，这个巨大的文化消费落差为文化产业的发展提供了近乎无限的想象空间。我们看到，《“十二五”规划》中引人注目地在“政策导向”这一章中谈到了“建立扩大消费需求的长效机制”，特别明确地提出要把扩大消费需求作为扩大内需的战略重点，并提出了诸如推进城镇化、实施就业优先战略、深化分配制度改革、健全社会保障体系，以及营造良好的消费环境等释放居民消费潜力的措施。扩大内需是我国经济发展的长期战略方针和基本立足点，也是促进经济均衡发展的根本途径和内在要求。我们可以把这一“政策导向”看做是今后 5 年宏观经济环境将向有利于文化产业发展的方向转变的最重要信息。

（二）参与国民经济结构的战略性调整，是我国文化产业大发展的主攻方向

现代文化产业更重要的功能是满足越来越多的相关产业部门的生产性服务需要，对于中国这种面临重大产业升级的制造业大国来说就更是如此。《“十二五”规划》对经济结构调整的高度强调，特别是生产性服务业的高度关注，构成了今后5年中国文化产业的主攻方向。

《“十二五”规划》中将推进经济结构战略性调整提到了“转变经济发展方式的主攻方向”的高度，将推动服务业大发展作为结构优化升级的战略重点，并将加速发展生产性服务业作为首要任务，这一连串具有紧密逻辑关联性的战略举措最终指向了现代文化产业——生产性服务业的高端形态。在关于结构调整的一系列具体要求中，我们可以看到这一广阔的发展前景。比如说，在有关转型升级，提高产业核心竞争力的篇章中，就谈到了推动研发设计，推动自主品牌建设，而这就需要大大提高产品的技术含量和文化附加值；在有关推动服务业大发展的篇章中，还提到了要大力发展工业设计、数字内容服务等高端服务业；这些都在为当代文化产业的重要领域——创意设计腾出巨大的发展空间。

（三）培育新型文化业态，是我国文化产业大发展的重大机遇

今天的文化产业是建立在数字化信息技术基础上的新型文化产业。经济危机将信息产业推到了战略新兴产业的地位，也使我们获得机遇，大力发展相关文化产业，走向世界前列。这是我国文化产业在新的五年规划期间成长为支柱产业的最大机遇。

新型文化业态是数字技术的产物和新兴文化产业的序曲。根据权威信息来源，2010年，我国全国电话用户净增9244万户，继续延续“十一五”以来每年大约1亿的增速，总数达到115339万户。其中，移动电话用户85900万户，在电话用户总数中所占的比重达到74.5%，是固定电话用户的3倍左右。另据报道，截至2010年12月底，我国网民规模达到4.57亿，较2009年底增加7330万人，手机网民规模达3.03亿，较2009年底增加6930万人。手机网民在网民总数中的比例进一步提高，从2009年末的60.8%提升至66.2%。信息技术如此迅速的普及，以全世界最快的速度创造着新型的消费者、新型的消费热点，以及新

型的业态，极大地推动了我国文化产业的发展。近年来，与数字化信息技术有关的新型文化产业部门，不断爆出超常增长的消息，有关公司也接连在纳斯达克上市，迅速进入全球大型企业之列。这说明中国只有在新兴文化产业领域才有可能较早地走进世界前列。

（四）发展新型城市文化经济，促进区域协调和错位发展，是我国文化产业大发展的独特优势

从“十二五”开始，我国发展方式转型的一个重要的支点就是：实施区域发展总体战略和主体功能区战略，通过区域功能的规划，提高国土空间利用效率。而构建新型城市化战略格局，提升城市化质量和水平，是这一战略的重要组成部分。经济危机后“高铁”的迅猛发展，推动了全国范围内公共服务设施均等化的进程，突发式地改变了一大批二、三线城市的区位属性，振兴了新一轮城市建设的高潮。地方政府的新一届执政者将眼光投向未来，否定了服务于传统工业化的城市发展战略，大量新颖和别具特色的文化地标涌现在城市未来的蓝图上。各地文化创意产业园区等新型产业集聚区的纷纷创建，既引领了这个发展进程，也为自己争得了新的发展空间。

我们看到，随着我国工业化趋近于完成，有一股越来越强劲的发展趋势正在出现：那种完全按照工业化要求规划出来的、功能性的、没有任何地域特色的“福特式”地点和城市正在被人们摈弃，具有“高水平唯一性”的地域性文化资源，正在成为重要的战略资源，参与到地区性的发展中去，形成“后福特式”的地点和城市。近年来，一批国家级文化产业示范园区异军突起，凭借与所在地区和城市发展的密切关系，打造了成功的商业模式，就是典型的范例。

（五）发展文化贸易，优化对外贸易结构，提升国家文化软实力，是我国文化产业发展的新天地

从《“十二五”规划》来看，未来5年将是我国对外贸易发生转型的重要时期，对外贸易结构的变化将向培育出口竞争新优势、大力发展文化等新兴服务业的方向发展，这将与国家推动中国文化走出去、提升国家文化软实力的战略高度契合，使国家增强软实力的战略与促进文化贸易的战略有机地结合起来，为文化产业发展开辟出新天地。

经过10年左右的发展，目前我们已经站到了新的历史起点上，创立了政府和企业合作，文化事业与文化产业并举，国有企业和民营企业联手的对外文化贸易新格局。根据文化部的权威数据，我国已与145个国家签订了政府间文化合作协定，建成了9个海外中国文化中心、282所孔子学院，这些机构已经或正在发挥着中国文化形象展示窗口、文化贸易营销网络、文化投资前沿阵地的重要作用。

三　寻找新动力，实现新发展

经过了2008年以来的经济危机，我国的经济发展已经走上了新的道路，在此背景下看“十二五”期间文化产业的发展，就会看到巨大的发展空间。而且我们还看到，未来的5～10年，我国将处在以发展方式转变为主线的又一次转型与改革的关键阶段，文化产业不仅有发展机会，更需要突破发展的障碍。“十二五”期间，文化产业不应该仅仅实现量的增长，更应该实现质的跃升，为此，必须在思想观念上有新的突破创新。

（一）重新认识文化产业的发展目标：一场观念的革命？

对“十二五”文化产业发展目标的认识，既涉及在现有国民经济统计指标体系下如何计算文化产业发展数据的问题，也涉及对中国这样的后发现代化国家发展文化产业的重大意义的认识。我们需要重新认识文化产业和现代化发展的关系。

首先，我国目前的国民经济统计指标体系主要还是适用于工业化发展的，对服务业的发展状况往往难以充分反映，更不用说文化产业，因此，文化产业被低估的程度肯定不小。2004年我国第一次国民经济普查时，曾针对服务业的特殊情况适当调整调查对象的规模基准，结果三次产业的比重发生了一些变化，第三产业在国民经济结构中所占比重有所提高，但文化产业的发展状况依然不能获得充分的反映，其在整个服务业中所占比重还因此不升反降。文化产业领域是中小型企业占主导，很多企业的经营规模达不到现行统计口径的最低门槛，自然会被忽略。至于在发达地区和大城市越来越常见的那种以专业化个人自我就业形式存在的文化经济活动（如“威客”），就更是难以进入国家统计的视野了。

其次，如何重新认识文化产业，并以新的统计指标体系加以测量？20 世纪 80 年代，联合国教科文组织提出重新认识当代文化产业。几乎与此同时，国际上有一些声音质疑以“GDP”衡量国家经济实力的合理性，人们开始寻找复合指数来衡量发展。诺贝尔经济学奖得主阿马蒂亚·森提出的“人类发展指数”（HDI）、世界银行提出的“绿色 GDP 核算体系”、不丹国王提出的“国民幸福指数”（GNH），以及法国总统萨科齐邀请包括诺贝尔奖获得主斯蒂格里茨和阿马蒂亚·森在内的 20 多名世界知名专家，进行的名为“幸福与经济进步的测量”的研究等，就是其中一些深具影响的成果。值得特别关注的是：由联合国贸发会议和开发计划署牵头，联合国教科文组织、世界知识产权组织，以及国际贸易中心等机构参与，于 2008 年发布了名为《2008 创意经济：创意经济评估的挑战——面向科学合理的决策》的报告。“报告”把“创意经济”作为“新的发展范式”，认为创意经济可以把经济和文化联系在一起，包容了经济、文化、技术和社会发展的各个方面，是发展的主轴概念。

将“创意经济”看做“新的发展范式”，是一次观念的革命。在文化和经济普遍融合已经成为大趋势的今天，人们不再认为文化与经济活动不相关，甚至也不再认为文化产业仅仅是那些与经济活动密切相关的行业活动，而是已经将其提升到现代化发展的核心概念的高度。国际社会对文化产业概念的这一重新定位，值得我们高度重视。我们或许不应该如此看重根据目前统计指标体系测算出来的文化产业的发展目标，而是更加关注文化产业与当代经济生活的普遍关联；说得更明确就是，真正重要的事情也许不是文化产业在“GDP”中占多大比重，而是我们的“发展观”在多大程度上是由文化来定义的。

（二）重新认识改革：新一轮体制机制创新要有构建目标模式

10 年来，文化产业发展一直在体制机制和政策创新中前进，今后 5～10 年可能会更加依赖于体制改革为发展开拓道路。

中国一直是在“发展”与“改革”的双重变奏中前进的，未来 5～10 年将是我国现代化发展跨越“转型”难关的关键时期，没有新一轮重大的体制性突破将难以实现这一跨越。文化产业也是如此。宏观经济转向导致的文化需求的空前释放、经济结构调整对现代服务业的扩张期待、数字化信息技术的巨大进步推动的新型业态的出现，都要求文化产业有一个超常的发展，而没有重大的体制性突破将难以实现超常发展的目标。文化产业发展的巨大冲动对文化体制改革的这一“倒逼”形势超出了有些人的理解程度和容忍限度，于是出现了种种认识的反弹。形势要求我们进行一些更为根本性的思考，既是回答这些质疑，也是为改革设定目标。

正如我们过去曾经指出的，只有转变发展方式才能加快发展文化产业，实际上，转变发展方式最根本之点在于，从政府主导的增长方式转为市场经济为主导的增长方式，真正确立市场在文化资源配置中的基础性地位。因此，根本性的问题不是对产业政策作局部的调整，而是要有适应市场经济的体制性安排。

文化体制改革的目标模式需进一步明确。2003 年以来文化体制改革试点的成功，已经大致解决了体制内文化事业单位的转企改制问题，并启动了政府文化管理体制改革，现在需要明确“基本文化制度”这个最终目标，才能使体制改革最终落地，收获改革的全部成果。正所谓“改到深处是产权”，一个适应社会主义市场经济体制的基本文化制度，从根本上说就是要真正和全面地落实人民群众的文化权利。在社会主义市场经济体制条件下，实现文化的大发展大繁荣，最需要加以保护的文化权利就是人民群众依法兴办文化企业以从事文化创造、生产、销售等的权利。这一权利的政治基础在宪法中是以公民的“言论自由权”加以确定的。可以说，如果没有对公民言论自由权的落实，对其知识产权的经济利益的保护也将难以实施，种种对文化创作权的侵犯和窃取就会乘虚而入，文化大发展、大繁荣就会彻底落空。

目标确定后，进一步深化改革是需要审时度势、慎重决策的。发展和稳定是影响改革决策的两大因素，如何取舍必须要有所权衡。如果认为发展是硬道理，为了实现发展而产生的适当经济和社会成本就是应当承受的，稳定的问题也可以在发展中获得解决；这样就必须在体制改革上作出新的安排，为发展腾出空间。而如果认为稳定压倒一切，甚至片面到认为发展也要为稳定让路，那就无须通过深化改革来为发展提供新的动力，当然也就无须提出无法实现的发展目标，避免出现泡沫。我们认为，文化发展特别要求具有探索性、实验性，甚至一定程度的风险，因而它需要的是一个宏观可控、微观放活的实践空间，体制性和政策性安排要充分认识文化发展的这种特殊规律。

改革有成本，也有“时间窗口”。渐进式改革有保持稳定的好处，也有成本不断攀高的弊病，必须在“时间窗口”关闭前果断冲关。今后 5～10 年是中国经济转型的关键时期和深化改革的最佳时期，机遇必然蕴涵其间，对于文化体制改革来说也是如此。

（三）重新认识文化市场主体：变两轮驱动为多元合力

文化体制改革的最重要突破就是将传统文化事业单位分为事业和产业两类，实施分类指导，创建新型体制。近 10 年来改革的实践说明，社会主义市场经济中事业和产业是两种性质的机构，可能会表现为若干种过渡形态。公益性文化事业和经营性文化产业并非只有两种非此即彼的机构类型，还有一系列中间形态。因此，随着市场经济的发展，必须不断创新市场主体。

2010 年 6 月，《求是》杂志发表了李长春同志谈文化建设的十大关系的文章，谈到了“要正确把握处于公益性文化单位和经营性文化单位之间少数文化单位的改革”的问题，指出这些单位不同于普通的公益性文化单位，具有一定的经营性质，但完全走向市场目前还不具备条件，因此暂时仍实行事业单位企业化管理。实际上我们发现，除了财政管辖范围之下的文化单位中存在着兼有公益性和经营性两种属性的单位外，社会上已经出现了越来越多的“非政府”、“非营利”文化单位（NGO）。但是这些单位自主经营不同于文化企业，从事公益性文化活动却不拿国家财政支持，他们所从事的活动尽管公益性程度不同，但是对由财政资助的公共文化服务体系起到重要的补充作用，而且在效率上往往比政府财政扶持的文化机构更具优势。文化市场主体正在呈现越来越多元化的局面。

市场经济是一种不断发展中的资源分散配置机制，不但有利于发展经营性企业，也在逐步发展出有利于公益事业机构的机制，使得从事公共文化服务的机构越来越成为不需要国家财政直接供养的“非政府”和“非营利”机构（NGO）。现代文化领域正在成为“NGO”发展最快的领域。随着我国经济社会的不断进步，多种多样的市场或者半市场化的机制将会发展起来，各种类型的市场主体将会创设出来，体制机制和政策方面的创新必须跟上。

（四）重新认识文化安全，建立积极外向的国家文化贸易体系

多年来，随着文化产业的发展，我国文化软实力也不断提升，但是“文化安全”的警示之声仍然不绝于耳。究竟什么是文化安全，可以有各种各样的理解，但是应该只有一种有利于开展积极的文化贸易，保护和发展文化多样性的文化安全政策。在很大程度上我们可以这样说，在新一轮全球化的背景下，文化上的不安全感从根本上说来自文化市场竞争力不足，甚至来自对竞争能力的自卑

感，来自对自己文化的吸引力和道义感召力的不自信。何况，我们一向相信“积极的防守就是进攻”，由此而论，最好的文化安全政策就是促进文化大发展大繁荣的政策。如果仅仅从现代化初期的国际政治立场出发看待文化安全问题，只会导致自我封闭和陷入更加被动的局面。

如果说文化安全主要是关注在新一轮全球化形势下民族国家的文化竞争力的话，我们可以将其与“文化例外”和“文化多样性”等外国文化政策联系起来思考。“文化例外”和“文化多样性”都是与“文化全球化”相并立的概念，反映了世界诸多国家对当前文化市场由少数国家垄断的担忧，反映了它们对文化贸易适当加以“规制”的倾向，它们是近20年来国际文化政策讨论中的核心概念。这个对话过程终结于2005年联合国教科文组织第三十三届大会通过的《保护和促进文化表现形式多样性公约》。今天，“保护和促进文化多样性”已经不仅是理论话题，甚至也不仅是政策建议，而是正在获得越来越多国家的法律承认。在这个意义上说，一个越来越成熟的国际文化贸易体系正在建立起来。这就是说，如果将“文化安全”置于《公约》框架下，作为对于民族文化多样性的保护性政策，是可以理解的；但反之，对于发展来说，仅仅有“安全”是不够的，还必须有充分多样的文化交往。

无论如何，“安全”不应该成为国家文化政策的主题词。中国有全世界唯一五千年不曾间断的文明史，有使用统一语言的13亿人民，有各具文化传统和风俗的56个民族，有全世界历时最悠久、规模最宏伟的城市建设的历史，创造了最为灿烂辉煌的文化，文化产业资源不可谓不丰富，文化生产能力不可谓不强大。中国30多年来经济持续快速发展，人均收入和生活水平不断提高，文化消费潜力不可谓不大。特别是近10多年来，文化产业蓬勃兴起，对外文化影响力也不断提升。放眼全球，如果中国这样的国家，依然还过分强调文化安全问题，既显得过于悲观，也是缺少文化自信的表现。

本书截稿付梓之际，我们有如释重负之感。自10年前第一本《文化蓝皮书：中国文化产业发展报告》出版以来，《文化蓝皮书》每年出版未曾间断；评估形势，分析问题，预测发展，提出建议，《文化蓝皮书》一直站在中国文化产业发展的前沿，承担着自己应尽的责任。我们相信，坚冰已经打破，航道已经开通，中国的文化产业已经站在了新的历史起点上，必将创造新的奇迹。

宏观视野

Overview

B.2

发展文化产业，促进社会主义先进文化建设*

王伟光**

今天，我们会聚在泰山之麓，岱庙之畔，共话“弘扬中华优秀文化，促进文化产业振兴”这一主题。泰山属于世界文化与自然双遗产、东方历史文化宝库，是中华文化和民族精神的象征。在齐鲁大地上孕育的儒家思想是中华文化的主干，对中华民族的价值观、人生观产生了深远影响。中华大地上名山大川无数，泰山独占五岳之尊，登泰山而小天下。泰山在中华文化中的崇高地位、泰岳文化的千古魅力、先贤往圣的胸怀与足迹，都让我们由衷地景仰。

泰岳文化是中华优秀文化的一个缩影。中华文化是千百年来亿万中华儿女最宝贵的精神财富，是中华民族薪火相传的民族精神与历史血脉，也是中华民族繁

* 本文系作者 2010 年 11 月 6 日在泰安市“2010 泰山论坛主论坛”的主题演讲，收入本书时略有修改。中国社会科学院为本次论坛的主办方之一。

** 王伟光，中国社会科学院党组副书记，常务副院长。

荣发展的精神纽带。中华文化气象博大、包容、开放，既有仁爱孝悌、刚正不阿、自然冲虚这样的伦理准则与价值态度，也有汉赋唐诗、昆曲越剧、水墨丹青这样的艺术瑰宝；既荟萃了蒙古长调、侗族大歌、藏族堆谐这样动人心魄的民族歌舞，也吸纳了芭蕾舞、交响乐这些源自西方的高雅艺术。中华民族历经无数的坎坷与磨难，始终屹立于世界民族之林，并不断开创新的辉煌，其根本原因就在于中华文化一脉相承，历久而弥新，凝聚了亿万中华儿女同心同德的情感和意志。数千年来，中华优秀文化始终与时俱进，坚持吸收人类一切先进文化的基因，不断自我创新，不断铸造新的时代品质。今天，我们不仅需要以历史的眼光看待中华文化的当代发展，更需要以世界的眼光审视中华文化在世界文化发展中的位置。

当今世界，文化的维度在各国的发展和竞争中占据了前所未有的重要地位。文化已经不仅仅是传统意义上民族身份的象征和民族精神的纽带，更成为超越经济增长的片面性，实现人文发展与经济发展相协调、推动社会和个人全面发展的根本性途径和手段。近 20 年来，国际社会纷纷修订发展指标和评价体系，提升文化在发展指数中的权重和地位。在这一过程中，文化产业成为最重要的推动力。文化产业的快速发展大幅提升了文化要素对国民经济和社会福利的贡献率，推动文化经济成为国民经济的重要组成部分。文化要素本身已经成为重要的生产力要素。与此同时，文化产品的大规模输出也推动了相关国家的价值观的传播，提升了这些国家的“软实力”，为它们带来巨大的国家利益。20 世纪 90 年代以来，在媒介汇流和互联网产业崛起的影响下，发达国家文化产业加速发展。目前，一些发达国家的文化产业增加值已经接近或超过本国 GDP 的 10%，成为国民经济的支柱产业。

改革开放以来，随着我国经济社会的快速发展和国际交往的全方位深化，全社会解放和发展文化生产力，促进社会主义文化发展繁荣的自觉性日益增加。进入新世纪，党中央、国务院围绕“文化发展”这一主题，不断深化战略布局。2000 年，十一届五中全会报告中正式确认发展“文化产业”。2003 年，我国进行文化体制改革试点，全面探索市场经济条件下文化发展的新型体制和机制。2006 年，我国出台第一个国家文化发展规划——《“十一五”时期文化发展规划纲要》。2007 年，“十七大”报告中明确提出要更加自觉、更加主动地推动文化大发展大繁荣。2009 年，国家出台《文化产业振兴规划》。2010 年，相关部委

《关于金融支持文化产业振兴和发展繁荣的指导意见》出台。这些文件的出台为文化产业发展提供了巨大的政策动力，使文化产业在我国经济社会发展中的地位不断提升。2009 年，我国文化产业增加值达 8400 亿元，占同期我国 GDP 的 2.5%。这一年，我国多个省区的文化产业增加值占到了本地 GDP 的 5% 以上，北京市文化产业增加值占到本地 GDP 的 12.3%。本次论坛的东道主——山东省 2009 年文化产业增加值达 1040 亿元，总量居于全国第三位，成为全省经济发展的重要新兴部门。

文化产业的崛起和迅猛发展是过去十多年来我国文化领域最主要的事件。快速发展的文化产业对提高我国经济发展品质，优化经济结构发挥了重大作用。同时，它也有效提升了我国文化软实力，成为推动我国经济、政治、社会和文化四位一体协调发展、科学发展和包容性发展的战略性产业。

文化产业的发展不仅深刻影响着我国的文化经济版图，而且为中华优秀文化的发展和弘扬提供了重大的历史机遇。第一，从文化创造的角度看，文化产业为中华优秀文化的繁荣发展提供了最活跃的创造性空间。文化产业通过复杂的、专业化的文化生产机制，把个人的文化创意转化为文化娱乐产品，直接满足全社会无限多样的终端文化消费需求，这使文化产业成为引领当代文化发展的最活跃、最具有创造性、最具有生命力的生长点。第二，从文化生产的动员方式看，文化产业为中华优秀文化的发展繁荣提供了强大的生产性动员。文化企业以资本为纽带，整合最广泛的资本力量、最先进的技术力量与最优秀的创意力量进行文化产品的"社会化大生产"。这不仅极大地加速了文化生产力的增长，也为优秀文化产品的大量涌现提供了强大的生产性保障。第三，从资源开发的角度看，文化产业为文化资源的开发提供了强大的市场需求和技术支持。当代文化产业是高科技与高端文化创意的结合。借助最先进的技术力量和最强大的创意力量，文化产业以商品化、故事化、时尚化和符号化等多种形式开发文化资源和文化遗产，破译古老艰涩的文化密码，唤醒大量沉睡的历史文化符号，把它们转化成创意资源和创意产品。通过这种开发和转换，中华民族丰富、厚重的优秀文化遗产和文化资源以最方便、最直接的方式进入公共视野，融入当代生活，获得了新的生命力。第四，从文化传播的角度看，文化产业的发展，为中华优秀文化走出国门，面向全球展示和传播提供了无限广阔的空间，也为中华文化借鉴、吸收世界其他民族的优秀文化提供了前所未有的机遇。

文化产业的这些特点启发我们，建设社会主义先进文化、弘扬中华优秀文化、发展地方文化经济，都必须依托文化产业的发展和繁荣来进行。离开文化产业的强大支撑和拉动，文化发展就会失去最强大的动力。过去十年，迅猛发展的文化产业极大地丰富了我国文化产品和文化服务的供应，提高了广大人民群众文化消费的多样性和选择性，有效提升了我国文化软实力和文化竞争力。在这一过程中，一大批优秀文化企业在激烈的市场考验中发展壮大，它们以优秀的内容、原创和卓越的审美品位博得广大消费者的认可，企业品牌和影响力不断提升，对发展社会主义先进文化和弘扬中华优秀文化作出了突出贡献。

文化产业和公共文化服务是当代文化发展的车之双轮、鸟之两翼。发展文化产业、弘扬中华优秀文化，一方面要抓住解放和发展文化生产力这一主线，有序推进文化体制改革，逐步完善文化产业市场环境，不断优化文化产业资源配置。另一方面，要以公共文化服务建设为依托，精心保护本地历史文化资源和人文景观，培育并吸引创造性人力资源，提升区域文化活力。这是我国各地发展文化经济都必须遵行的常规路径。

在文化产业的全球化竞争时代，发展区域文化经济，振兴本地文化产业，仅仅遵循常规路径是不够的，还必须从区域文化发展战略出发，倾力打造文化创造力和文化传播力这两种核心力量。创造力是当代文化产业的生命之源，只有经过创造性改造，尤其是创意设计的开发，使传统文化的内容和表现形式与现代的审美形式、时尚符号结合起来，中华优秀文化才能真正融入当代生活，获得新的发展。文化传播力是当代文化产业竞争中的取胜法宝。只有拥有强大的传媒力量和广泛的传播、发行渠道，体现着现代创意和设计形式的优秀文化内容才能够到达更远的边界、得到更多的受众、发挥更大的吸引作用和凝聚作用。好莱坞影片席卷全球，它们的魅力不仅来自卓越的创造性和对文化消费规律的深入把握，更得益于遍布全球的强大的发行渠道和传播途径。只有以打造本地文化企业的文化创造力和文化传播力为核心，成功建构起发展本地区文化产业的个性化的战略和专属性的路径，地方文化产业的发展才能得到完善，文化产业的整体实力才能获得快速提升。

“十一五”期间，在强大的政策动力推动下，我国的文化产业取得了举世瞩目的重大发展。“十二五”期间，消费增长、经济结构调整、新技术应用、城市化加速以及出口结构升级将成为推动我国文化产业实现新一轮加速发展的“五架马车”。我们相信，包括泰安市在内，我国各地的文化产业在“十二五”期间必将迈上新的台阶，中华优秀文化也必将获得更大的发展和弘扬。

中国社会科学院是直属于国务院的国家级学术研究机构，是党中央、国务院重要的思想库和智囊团。早在2000年，中国社会科学院就集中全院的学术优势和资源优势，成立了院属的中国社会科学院文化研究中心。十多年来，中国社会科学院文化研究中心以文化发展理论研究为支撑，以国情调研为基础，致力于国家和区域文化发展研究，在文化体制改革、文化发展战略、文化产业发展、公共文化服务体系建构、中国少数民族文化发展等领域完成了一大批高级别的重大研究项目，向党中央和国务院文化主管部门提交了一系列重要的决策参考和研究报告，对我国文化体制改革和文化产业政策的制定发挥了重要作用。同时，由中国社会科学院文化研究中心主持编写的《中国文化产业发展报告》、《中国公共文化服务发展报告》、《中国少数民族文化发展报告》、《国际文化产业发展报告》等四种文化发展蓝皮书已经成为我国文化研究领域具有重要学术影响力的知名品牌，受到广泛关注。目前，中国社会科学文化研究中心正以“国际文化产业论坛”为平台，搭建文化发展研究的国际合作网络，推动文化政策研究的国际交流与协作。

“十二五”期间，我国文化发展将面临更多新的机遇和挑战。中国社会科学院将一如既往，联合社会各方力量，致力于我国文化发展的重要政策和重大战略研究，为推动社会主义文化大发展、大繁荣和建设中华民族共同的精神家园作出新的贡献。

B.3

统筹规划，科学布局，进一步做好文化产业园区、基地的建设工作

欧阳坚*

一　国家文化产业示范园区和基地建设的进展情况与存在问题

（一）进展情况

党中央、国务院高度重视文化产业园区和基地建设对促进文化产业发展的示范带动作用，在政策、资金等方面，不断加大扶持力度。在宏观导向方面，《国家“十一五”时期文化发展规划纲要》明确提出“促进各种资源的合理配置和产业分工，加快文化创意产业园区建设，使之成为文化创意产业的孵化器”。2009年国务院颁布了《文化产业振兴规划》，将“加快文化产业园区和基地建设”列为当前和今后一个时期要着力做好的八个方面的重点任务之一。《文化部关于加快文化产业发展的指导意见》又做出具体部署，明确提出“建立一批高起点、规模化、代表国家水准和未来发展方向的文化产业示范基地和示范园区”。应该说，这些宏观政策导向有力地推动了我国文化产业园区和基地的蓬勃发展。在资金扶持方面，从2008年开始，中央财政设立了文化产业发展专项资金，其中一个非常重要的部分就是用于支持国家级文化产业园区和基地建设。每年由文化行政部门审核，对一批国内外影响大、文化含量高、规模效益好、管理规范、示范引导辐射作用强的文化产业园区和基地，采取帮助其申请中央财政的贷款贴息、项目补助、税收减免、出口退税、绩效奖励等方式进行重点扶持。

* 欧阳坚，文化部党组副书记、副部长。

2010 年，文化部等九部委联合出台了《关于金融支持文化产业振兴和发展繁荣的指导意见》，并已经与中国工商银行、中国银行、中国进出口银行等建立了部行合作机制，在投融资方面，优先将产业园区和基地内有贷款需求的企业和项目，推荐给与文化部有部行合作关系的银行，使之享受到缩短审核周期、降低评估标准、给予较低贷款利息等优惠。

在这些政策的扶持下，“十一五”期间，文化产业园区和基地建设成效显著。2004 年以来，文化部先后命名了两批（共 4 家）国家级文化产业示范园区和四批（共 204 家）国家文化产业示范基地，催生出一批有较强实力、竞争力、影响力和自主创新能力的大型文化企业和企业集团，培育扶持、发展壮大了一批产业集聚效应明显、特色鲜明的文化产业园区，充分发挥了集聚效应和孵化功能，为全国文化产业的发展树立了典型，做出了示范，进一步提高了我国文化产业的整体发展水平，具体表现在以下四个方面。

1. 培育了大批骨干文化企业

据不完全统计，2009 年，4 个国家级示范园区和各示范基地收入总额超过 600 亿元。在示范基地中，收入额为 10 亿～100 亿元的企业有 7 家，5 亿～10 亿元的有 4 家，并且有 6 家上市公司，还有 6 家被评定为“全国文化体制改革优秀企业”。这些园区和基地已经成为骨干文化企业茁壮成长的孵化器。

2. 推进了文化产业多业态、多元化、大规模、集约化发展

4 个国家级示范园区的经营范围涉及了文化旅游、演艺、动漫、艺术品、影视、文化创意、文化科技等领域，充分发挥了品牌打造、资源整合等优势，以主导产业为龙头，同时带动关联产业迅速发展。

3. 带动了地方经济的发展

许多地方将文化产业列为支柱性产业加以培育，通过对一批文化产业园区和基地的命名和扶持，形成了文化产业的集聚效应，带动了社会对文化基础设施建设的投资，在拉动地方经济迅速发展的同时，提升了城市的文化品质和广大市民的文化品位。比如，甘肃省庆阳香包文化产业群，通过发展香包生产等民俗文化产业，解决了当地 15 万多人的就业问题，每年为当地农民增加收入 1.5 亿元。

4. 提高了文化企业的创新能力和核心竞争力

不少园区和基地积极开发地域文化和民族文化资源。比如，有些演艺产业的品牌剧目长演不衰，《印象·刘三姐》、《多彩贵州风》、《云南印象》、《魅力湘

西》、《丽水金沙》、《禅宗少林·音乐大典》、《梦回大唐》、《梦回长安》、《宋城千古情》等，都取得了良好的经济效益和社会效益。还有的园区和基地创新艺术形式，打造符合市场需求的文化产品，在开拓国内市场的同时，积极开发国际市场，如《时空之旅》、音乐剧《蝶》等，在国内外市场上都取得了很好的效益。

几年来的实践证明，不同层次、不同类型、不同规模的文化产业园区和基地的大量涌现，使文化产业集约化发展态势日益明显，产业集中度不断提高。建设文化产业园区和基地正在成为很多地方文化产业规模化、集约化、专业化发展的有效抓手。

（二）存在问题

在看到成绩的同时，我们也清楚地看到，文化产业园区和基地建设发展过程中还存在着一些问题。一方面，园区和基地建设的管理方面存在一哄而上、盲目发展的倾向。有的地方建设的文化产业园区和基地功能定位雷同，缺乏自己的特色和比较优势；有的地方和部门热衷于给文化产业园区和基地命名和“挂牌”，而忽视其应有的建设条件和产业内涵；有的地方以文化产业之名违规占地，搞房地产及其他产业开发，使文化产业园区和基地名不副实。另一方面，园区和基地建设还存在着扶持引导政策措施不到位的问题，比如在税收减免、土地使用、市政配套、基础设施建设等方面，缺乏具体扶持政策，部分园区和基地存在多头管理、恶性竞争等问题。这些倾向和问题已影响到文化产业的健康、科学发展，需要引起高度重视并及时加以解决。

二　建设文化产业园区和基地的重大意义

文化产业园区和基地建设在促进资源整合，提供创新条件，实现人才、技术、资金等要素的集聚方面有着不可替代的优势。园区和基地的建设与发展，其意义至少有三点。

（一）建设文化产业园区和基地，是推动产业规模化、集约化发展的有效途径

文化产业园区和基地在一定区域内，可聚集起多个文化产业门类和众多的文化企业。而行业间联合共进，企业间合作共生，有利于产业链的延伸，有利于生

产要素和文化资源的整合，有利于发挥整体的比较优势，也有利于实现规模效益。通过园区和基地发展，实现规模化生产和专业化分工，从而降低生产成本、提高经济效益。另外，园区和基地建设还有利于骨干文化企业带领众多相关联的中小企业共同发展。这对于迅速培育大量优秀的、有实力的文化企业，提升文化产业的质量和水平有着积极的意义。

（二）建设文化产业园区和基地，是搭建公共服务平台的重要举措

首先，文化产业园区和基地建设，有利于提升公共服务的质量。园区和基地通过构建投资融资、信息咨询、科技服务、产权交易、行业交流和人员培训等平台，为企业发展提供了完备的全方位的公共服务，创造出更利于发展的外部条件。其次，文化产业园区和基地建设有利于公共研发能力的提高和研究成果的转化。通过与各种企业、院校和研究机构开展合作等方式，可以实现“产学研”的有效结合，从而帮助文化企业提高产品和技术研发水平、降低研发成本，并使研究成果尽快转化为成熟的文化产品。

（三）建设文化产业园区和基地，是提高创新能力、提升竞争力的有力抓手

一般来说，文化产业园区和基地内人才、技术、资金、资源等集中度较高，包涵着创意、研发、设计、制造、展览、交易等各个环节，可以大幅度提高文化企业的创新能力，降低生产和交易成本，提高产品的竞争力。

三　发展文化产业园区和基地要做好的几项工作

在当前和今后一段时间内，文化部门要加强对文化产业园区和基地发展的规划、引导和管理，主要做好以下几个方面的工作。

（一）把握好文化产业园区和基地建设的总体原则——控制总量、提高质量；整合资源、扶优扶强；把好入口、开通出口

一是控制总量、提高质量。各地要从文化产业发展的实际出发，综合考虑经济基础、市场空间、消费水平、比较优势、资源条件等因素，明确本地区文化产

业园区和基地的数量、布局、定位和发展目标；严格调控产业园区和基地的数量，努力提升园区和基地的质量，确保被命名的园区和基地都是效益最好、发展潜力最大的优中选优的企业和区域；要通过总量控制和质量把关来改变园区和基地建设盲目、混乱的状况，保证规范、有序、科学的发展。二是整合资源、扶优扶强。各地文化产业发展要积极争取地方党委和政府的支持，加强与综合经济管理部门及金融机构等的沟通协作，为文化产业园区和基地建设给予必要的政策、资金、环境等方面的扶持。通过优惠的政策措施，扶持文化产业园区和基地内的文化企业，帮助之尽快做强做大，成为骨干文化企业和文化领域的战略投资者。三是把好入口、开通出口。要按照“明确认定标准，严格认定程序，开展定期考核，实施动态管理，建立退出机制”的要求，对文化产业园区和基地加强动态管理，对选入后经营状况不佳、企业效益下降或有违法违规行为的，予以规范地退出。2009年，文化部已撤销了不符合标准的3家企业的“文化产业示范基地”称号。总之，要确保入选的企业和地区有动力、有荣誉、有实惠，同时也有压力，通过建立起激励和约束的长效机制，切实发挥好园区和基地的功能和作用。

（二）合理制定规划，推动园区和基地健康有序发展

要结合国家“十二五”时期文化改革发展规划纲要的安排部署，结合特色鲜明的文化产业带的发展要求，加强对文化产业园区和基地布局的统筹规划。具体来说，在定位方面，要注重实施个性化、差异化策略，深入挖掘当地独特的文化资源，突出区域和行业特色，发挥自身的比较优势，实现错位发展；在布局方面，需对园区和基地的总体布局进行科学的论证，在优化资源配置的过程中寻求最好的共存方式，避免因盲目跟风、追赶时髦而造成的资源浪费和恶性竞争；在运营方面，要积极发挥政府的引导调节作用，遏制园区和基地建设运营的某些不良倾向，引导其实现产业升级、促进结构优化、提升研发能力，进而保证园区和基地的创新发展、融合发展和可持续发展。

（三）完善功能，凸显园区和基地应有的作用

国家文化产业示范园区和基地要在集聚优质企业、汇集高端人才、提供公共服务、完善产业链条等方面发挥应有的作用。在“十二五”期间，我们将继续加强对国家级和省级文化产业园区和基地的规划、认定、调整和指导工作，实施

动态管理，建设高起点、规模化、代表国家水准和未来发展方向的10家左右国家文化产业示范园区和一批国家文化产业示范基地，依托各地文化资源，按照差异化、特色化、规模化的要求，培育一批整体优势突出、集聚效应明显的特色文化产业群和骨干文化企业。

（四）健全政策，提高服务水平

各地应充分发挥统筹协调作用，在财政、税收、土地等方面完善支持文化产业园区和基地发展的政策体系，通过财政补助、贷款贴息、税收减免等方式，真正搭建起公共的技术、信息、培训、展示、交易的服务平台，为广大文化企业提供有效的公共服务。我们将在基金申请、税收减免、出口退税、优惠贷款、贷款贴息等方面，加大对选入的园区和基地的扶持力度。同时，还将制定并实施文化产业人才发展战略，重点为文化产业园区和基地培养高端的复合型人才。另外，也希望各省市区能制定更加优惠、更有力度的政策措施，为国家园区和基地创造更好的环境和条件。

（五）鼓励探索，推动园区和基地成为文化企业的表率和示范

文化部命名的国家文化产业示范园区和基地是我国文化产业发展的典型代表，应义不容辞地发挥其示范作用，引领我国文化产业的健康发展。首先，要做到模式示范。园区和基地的成功模式应成为经验范本，供相关的地方和企业参考学习，指导广大文化企业创新发展模式，实现科学发展。其次，要做到效益示范。作为国家级文化产业示范园区和基地，要增强社会责任感，努力实现社会效益和经济效益的有机统一；要增强企业的社会责任感、坚守文化企业的道德底线和行为准则，并把这种责任转化为自觉的行为和内在的动力，形成有自身特点的企业文化，使我们生产的每一个产品和提供的每一项服务都是健康有益的，从而充分发挥园区和基地在引领先进文化方向上的表率作用。再次，要做到品牌示范。国家级文化产业示范园区和基地要努力提高产品的研发和原创能力，不断做亮、做响、做强自身品牌，为培育更多的文化产业品牌积极探索、做出表率。

我国文化产业正处在历史上最好的发展时期，进入了在新的历史起点上取得突破性进展的新阶段。在各级政府的大力支持下，在广大文化产业从业人员的共同努力下，在社会各界的热情参与下，“十二五”期间，我国文化产业园区和基地建设将会迈上新的台阶，再创新的辉煌。

B.4

2010 年中国文化产业金融发展报告

兰　培*

2010 年是中国的文化金融年。党和政府对文化产业战略定位的提升、九部委《关于金融支持文化产业振兴和发展繁荣的指导意见》的颁布，使金融市场对文化产业的关注度空前提升。在文化体制改革释放的活力及金融资本的共同推动下，文化产业资本运作全面提速，上市融资、信贷规模，以及债券发行、信托计划与主题基金数量均创历年新高。随着文化产业金融生态不断优化，文化领域金融创新持续推进，证券化趋势渐行渐近，文化在与资本共舞中实现了新的嬗变。

一　文化企业上市实现新的跨越

（一）文化企业迎来上市高潮

从《文化产业振兴规划》、《关于金融支持文化产业振兴和发展繁荣的指导意见》到相关主管部门对文化产业发展的具体指导意见，推动文化企业上市融资均被摆在各项工作中的突出位置。2010 年共有 16 家文化企业在境内外资本市场上市，创历年文化企业上市数量之最。上市企业中，除江西出版集团为借壳 ST 鑫新上市外，其余企业均为 IPO（Initial Public Offering，首次公开募股）。IPO 以其融资功能以及广泛的市场影响和高额的股东回报成为文化企业上市的主流模式。从融资规模看，15 家 IPO 企业共募集资金 128.5 亿元人民币及 9 亿美元，其中，中南传媒成功发行 3.98 亿新股，募集资金 42.3 亿元，成为 A 股市场有史以来融资规模最大的文化企业 IPO 项目。由于中国经济的良好增长态势以及 A 股

* 兰培，中信银行总行营业部投资银行部。

IPO“三高”（高市盈率、高发行价、高超募额）持续不退，境内上市对文化企业的吸引力显著提升。除昌荣传播等6家企业分别在美国纳斯达克和纽约证券交易所上市外，其余企业均选择在境内A股市场上市。其中，中青宝等6家企业选择在境内创业板上市，超过境内上市文化企业的半数，体现了创业板对文化企业上市融资的有力支持。

（二）文化产业题材备受市场关注

一系列扶持政策的相继出台、在国民经济格局中战略地位的提升以及近年来呈现的良好发展态势，使文化产业在IPO市场上受到了强烈追捧。境内上市的股票上市首日市场表现良好，半数股票涨幅均接近或超过50%。作为全国新华书店系统境内首发上市第一股，2010年文化产业首家上市的企业——皖新传媒股价首日上涨49.41%，次日直线涨停，并带动传媒股集体上涨。“电视剧第一股”——华策影视在4只同时上市的创业板新股中，以107.80元的收盘价、58.53%的涨幅居首。“民营出版传媒第一股”——天舟文化网上申购获得了184倍的超额申购倍率，上市首日收涨57.22%。“旅游演艺第一股”——宋城股份发行市盈率103倍，共冻结资金1903亿元。作为A股市场首只全产业链整体上市的传媒类上市公司，中南传媒在五只新股“同场竞技”的情况下，网上网下冻结资金合计达4322亿元，与2010年农业银行IPO冻结资金规模相当。上市次日中南传媒一度冲击涨停，总市值突破248亿元，成为文化产业板块股票市值最高的上市公司。“文化”已成为资本市场上最具热度的题材之一。

（三）股权投资基金助推文化企业上市

近年来，我国包括VC（风险投资）和PE（私募股权投资）在内的股权投资基金发展迅猛。截至2010年第3季度末，在国家发改委备案的创业投资企业达到571家，实到资本1074亿元，注册资本已接近1500亿元。股权投资基金已成为我国金融市场上重要的投资力量。由于A股上市渠道的日渐畅通和国内资本市场的高估值，“入股——上市——退出”成为股权投资基金理想的运作模式。其中，上市是股权投资基金实现投资价值的最重要环节。因此，股权投资市场的迅猛发展对企业上市起到了强大的推动作用。在股权投资市场快速发展的同时，具有高成长性的文化产业引起了股权投资基金的高度关注。作为深谙资本运

作之道的专业财务投资机构，股权投资基金的介入也加快了文化企业的上市进程。在2010年上市的文化企业中，12家企业在上市前均获得了股权投资，占上市企业的75%，涉及网络游戏、网络视频等新兴文化业态及新闻出版、文化旅游等传统文化领域。股权投资基金以市场化形式助推文化企业上市已成为文化产业领域的新趋向。在投资机构中，不乏深创投、中科招商、达晨创投、红杉资本等一些知名股权投资基金。其中，成为基金、贝恩资本等机构对优酷网的前后五轮投资规模高达1.1亿美元。从便利股权投资退出的角度考虑，外资背景机构主导的投资积极推动企业海外上市，而本土机构主导的投资则力推企业境内上市。另外值得一提的是，作为国有文化企业的中南传媒在上市前引入了达晨创投等5家股权投资机构的4.55亿资金，为国有文化企业的改革和发展做出了有益探索。

（四）民营文化企业成为文化企业上市的生力军

引导民间资本进入文化产业对于拓宽社会资本投资渠道、缓解流动性充裕格局、推动国民经济结构调整及实现文化产业自身的发展壮大具有重要意义。《文化产业振兴规划》鼓励非公有资本进入文化创意、影视制作、演艺娱乐、动漫等领域。2010年国务院颁布的《关于鼓励和引导民间投资健康发展的若干意见》也强调鼓励民间资本参与发展文化、旅游和体育产业。目前，在影视制作、互联网等细分行业，民营企业已涌现了众多的“强势品牌”。在境内外上市的首家电影制作、电视剧制作、电影发行以及网络游戏、网络视频企业均为民营企业。在2010年上市的文化企业中，12家企业为民营企业，占据了上市企业的绝大多数。其中，以青少年读物的策划、设计、制作与发行为主营业务的天舟文化被誉为我国“民营出版传媒第一股”，表明民间资本涉足文化产业的广度和深度均有了很大提升。

我们也应该看到，在众多“第一股”的光环下，文化企业的发展不能仅仅依托于“题材”，而要根本归结于文化产品的内涵和质量。继2008年亚洲互动传媒在东京证券交易所被勒令摘牌退市后，在纳斯达克上市的新华悦动传媒也在2010年因股价长期低于1美元而受到退市警告。在A股市场上，上市之初股价一路飙升其后却迅速归于平淡的现象也在文化产业有所显现。“网游第一股”中青宝在2010年2月以近100倍市盈率发行上市后，股价一度超过

40元，但在4月该公司公布的2009年财报后，由于远低于市场预期，致使股价迅速暴跌，至年末一直徘徊于20元上下。另据2010年年报，中青宝净利润同比下降，成为A股为数不多的几家主营业务收入在1亿元以下的非ST公司。股票发行时的高市盈率及各方媒体的高度关注与上市后相对平淡的经营状况形成了反差。对于意图上市的文化企业而言，必须依据自身及行业发展的实际状况，对上市的时机、方式及融资规模进行理性的判断，切忌盲目跟风；上市后也切勿被一时的财富效应冲昏头脑。借助资本的力量迅速提升核心竞争力、不断创造企业价值、实现股东的良好回报才是文化企业立足于资本市场的长久之道。

二　银行业支持文化产业力度不断提升

（一）文化产业信贷规模快速增长

目前，银行信贷仍是我国传统文化企业融资的主要途径。推动银行信贷投入文化产业也成为近年来各级有关部门推动金融支持文化产业发展的重点工作。2010年，新闻出版总署与农业银行、国家开发银行，文化部与工商银行、农业银行，广电总局与进出口银行分别签署战略合作协议，落实意向性授信额度，推动银行业与文化产业有效对接。在地方，银、政合作也日益紧密，例如，北京市文化创意产业促进中心与当地工商银行、农业银行，北京市文化局、广电局与北京银行也分别签订战略合作协议，为文化企业提供专项授信额度。在各级有关部门的积极推动下，文化产业领域的信贷投放实现了快速增长。据人民银行调查统计司统计，截至2010年6月末，我国文化、体育和娱乐业类（主要是文化企业）各项贷款余额916亿元，同比增长23.58%，比同期金融机构全部贷款同比增长率高4.38个百分点。其中，中长期贷款648.46亿元，同比增长59.61%，比同期金融机构全部中长期贷款同比增长率高26.39个百分点；另据央行营业管理部统计，截至2010年10月末，北京市文化创意产业贷款余额215亿元，同比增长34.3%，较北京市金融机构本外币各项贷款余额增速高16.6%；文化创意产业当年累计发放贷款170亿元，比2009年同期翻了一番。从中央到地方，推动银行信贷进入文化产业已取得了积极的进展。

（二）定制化、个性化服务不断发展

定制化服务是银行为了满足文化企业的特殊需求，运用金融创新及多种技术为文化企业提供个性化服务的经营方式。即便在文化企业内部，不同细分行业、不同领域所需求的服务、产品也各有侧重，它们给银行带来的贡献、应消耗的资源也不尽相同。因此，依托文化产业基本特征，设计出高附加值、特色鲜明的金融产品成为银行业支持文化产业发展的客观要求。

北京银行是为文化企业提供定制化、个性化服务的积极践行者。2010 年，“北京文化创意产业金融服务中心”落户北京银行宣武门支行。此外，北京银行还设立了若干文化创意特色支行，充分发挥体制与区位优势，对客户实施精细化管理。截至 2010 年 10 月，北京银行已累计审批通过“创意贷”1000 余笔，160 余亿元，支持对象包括《第一书记》等影视作品，《郎咸平说》等出版发行作品，《功夫传奇》舞台剧、《图兰朵》话剧以及《奇趣宝典俱乐部》等动画作品，覆盖了文化创意产业各细分行业。交通银行北京分行自 2007 年开始介入文化创意产业金融服务，截至 2010 年 11 月 30 日，中小文化创意企业贷款余额 9.33 亿元，支持了《孔雀公主》等电视剧项目、《鸿门宴》等电影项目、BonJovi 北京演唱会及公园摇滚音乐节等项目。工商银行北京分行打造辖内 18 家现代服务业和文化创意产业特色支行，从信贷政策、专业考核、资源与人员配比等方面给予倾斜，大力探索业务发展模式，陆续在影视、出版、文艺演出等行业的信贷投放取得突破。

除北京外，各地银行机构在开发与文化产业禀赋特征相结合的信贷产品方面也取得成效。2010 年中国银行上海市分行首次推出中小企业播映权质押融资。中国银行浙江省分行开发了专门针对东阳横店影视产业实验区的融资产品——“影视通宝”。中国进出口银行上海分行也采取应收账款质押的方式向上海城市舞蹈有限公司提供贷款支持。此外，杭州银行上海分行与上海市网吧行业协会在 2010 年启动“网吧经营者联保贷款”项目，也丰富了文化产业的信贷产品体系。

虽然近年来银行信贷进入文化产业的积极性、主动性有了较大提升，但也应该看到，当前文化企业贷款占银行贷款整体规模的比例仍然偏低，银行业支持文化产业发展仍有巨大的拓展空间。截至 2010 年 6 月末，我国金融机构各项贷款余额 47.4 万亿元，文化、体育和娱乐业类贷款余额占比仅为 0.2%。即便是在金融业及文化产业均相对发达的北京市，根据2010年10月末的数据，北京市金融机构本外币各项贷款余额35162.1亿元，文化创意产业贷款余额占比也仅达0.6%。因此，在推动文化产业成为国民经济支柱性产业的背景下，文化企业资金渴求强烈，推动银行信贷进入文化产业仍是未来一段时期内一项异常艰巨的任务。

三 信托推动文化产业与金融市场对接

（一）融资型信托拓展文化企业融资渠道

信托公司是唯一可以跨货币市场、资本市场和产业市场的金融机构。2010年，信托市场共发行了8支针对文化企业的融资型信托产品，融资总规模达5.54亿元，发行数量、规模均继续提升。其中，北方信托发行了4期“滨海新区开发建设之创意产业收益权系列信托”，集合信托资金用于购买滨海新区创意产业园区未来产生的收益，融资规模共2.4亿元。杭州市文化创意产业二期“满陇桂雨”银政投集合信托债权基金成功发行，该产品总规模达到1亿元，既保留了首期产品“宝石流霞”的政府引导、各方参与、风险分层设计的核心优势，又合理利用了贷款平台的设计，简化了操作流程，降低了贷款成本，是扶持中小文化企业批量融资的又一创新实践。此前推出的首期产品“宝石流霞”已于2010年2月顺利结束，29家入选企业全部按时还款。此外，中铁信托、北京国际信托也发行了相关文化企业信托产品。

（二）投资型信托活跃艺术品投资市场

近年来，众多社会资本从楼市、股市、基金、债券等传统投资领域转移到艺术品投资市场。艺术品投资热度持续上扬，艺术品拍卖会不断有作品刷新历史高点。对于缺乏艺术品投资经验以及大额资金的普通投资者而言，借道艺术品信托成为介入艺术品投资的便捷途径。艺术品投资信托是由信托公司发行信托计划募集资金，同时聘请专业的投资机构提供顾问服务，通过对多种艺术品的组合买卖以获取艺术品增值收益的投资形式。2010年，国内共发行了9支艺术品投资信托计划。而此前，市场上仅发售过2支相关产品。在2010年发行的产品中，国

投信托发行了7支集合资金信托计划，募集资金超过4亿元。信托计划期限1～5年不等，均聘请了保利文化等具有艺术品鉴定、估值能力的专业机构担任投资顾问。中信信托发行的“中信文道·中国书画投资基金”集合资金信托计划是首只针对中国书画类艺术品实物投资的信托产品。该产品份额在封闭期内可在深圳文化产权交易所挂牌转让。中融信托发起的“艺术品投资项目单一资金信托”全部用于对接民生银行“非凡资产管理——艺术品投资计划2号”理财产品，民生银行于此前发行的首期产品已实现了12.75%的年化收益。随着我国艺术品市场的繁荣和居民收入水平的提高，以信托为途径引导社会闲散资金进入艺术品投资领域对推动文化产业发展和居民财富保值增长均具有重要意义。

四　文化产业债券融资迈出新的步伐

作为直接融资的一种形式，债券是向投资者发行、承诺按一定利率支付利息并按约定条件偿还本金的债权债务凭证。发达国家和地区的金融市场中，债券市场是十分重要的组成部分。债券融资具有成本低、期限长的优点，对拓宽企业融资渠道、降低融资成本、完善公司治理结构和提高企业知名度具有很积极的作用，是企业融资的理想途径。2010年，新华传媒、东方明珠、电广传媒、歌华有线、安徽出版集团、凤凰出版传媒集团等文化企业发行了共9支债券，债券类型涵盖了中期票据、短期融资券、可转换公司债券、中小企业集合票据等市场上主流的债券品种，融资金额共计55.69亿元，发行数量及融资规模均创历年新高，融资规模也超过2008年及2009年债券融资规模的总和。9支债券中，发行规模最大与期限最长的债券均为歌华有线16亿元6年期可转换公司债券。除歌华有线可转债外，其余8支债券均在银行间债券市场发行。其中，规模较大的东方明珠中期票据达13亿元，募集资金用途为购买世博演艺中心40年经营管理权、投入上海有线电视三网融合项目以及手机电视项目。

2010年发行的文化企业债券中，除2支中小企业集合票据外，其余均由上市公司或其母公司作为发行主体，表明了企业债券相当高的准入门槛。在此背景下，作为中西部地区第一单中小企业集合票据，也是全国第一单文化和科技中小企业集合票据的“西安市文化和科技中小企业2010年第一期集合票据”被各方寄予厚望。此外，北京市“石景山区文化创意中小企业2010年第一期集合票据”由北京银行与北京市石景山区合作推出，北京首创投资担保公司提供信用增级。中小文化企业集合票据的成功发行创新了地方政府扶持中小文化企业发展的模式，是缓解中小文化企业的融资难题的有益尝试。

2010 年虽然文化企业债券融资实现了较快发展，但与企业债券市场的整体规模相比，文化企业债券发行仍占据较小比重。2010 年我国中期票据和短期融资券发行规模分别达 4914 亿元和 6742 亿元，文化企业发行占比仅为 0.49% 和 0.19%。在金融脱媒现象日益显现、债券融资重要性持续提升的背景下，大力推动文化企业债券融资已是势在必行。在此过程中，交易商协会的积极推动、地方政府的大力支持以及商业银行等承销机构的密切配合将成为建立文化企业债券融资长效机制不可或缺的要素。

五　股权投资基金给力文化产业

（一）文化产业主题投资基金发展迅速

股权投资基金是通过对非上市企业进行股本权益性投资，并通过上市、并购或管理层回购等方式出售持股以获取投资收益的投资实体。《合伙企业法》修订以后，中国股权投资市场步入快速发展阶段。2010 年，股权投资与文化产业的字眼频频共同出现，文化产业主题投资基金成为股权投资市场上亮丽的风景线。2010 年，国内披露新发起的文化产业主题股权投资基金达 9 支，超过此前发起的文化产业主题基金的总和，总目标募集金额超过 200 亿元。其中，湖南省政府有关部门与达晨创投等机构共同组建湖南文化旅游产业投资基金，改变了政府无偿投入的传统做法，放大了财政资金的杠杆作用。安徽广电传媒产业集团与中科招商共同设立的中科·安广股权投资基金首期规模 10 亿元，主要投向安徽广电传媒产业集团及省内其他文化产业优质项目。江苏紫金文化产业发展基金由江苏省财政厅与江苏省文化传媒领域的 6 家国有企业共同发起，重点投资江苏省具有行业领先地位和增长潜力的文化产业项目。华映苏州文化产业基金由新加坡私募股权投资机构华映资本与苏州高新创投集团共同发起，力图促进苏州本地文化产业发展，推动区域经济结构优化。2010 年成立的基金中还包括了 3 支影视产业主题基金，分别为：由中国房地产开发集团关联公司汇力投资基金管理有限公司

发起的汇力星影中国影视基金，由建银国际发起；中国电影集团公司和中国出版集团公司共同管理的契约型封闭式基金——中国影视出版产业投资基金；由合富资本管理有限公司创立并管理的“合富影视一期基金”。此外，中国炎帝发展基金、泛城文化创意产业基金也相继宣告成立。2010 年度成立的这批基金，加上此前成立的华人文化产业投资基金等数支基金，中国股权投资市场上的文化产业基金方阵已粗具规模。

（二）股权基金增添影视行业投资热度

影视行业作为文化产业内最具魅力的行业，投资机构的关注程度持续提升。2010 年成立的合富影视一期基金主要用于投资导演高希希团队拍摄的影视剧以及相关的艺人经纪业务和版权衍生业务。汇力星影中国影视基金于成立当日即签署《武当》等 4 部影视剧的投资协议。已有多部电影投资经验的 IDG2010 年投资了李冰冰主演的《雪花秘扇》和张艺谋执导的《山楂树之恋》，其中，已上映的《山楂树之恋》创造了中国文艺片票房纪录，取得了良好的投资回报。在影视机构投资方面，华人文化产业投资基金的第一个投资项目——基金投资控股了原属新闻集团全资拥有的星空卫视有关资产，标志着 SMG 曲线收购了星空卫视在华业务。出于对中国文化走向海外的商业价值的判断，鼎晖投资宣布入股已在美国落地、以向西方主流社会传播中国内容为宗旨的电视媒体——蓝海电视传媒，这是立足于中国的股权投资基金对立足于海外传播的中国民营国际媒体的首次投资。此外，作为湖南广电第三轮改制的重要成果，快乐购物有限责任公司宣布引入弘毅投资等三家投资者共计 3.3 亿元投资，成为中国电视购物领域迄今最大的一笔私募融资。

（三）新闻出版及动漫游戏行业受到投资机构的持续关注

作为近年来文化体制改革力度最大的领域，传统新闻出版行业也受到了股权投资机构的广泛关注。在图书出版领域，成功策划了《明朝那些事儿》、《盗墓笔记》等畅销书的北京磨铁图书有限公司获得了鼎晖投资等机构的逾 1 亿元注资。其后，山东世纪金榜书业有限公司也获得了雄牛资本、上海复聚卿云的 1 亿元联合投资，再一次证明了风险资本对中国出版市场的看好。在报业领域，江苏紫金文化产业发展基金对整合了《南京日报》报业集团优质资产的南京时代传媒股份有限公司增资1200万股，成为基金注册登记后完成的第一单投资。招商局中国基金宣布向上海第一财经传媒有限公司增资1.2亿元，并计划推动公司在未来几年实现境内上市。除新闻出版业外，动漫游戏产业也获得了投资机构的持续关注。原力动画、中南卡通、迅游科技、灵禅信息、当乐网等动漫游戏企业分别获得了华登国际、集富亚洲、启明创投等多家机构的投资，体现了投资机构对政策扶持背景下动漫游戏产业市场前景的认可。

尽管各类股权投资基金对文化产业的投资热情不减，但对各细分行业而言，投资机构的关注程度呈现分化。在广告行业，合润传媒、悠易互通、四维文化传媒等新型广告媒体继续受到投资者青睐，2010年成功引入了股权投资。而户外广告媒体则受到资本的冷遇。从2003年开始，户外广告媒体在国内逐步迈入快速发展阶段。随着分众传媒和华视传媒的相继上市，在凯雷集团、红杉中国、IDG、软银赛富等机构助推下，户外广告媒体股权投资在2007~2008年步入高潮。由于市场饱和、投资过量、竞争加剧、创新不足等因素，在国际金融危机催化下，户外广告媒体纷纷陷入经营困境，多家机构上市计划搁置，投资机构对户外媒体的投资热情迅速降至冰点。作为我国文化产业中市场化程度最高的行业，户外广告将在市场盘整中回归理性，重估行业的基本价值。投资机构也将在一段时期内静观户外广告行业变局。

六　文化产业保险市场在探索中发展

在美国等文化产业较发达的国家，保险已经渗透到文化产业多个领域，为文化企业提供全流通、多环节的风险管理和风险保障。在我国，长期以来，保险对文化产业的介入一直停留在初级阶段，保险机构与文化企业的合作主要局限于直接使用常规保险品种，如演艺活动遭遇意外自然灾害的公众责任险、演员意外伤害保险，电影院、演艺设施等贵重器材的财产保险，专门针对文化产业的保险产品乏善可陈。2010年保监会参与发布《关于金融支持文化产业振兴和发展繁荣的指导意见》，保险产品与文化产业的结合也出现了新的迹象。2010年8月，中国人寿与国家京剧院签署了战略合作协议，开启了国有大型保险企业与文化企业深度合作的先河。在产品创新方面，艺术品保险和著作权交易保证保险的推出进一步丰富了文化产业保险市场的产品体系。

艺术品保险是在传统的财产保险和货运保险的基础上演变和发展而来的，主要承保火灾以及其他自然灾害和意外事故造成的艺术品直接损失。根据中国人保财险推出的艺术品保险平台，艺术品保险包含了货运险、财产险、第三者责任险等几个险种。博物馆、展览馆、艺术品拍卖行、艺术品公司、文化艺术公司、运输公司等均可投保。在具体实践中，2010 年中国太平洋保险公司与上海美术馆等部门合作，为上海美术馆举办的陈逸飞画展提供总保额 6 亿元的保险，成为开拓艺术品保险市场的有益探索。相比较而言，著作权交易保证保险更能体现文化产业的产业特征。2010 年 6 月，信达财产保险股份有限公司和北京东方雍和国际版权交易中心有限公司联合推出著作权交易保证保险。该保险赔偿著作权交易合同的买方因所购著作权存在瑕疵被诉侵权索赔而遭受的损失。新浪、优酷、酷6 三家公司作为该保险产品的首批用户签署了合作协议。

在上述产品的基础上，尽早开发演艺、会展、动漫、游戏、出版物、印刷、复制、发行和广播影视产品完工保险依然是文化企业的迫切需求。此外，根据 2010 年保监会下发的《保险资金投资股权暂行办法》，保险资金投资于未上市公司股权获得了“开闸放水”，保险资金将成为继社保资金之后的私募股权投资市场的生力军，保险机构以股权投资助推文化企业发展也成为保险与文化产业结合的新的切入点。2010 年末，保监会、文化部联合发布了《关于保险业支持文化产业发展有关工作的通知》，要求积极培育和发展文化产业保险市场，建立保险支持文化产业发展的配套机制，并提出了第一批文化产业保险试点险种及公司。可以预见，保险与文化产业的结合在政策助推下将步入新的发展阶段。

七　艺术品证券化渐行渐近

艺术品的证券化有利于原始权益人充分实现产权的经济价值，为创作者提供了以产权为依托的全新融资途径。2010 年，我国艺术品证券化的探索也取得了重大突破。年初，“最地带”音乐网站尝试推出了音乐作品著作权的分割交易，开创了我国民间机构探索著作权证券化的先河。作为艺术品投资证券化试点单位，深圳文化产权交易所推出了国内首个基于“权益拆分”模式的资产包“深圳文化产权交易所 1 号艺术品资产包——杨培江美术作品”。该艺术品资产包配置了画家杨培江的 12 幅作品，总共被分成 1000 份，在文交所注册的个人或者机构都可以购买任意数量份额，并在文交所出售变现。作为更进一步的探索，2010年成立的天津文化艺术品交易所推出了文化艺术品的“份额化”电子交易模式，即以对文化艺术品实物进行鉴定、评估、托管和保险等程序为前提，发行并上市交易拆分化的、非实物的艺术品份额合约。投资人通过互联网实现开户，通过下载相关的客户端实现投资交易功能。交易品种包括书画、雕塑、瓷器、工艺等文化艺术品。虽然艺术品证券化在探索中仍面临标的资产价值公允评估、交易风险控制等众多问题，但作为一种极具创新意义的交易模式，艺术品证券化在实践中将为我国艺术品市场以及文化产权交易市场注入更大活力。

综上，2010年中国文化产业走过了一段不寻常的资本之旅，文化产业在与金融资本交融中实现了新的跨越。2011年是“十二五”的开局之年，也是文化大发展、大繁荣的战略机遇期。在推动文化产业成为国民经济支柱性产业的过程中，金融支持被赋予了新的时代内涵。我们期待着文化产业在金融资本助推下傲立潮头、扬帆远航，谱写出更加壮丽的时代篇章。

专家论坛

Specialist Forum

B.5 关于文化产业发展若干问题的思考

高书生*

文化产业是伴随着文化体制改革而发展起来的新兴产业。发端于2003年的文化体制改革，区分了公益性文化事业和经营性文化产业，为文化产业发展扫清了认识障碍和体制障碍；2009年国务院发布了《文化产业振兴规划》，把推动文化产业发展上升到国家战略层面；2010年中央关于制定“十二五”规划的建议提出“推动文化产业成为国民经济支柱性产业”，为文化产业发展确立了目标。在不到十年的时间里，文化产业从无到有、从小到大、从自发到自觉、从局部到全局，在人类产业发展史上都属罕见。要促进文化产业又好又快发展，需要集思广益，进一步理清思路。本文就文化产业发展中的若干重点问题提出意见和建议，供大家研究参考。

一　关于文化事业和文化产业的关系

区分公益性文化事业与经营性文化产业，这是我们党的一大理论创新，既为

* 高书生，中宣部改革办。

文化体制改革提供了理论依据，也为发展文化产业清除了理论障碍，同时为全国事业单位改革提供了有益借鉴。然而，文化体制改革时至今日，仍然听到两种相互对立的观点：一种观点认为，公益性文化事业与经营性文化产业是区分不开的，在二者之间总是存在相互重叠的“准公益性”灰色地带；另一种观点则认为，事业与产业只是概念之分，文化是可以产业化的，应当大力推动“文化产业化”。但在笔者看来，这两种观点都失之偏颇。

长期以来，我国文化单位大都采取事业体制，实行事业单位企业化管理。自2003年起，文化体制改革坚持一手抓公益性文化事业、一手抓经营性文化产业，把文化单位区分为公益性和经营性两种类型，推动经营性文化事业单位转制为企业，建立现代企业制度，使其成为合格的文化市场主体。

经过几年的实践探索，在出版发行、文艺表演以及电影制作、发行和放映等重点领域，除极少数单位继续保留事业体制外，绝大多数都已作为经营性文化单位转制为企业。即使在最难区分是事业还是产业的新闻媒体行业，也已确定改革思路：党报、党刊将广告、发行、印刷等经营性部分剥离出来转制为企业，电台电视台将网络传输、电视剧制作以及广告经营等经营性部分也剥离出来转制为企业，实行制播分离。国家下一步拟将各类报刊社区分为时政类与非时政类两种类型，推动非时政类报刊社转制为企业。

文艺院团的分类改革被认为是最难的，目前也确定了基本思路，即保留事业体制的主要有三类：一类是代表国家水准、起示范作用的，主要是文化部直属的文艺院团；一类是体现民族特色、属于民族瑰宝的，如少数京剧、昆曲院团；再一类就是市场发育需要一定过程、属于高雅艺术的，如芭蕾、交响乐、歌剧院团等。文化体制改革的实践证明，文化事业和文化产业是可以分开的，在公益性和经营性之间不存在模糊地带。

按照文化体制改革的“时间表”，党的十八大以前基本完成改革任务。从党的十六大到十八大，前后十年时间，文化事业单位就基本完成了分类改革，这在我国改革史上是一个奇迹。特别是在文化体制改革过程中，始终坚持严格的、规范的改革，凡是转制为企业的经营性文化事业单位，必须注销事业单位法人、核销事业编制，做到“可核查、不可逆”，在体制上保障和巩固改革成果，为全国事业单位改革树立了典范。

需要强调的是，文化体制改革从来没有提出“文化产业化”，而是始终坚持

事业和产业“两轮驱动”。即使全面完成文化体制改革，所有经营性文化事业单位转制为企业后，依然存在一定数量的公益性文化事业单位，包括公共图书馆、博物馆、纪念馆、美术馆、文化馆（站）等，也包括继续保留事业体制的党报党刊、电台电视台以及时政类报刊社、公益性出版社和重点文艺院团等。“文化产业化”的观点，是对文化体制改革的误解。

关于文化事业和文化产业之间的关系，除了对二者进行科学的区分外，还应当揭示二者之间的内在联系。如果说区分事业和产业是为了推动改革，那么强调二者之间的内在联系则是为了促进发展。

文化是一个民族、一个国家的集体记忆，它以物质的和非物质的形态传承，并作为共同财富、公共文化产品和服务，成为公益性文化事业的主体。从这个意义上讲，文化事业是文化的积累与积淀，而文化的积累与积淀是永恒的、永无止境的，图书馆、博物馆等积淀的就是人类在过去创造的灿烂文化。与此同时，人类在改造客观世界的同时，还在不断创造新的文明成果，在充分吸收以往优秀文化的基础上，还会产生新的精神文化需求，并表现为各种市场需求。为满足人民群众的当期文化消费，就要依靠文化企业创作生产出丰富多彩的文化产品和服务，繁荣文化市场，从而形成文化产业。

如果把文化事业和文化产业置于历史长河中去考察，二者的内在联系是显而易见的。一方面文化产品和服务作为文化产业的成果，除满足当期消费外，必然会作为文化的积累与积淀，逐渐转化为公共文化产品和服务，成为公益性文化事业的重要组成部分。因此，文化产业发展是文化事业繁荣的基础。另一方面文化事业的发展与繁荣，极大地激发了广大人民群众的创造性，文学艺术、人文社科、科学技术等原创作品不断涌现，又促进了文化产业的快速发展。因此，文化事业的繁荣是文化产业发展的源泉。

鉴于此，深刻把握文化事业和文化产业的内在联系，有助于深化对文化发展的规律性认识，在更高层次上寻求文化大发展大繁荣的有效途径，推动文化事业和文化产业步入并驾齐驱、良性互动的发展轨道。

二　关于内容生产和传播渠道的关系

当前，文化生产力相对落后与人民群众日益增长的精神文化需求之间的矛盾，依然是我国文化建设面临的主要矛盾，表现为文化产品和服务的供给能力明显不足。在文化产品和服务的需求与供给这对矛盾中，供给不足是矛盾的主要方面。造成供给不足的根本原因，既有生产能力不足的总量矛盾，也有布局不合理的结构矛盾，总量矛盾和结构矛盾交织在一起，加剧了供给不足。

解决总量矛盾的主要手段，就是要大力吸引社会投资，迅速扩大生产能力。要提高投资的有效性，避免无效投资，就需要在战略上调整文化产业布局和布点，首先要正确处理好文化内容生产和传播渠道的关系。

人们习惯于把文化产业称作“内容产业”。从文化的特性看，内容是文化产业的内核，这一称谓无可厚非。但文化是无形的，其传承和传播需要载体，需要渠道和终端，这一特性也是不该被忽略的。基于此，把文化产业看做是内容和渠道的集合体，其中既包括文化内容生产，又包括文化传播渠道，应当说更为贴切。

关于内容生产的类别，习惯上按照行业区分，包括影视制作、文艺演出、新闻出版、动漫游戏等。目前，我国文化内容生产体系较为完备，从文学创作到艺术生产，从舞台表演到影视剧生产，从音乐、广告制作到书报刊出版，等等。

关于文化传播渠道，目前主要有四条，即出版物发行（含图书和报刊）、广电传输网络（含有线和无线）、电影院线和文艺演出院线。相对于较为完备的内容生产体系而言，我国文化传播渠道显得“支离破碎”、有系无统、不够完整。在图书发行渠道上，过去的新华书店系统是一个完整的体系，但近年来被肢解了，特别是随着各地组建省级出版发行集团公司，新华书店一般都变成了出版集团公司的附属物，其首要任务是优先发行本版图书。与图书发行一样，有线电视传输网络存在同样的问题，尽管中央投资建成了光缆干线网，但分配网（俗称用户网）由地方运营，即使顺利实现了“一省一网”的目标，依然是以省为单位封闭运行，而不能互联互通。相对而言，电影和文艺演出两条院线以及广电无线传输网络，组建之初就提倡打破地区封锁，实行跨地区经营。

渠道不畅，已成为制约文化产业发展的“瓶颈”。要建立统一开放、竞争有序的现代文化市场体系，就需要把文化传播渠道建设放在更加突出的位置，特别是要打破地区封锁，建成互联互通的“高速公路”，各地可以合理设置“收费站”，但不能再“画地为牢”，人为地阻隔文化传播。需要强调的是，相对于“内容型”文化企业而言，“渠道型”文化企业更容易在短期内迅速扩大规模、

壮大实力。

对比分析文化产业的内容生产和传播渠道，从产业体系的完整性看，传播渠道无疑是“短板”或“短腿”。因此，在文化产业的功能布局上，倡导“渠道优先”更迫切，也更符合文化产业发展的实际。

三 关于骨干文化企业和中小文化企业的关系

产业是企业的集合体，文化产业也需要有数量众多的文化企业支撑。文化产业同其他产业相比，既有共性，也有个性，因为文化产品的创作生产具有个性化强的特点。鉴于此，推动文化产业发展，既要尊重产业发展的一般规律，也要遵循创作生产规律，兼顾集约化与个性化、社会化生产与分散化创作之间的关系。一方面，要培育市场占有率较高的骨干企业，促进文化资源和要素向优势企业适度集中，提高产业集中度；另一方面，则要大力发展机制灵活、市场反应快、适应力强的中小企业，不断拓展文化产业的广度和深度。培育骨干文化企业，扶持中小文化企业，形成较为完善的、配套协作的分工协作体系，应当是文化产业发展的题中应有之义。

目前有一种倾向，主张大力发展中小文化企业，甚至把文化产业发展的希望寄托于中小文化企业。这种观点有失偏颇。文化企业从创业、成长到成熟，规模会越来越大。只有被竞争淘汰的中小企业，没有不谋求扩大规模的中小企业。换句话说，做优、做强乃至做大，几乎是每个企业家的梦想。不可否认，由于文化产品创作生产具有个性化强的特性，无论文化产业发展到何种程度，中小文化企业都具备骨干文化企业不可替代的发展优势，都会有较大的生存空间。特别是随着文化产业的分工越来越细，“小而全”的文化小生产格局被打破，那些专业性很强、比较优势明显的中小文化企业会越来越多。

而同样不可否认的事实是，我国目前骨干文化企业的数量偏少。特别是由于地区封锁、行业壁垒，由于文化资源尚未与资本市场实现有效对接，文化企业的规模都不够大、竞争力都不够强，即使掌控稀缺资源的国有文化企业也难以做大做强，难以造就混业经营的文化产业“旗舰”或“航母”。

当前，我国文化消费进入快速增长期，面对人民群众快速增长的精神文化需求，要在短时间内迅速增加文化产品和服务的供给能力，迫切需要一批骨干文化企业。与此同时，文化产业发展已进入与科技融合的新阶段，文化企业要集成应用新技术，必须具备一定的资本实力。特别需要指出的是，目前活跃于国际文化市场的文化企业，都是实力雄厚、竞争力强的“巨无霸”。从维护国家文化安全的角度看，也需要一批骨干文化企业。鉴于此，无论是满足国内需求，还是参与国际竞争，都需要把培育骨干文化企业放在更加突出的位置。

如果把中小企业比作文化产业的“乐队”，那么，骨干企业就是“乐队”的“指挥”。文化产业发展的活力来自中小文化企业，但文化产业发展的规模、方向以及整体实力则取决于骨干文化企业。鉴于此，在文化产业发展上应当坚持“两点论”，既要扶持中小文化企业，又要培育骨干文化企业，二者都不可偏废。

四　关于文化和经济的关系

长期以来，人们对文化和经济之间关系的理解停留在表层，常常把文化作为促进经济发展的手段，热衷于“文化搭台、经济唱戏”，把文化视为花钱的事业，甚至于认为文化建设是宣传文化部门的事情，对文化发展采取漠不关心以至于规避的态度。

2003 年，国家统计局会同宣传文化部门开展了“文化及相关产业统计”课题研究，借鉴国外经验，结合我国实际，研究提出了我国文化产业统计指标体系。2005 年课题组依据 2004 年全国第一次经济普查数据进行了统计验证，获得了较为完整、翔实的文化产业统计数据。2009 年，国家统计局根据 2008 年全国第二次经济普查数据，对我国文化产业发展状况进行了较为全面的统计分析。从 2010 年起，文化产业统计已纳入统计部门的经常性工作。

据统计，2004～2008 年间，全国文化产业增加值的年平均增长速度（现价）为 22%，其中法人单位的增加值年平均增长速度（现价）为 23.3%，高于同期 GDP 的年平均增长速度（现价，18.4%）近 5 个百分点，高于同期服务业的年平均增长速度（现价，19.4%）近 4 个百分点。统计数据表明，我国文化产业已成为国民经济新的增长点，对推动经济发展方式转变，促进经济结构调整升级具有重要意义。

在现代技术条件下，传承和传播文化的载体，早已跨越了单一的纸张时代，文化载体的多元化、多样性，把多业态的文化产业与制造业、旅游业、建筑装饰

业、信息业、包装业等门类较多的相关产业紧紧地联结在一起。在文化资源的挖掘、保存、开发和利用以及文化产品和服务从生产到传播再到消费的各个环节，其前端链接各类装备制造业（如广播电视、电影、演艺、考古、印刷等设备生产），后端对接各类电子设备制造业（如电视机、计算机、手机、阅读器等终端设备生产）。文化内容（如新闻、资讯、影视、动漫、游戏、演艺）已成为信息业、旅游业的“血液”。以设计为核心的文化创意正在改造和提升建筑、装饰、包装等传统产业。如果将民族文化元素或符号，经过创意设计植入建筑、装饰和包装材料及旅游纪念品，将会提高物质产品的文化含量和附加值。随着立体视觉产业的兴起，立体视频的采集、制作、播映、显示所需的摄像机、电视机、计算机、手机、银幕等设备必然面临更新换代，对制造业的拉动作用将是巨大的。一旦立体摄像机进入家庭，市场前景更为广阔。

文化是无形的，它具有极强的渗透力。随着文化产业的不断发展，它必将渗透于国民经济的各行各业、人民生活的各个方面。文化不再单纯搭台，它要在推动经济发展上发挥更大作用。

五　关于文化产业的区域布局

我国文化产业尽管刚刚起步，但受到的关注程度非常高，尤其是各级地方政府推动文化产业发展的积极性空前高涨。为推动文化产业成为国民经济支柱性产业，对于地方发展文化产业的积极性，既要保护好，也要引导好。

在制定“十二五”时期文化产业发展规划时，将近一半省份明确了本地区文化产业发展的规划目标，有的表述为翻一番或翻两番，比如山东为翻两番，北京、湖北等地为翻一番；有的表述为占 GDP 的比重，比如浙江、广东等省为5%，东北地区、中西部地区最低为4%、最高为8%。姑且不论文化产业的统计口径是否一致，单就这些规划目标而言，确实是催人奋进的。

2008 年全国文化产业增加值超过 500 亿元的省份有 5 个，分别是广东、山东、江苏、北京和浙江，文化产业增加值总和为 4012 亿元，占全国文化产业增加值的 52.58%。假如 2009 年和 2010 年按年均 15% 的速度增长，这 5 个省份的文化产业增加值将超过 5000 亿元。“十二五”时期，如果这 5 个省份能够实现翻两番的目标，到 2015 年末，文化产业增加值的总量就是 2 万亿元，其余地区的文化产业增加值只要每个省份达到385亿元（相当于上海市2008年的水平），全国文化产业增加值就能够达到3万亿元，占GDP的比重就有可能达到5%。

而令人担忧的问题是，目前文化产业各门类区域间的结构趋同、同质竞争现象十分突出，既存在于传统文化产业，也出现在新兴文化产业，还体现在文化产业园区或基地建设上。出版发行、演艺等传统文化产业目前存在的空间布局不合理的问题，根源在于文化资源的行政配置方式；文化创意、动漫游戏等新兴文化产业的“遍地开花”、“蜂拥而上”，以及文化产业园区或基地的雷同，根源在于对文化产业的认识不全面、不深刻而造成的投资盲目性。

在传统体制下，我国文化资源是按行政方式配置的，无论是电台电视台，还是书报刊社，以至于文艺院团，从中央到省市甚至到县都是按行政区划和部门配置的。文化资源的行政化配置方式，是同社会主义市场经济体制不相适应的，不仅如此，这种配置方式已演变为地区封锁和行业壁垒，伴随着各地组建门类齐全的文化企业集团，这一状况不仅没有得到缓解，反而有所加剧。

打破地区封锁和行业壁垒，最终要依靠市场在文化资源配置中发挥基础性作用，促进文化资源和要素在更大范围内流动，推动文化企业跨地区、跨行业、跨所有制兼并重组，引导文化资源和要素向优势企业适度集中，培育一批文化产业的骨干企业和战略投资者。当前，特别需要把组建若干家中央文化企业集团公司作为重点，推动中央文化企业尽快上市壮大实力，通过并购重组等多种手段，推动结构调整和资源整合，引导文化产业区域布局合理化。

调整和优化文化产业的区域布局，除推动文化资源存量布局优化外，还需要引导各地加深对文化产业的认识，鼓励各地在推动文化产业发展上突出特色、体现差异，避免重复建设和同质竞争。特别是在文化产业园区建设上，要强调产业孵化与集聚效应，立足于延伸产业价值链，增强产业的辐射力。在国家层面要加强文化产业区域布局的统筹规划，建设一批全国文化产业示范区，引领文化产业发展。

六　关于文化贸易的海外布点

推动中华文化“走出去”是国家的一项基本战略。随着我国国际地位的日益提升，中国企业海外投资的规模越来越大、范围越来越广，扩大文化对外交流

和贸易已迫在眉睫。与此同时，大力发展文化对外贸易，对于提升国内文化产业发展的水平和质量，具有重要的战略意义。

发展文化对外贸易应当尊重文化贸易规律。一般而言，在文化贸易的初期，重点是推动文化产品和服务出口。当文化贸易发展到一定程度，文化企业积累了一定的文化贸易经验与实力，跨国经营和海外投资就成为必然。当前，我国文化产品和服务出口的规模较小，国内文化企业的实力和竞争力还不够强，在一定时期内，文化贸易的重点仍然是大力推动文化产品和服务出口。但从现在起就应当积极谋划，在海外进行文化传播渠道布点，通过控股、参股以及并购等多种方式经营影院、剧场、书店甚至电台电视台，一方面为扩大文化产品和服务出口规模创造条件，另一方面有利于提升文化对外贸易的水平和质量。

B.6

2009年联合国教科文组织文化统计框架*

联合国教科文组织统计研究所

1 引言

本框架取代了1986年的联合国教科文组织文化统计框架（UNESCO, 1986）。第一版文化统计框架出台以来，出现了许多不同的定义和测量文化的方法，同时，社会和技术的进步也改变了文化在整个世界中的地位。

在适当并且可行的时候，国际性文化统计框架可以追求最大化的国际可比性。各个国家也需要数据以制定有据可循的政策，并了解自己在与本地区或世界上其他国家的对比中所处的位置。

本框架还为评估经济和社会对文化的贡献提供了概念基础。它可以帮助会员国组织其文化统计数据的收集和传播工作。这一新框架的目标是灵活而不排它，同时还要提升可比性。各国在采用了本框架各领域的划分方法之后，还可以用它们的相关数据进行国际对比。

1.1 理论基础

1986年以来，人们对文化在经济和社会领域的作用所持的看法已经发生了巨大变化。文化同发展之间的重要联系也得到了援助机构和专家们更加广泛的认可。越来越多的人不但把文化视为发展的方式（即推动和维持经济增长的方式），还把它视为发展的成果（也就是说它赋予人类生存以意义）。它可以通过旅游和手工艺品等形式产生经济效益，它还能推动一个地区或一个国家的可持续

---

* 本文是联合国教科文组织统计研究所（UNESCO Institute for Statistics）2009年"文化统计框架"稿 *THE 2009 UNESCO FRAMEWORK FOR CULTURAL STATISTICS* 的节选。希望能通过它让中国读者了解国际上对文化进行更完整统计的趋势和方法。

发展。文化对人们的行为、经济发展进程、社会发展以及人类福祉的影响已经得到了广泛认同（UNESCO，1995）。

在世界很多地方，财富和可支配收入的增长同时也带动了文化活动和产品方面的消费。这就意味着文化已经成为经济再生产圈中不可或缺的一部分，而不再只是一种奢侈品或可有可无的产品，这也是剩余资源分配的结果。文化消费一直在不断增长，其产品的范围也在不断扩大，现在的一个“产品”承载着诸多的文化体验。

两个近期的相关现象也使得上述长期趋势更加凸显。

以前因为模拟生产系统而分离的文化产业（电影、电视、摄影和印刷）现在已经融合为数字化的形式，在很多情况下，甚至很难把它们区分开来。数字技术显著地改变了文化产品的生产和传播方式。互联网更是如此，它越来越多地用于传播各种文化产品（有时还是通过同一媒介）。

全球化带来了产品和服务的国际化流动以及全球范围内思想、人才和资本的交流。多元文化和跨文化性创造了新产品、新习俗和多元身份。

与前数字化时代相比，新技术使得一次性文化产品（如一首歌）的快速商业运作成为现实。这就改变了那些能够进行数字化复制并具有投入商业贸易潜能的文化活动同那些不能复制而且更难以交易的活动之间的经济实力平衡（Barrowclough & Kozul-Wright，2006）。

有些发达国家的文化部门在经济方面（至少是就业方面）比一些老的产业（比如采矿和汽车制造业）还重要，它们对国家的外贸收入有巨大的贡献。然而，在发展中国家，从就业方面来看，文化部门对经济的影响目前还不是很明显，尽管它可能带来可观的外贸收入。所以，发展中国家正在重新审视文化在发展中的作用，并把它当做经济增长中一个潜在的积极因素（Barrowclough & Kozul-Wright，2006）。

新型的文化生产还引出了一个新的文化政策管理领域，它的重点是一种新的次级文化活动，即文化产业，有时候也叫做创意产业（见 2.2 部分）。文化产业的概念通常用来指文化部门的商业维度。然而，本框架鼓励采用一种更具综合性的方法，把（无论是公共的还是私营的）文化部门所有活动之间唇齿相依的概念引入进来。例如，从业人员每周可能会在公共和私营岗位上（或有酬或无偿地）轮流工作，这样就很难把他们归入公共或私营行业。如果把实践作为重点，

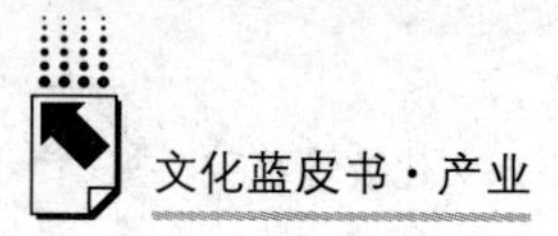

我们希望本框架能够很好地应对界限的不确定性，并重视二者的相互促进作用。

文化在创造、生产、分配和消费方面发生的上述转变说明，文化部门取得了进步，而且这种发展已经超越了传统的经济领域。我们需要更多更准确的数据，以掌握这一变化的广度和深度。

1.2 修订框架的政策背景

1986 年的文化统计框架（UNESCO，1986）出台以来，文化在公共政策领域的地位已经显著提高，对此，我们可以作出以下解释。

文化产品的国际贸易增长。这将对严格意义上的知识产权和文化定位及其所有权（比如非物质遗产）等涉及面更广的问题产生重大影响。

文化产业领域几大跨国集团市场实力上的增长和集中。在许多市场中，文化生产的组织都对寡头垄断有利；因此，“先发优势”起着很重要的作用，这种情况几乎全部出现在发达国家。尽管如此，互联网还是促进了这些企业集团垄断范围之外的市场和分配渠道的发展，但同时它也为猖獗的盗版现象提供了温床。

在制定政策的过程中，利用基于统计资料的文化规划文件对文化部门进行分析是关键的一环。

把文化政策作为“文化产业”政策来制订可以拓展其产业和经济的视角。这样做的结果是文化政策必须把文化产业考虑进去。

公共和私人领域有着复杂的相互依存关系，不能用简单的二元论观点来看待。例如，一些商业文化活动也会影响文化政策的制订。局限于二元论方法的框架会越来越多地暴露其不足。

1986 年以来的一些显著发展是针对文化多样性问题出现的意识的提升、需求的增长以及积极政策的出台。2005 年在联合国教科文组织大会上通过的《保护和促进文化表现形式多样性公约》也反映出了这一情况（UNESCO，2005）。考虑到创意资源在经济中不断提升的重要性，我们应当把文化多样性视为创造力和创新的核心。

文化多样性是涉及多个方面的政策领域，产生于不同的源头，在不同的层面（即国家内部、国家之间或者跨国的层面）还有不同的着重点和结构关系。在后一种情况下，积极的文化多样性政策的推动因素背后还有以下几个相互联系的方面。

总体而言，越来越多的人需要源自发展中国家的文化产品，或者在某些情况下，需要这些产品同发达国家的产品融合在一起。然而，即使在那些跟发达国家有可比性的文化产品出口方面，当就其经济回报问题展开谈判时，发展中国家往往还是处于不利的地位。其中部分原因在于它们在体制能力方面的不足，以及在垄断行业中绝对实力的悬殊。

高端（主要是西方的）和低端文化、西方和“其他地区”等概念之间的界限变得越来越模糊；还有手工业产品的商业化，以及它在发展中国家经济发展战略中的作用。

上述变化同时也带来了一系列的问题，其中争论最为激烈的恐怕是知识产权问题。随着越来越多的人把文化当做一种商品，对个人或群体的创意的保护程度愈发需要由一个权利体系来决定（并规定个体生产者拥有哪些权利）。在发展中国家，媒体通常很少报道这类问题，这也对文化多样性提出了挑战。由于这一原因以及其他一些原因，《保护和促进文化表现形式多样性公约》（UNESCO，2005）中突出强调了“传递身份定位、价值观念和意义”的文化活动的双重属性（经济与文化属性）和脆弱性。

1986 年的文化统计框架（UNESCO，1986）是由当时的联合国教科文组织会员国提出来的，它们大部分来自发达国家。这一次经过修订后的文化统计框架考虑到了发展中国家的需求。特别值得一提的是，它还融入非物质文化遗产和非正规经济等因素，并考虑了应对文化多样性这一问题的适当性和可行性。而在1986 年的框架中，有的文化活动，比如手工艺产品生产和教育的作用，不是被省略掉了，就是没有引起足够重视。

1.3 修订框架的主要目的

本框架建立了一个概念基础，它为文化生产、流通和使用等各项活动的国际对比提供了共识。为了达到这一目标，本框架遵循以下指导原则。

建立一个不区分具体经济和社会模式、涵盖所有文化表现形式的概念基础；

规定文化表现形式的范围（文化形式、实践、产品和流程），包括新的生产和消费形式（文化产业和文化的知识产权内容）以及跟文化产业没有联系的文化实践（非物质遗产）；

尽量保证所使用的分类标准能够转换成国际分类标准，如产品集中分类（CPC），统一商品描述和编码系统（也称做统一系统，HS），国际标准工业分类

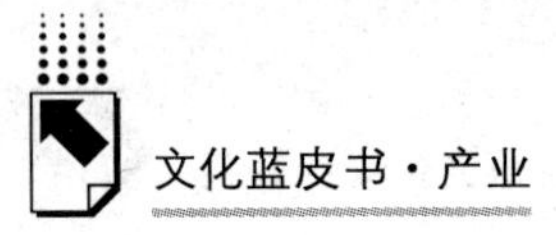

（ISIC）和国际标准职业分类（ISCO）；

帮助各国发展符合国情且具有共同参照点的框架，以供国际对比和借鉴。

2　文化统计框架：概念与结构

2.1　修订框架：一种新的方法

本框架所使用的方法是为了解决以下三种常见文化政策二分法引发的问题：

文化的范围（经济—社会）。使用本方法的前提是明白文化内涵是如何产生和传递的。将文化生产和分配作为重点就必须明白如何将内涵融入到社会和经济流程之中。文化同经济和社会的关系是不可割裂的。许多文化要素，包括那些市场范围之外的要素，都可以利用参与度、使用的时间或者社会资本等指标进行跟踪。其他许多有关文化生产和传播的要素涉及经济交易，这也是可以测量的。

管理模式（公共—私营）。就文化生产和传播的资金和管理问题（私营部门、公共部门或者民间团体）而言，本方法具有不可知性。文化领域有三大资金来源：①公共资金（主要来自政府和公共机构），它们可以是直接的（补贴和拨款）或间接的（免税）；②私人来源（来自市场）；以及③非营利性组织或捐赠人。当前的数据并未清楚地展现这三种不同文化资金来源的情况。文化支出和财政特别工作组承认，获取有关欧洲国家在文化上的公共支出的具有可比性的统一数据非常困难（European Commission，2001）。造成这种情况的原因在于各国的公共财政结构不尽相同，采用的方法也不一样。

本框架的着重点在于文化领域的上述要素之间的关系、联系和交流。

制度化程度（正规—非正规）。本框架认识到文化生产和分配既存在于正规和非正规的经济领域，也存在于社会领域。发达国家和发展中国家都有非正规的文化生产。然而，即使是非正规的经济领域或非经济领域中的文化生产，也可以作出评估。本框架所采用方法的目的在于公平地对待整个文化创造、表达和价值流程（见 2.3 部分）。

在许多文化产业领域，劳动分工的不断专业化使得“生产”文化和“使用”文化之间的区分也愈发明细。然而，在其他产业领域，比如手工业部门，这种区别并不是那么明确，因为“手工艺品生产者”不但设计、制造产品，还展览或

销售产品，从而将劳动分工或合并或消除了。因此，手工艺品生产者可能会在文化生产圈中同时扮演好几种角色。

在对文化统计框架进行修改的时候，我们主要有三方面的考虑：

部门的广度（包括了被认为属于文化范畴的各个领域）和深度（包括演员，艺术家，以及演员和艺术家工作中不可或缺的辅助人员和产品）。

采用直接计量系统的愿望。

进行国际对比评估的能力。同时，我们也不能刻意追求一个“放之四海而皆准”的框架。它既要照顾到各地区或国家的特殊性和多样性，还要适合用于对比。

2.2 从统计的角度定义文化

修订版的文化统计框架采用了联合国教科文组织《世界文化多样性宣言》中对文化的定义，即“应当把文化看做某一社会或社会群体所具有的一整套独特的精神、物质、智力和情感特征，除了艺术和文学以外，它还包括生活方式、聚居方式、价值体系、传统和信仰”（UNESCO，2001）。这个定义与各个社会、群体和社区界定自己的身份的方式有着极其密切的联系。

为了使文化统计框架所采用的文化定义能够用于统计目的，我们还考虑了以下两方面的问题：

“文化领域”的概念：要对文化领域进行界定，可以从一些产业（一般统称为文化产业）着手，因为可以利用现行的国际分类系统对它们作出定义。一个领域也可以包括适当类目下所有的文化活动，包括非正规的活动和社会活动。例如，对电影行业的统计就不但可以包括商业影院的票房和故事片的制作，还可以包括家庭电影的生产和观看情况。虽然这类非正规的活动和社会活动都是文化活动的核心部分，但是用现有的统计方法却很难对它们进行计算，因此，需要在修订版的文化统计框架下开发其他方法。从本框架的角度来说，一个领域应该包括所有相关的活动，无论是经济活动还是社会活动。

创意与文化之争：许多国家把上述产业称为“创意”产业，可是，创意“领域”的许多产业并不一定就都具有创造性。创意的定义和测量本身就存在着巨大争议。通常，创意产业涵盖的范围比传统的艺术领域更广，比如说，它还包括所有的信息和通信技术行业或者研发活动。对此，本框架的处理方法是允许将某些特定的文化产业（设计和广告产业）当做独立的领域。

2.3 文化圈

文化圈囊括了文化创造、生产和传播等不同的阶段。从这个方面讲，我们可以认为文化源自于一系列相关的流程。这些活动可以是制度化的，也可以是非制度化的；可以是国家管控范围之内的，也可以是这一范围之外的。如果一个部门包含非正规的、业余的以及与市场无关的活动，我们也将之统称为一个“领域”，这样做的目的是为了表明这一概念既涵盖与市场无关的社会活动，又包含与市场相关的经济活动。

从领域的角度看问题，可以将文化的生产和分配情况在生产圈中体现出来。之前，一些联合国教科文组织会员国已经采用了文化圈的概念。然而，在有些情况下，它还是一个未被启用的或在使用中没有被贯彻的概念。采用文化圈的概念可以帮助我们超越简单的分门别类，弄清文化生产和文化活动是如何开展的。

构建一个强有力的、可持续的文化统计框架，即构建一个涵盖那些促进文化创造、分配、接受、使用、评论、理解和保护等流程的统计框架，面临着挑战。我们想了很多办法来拓展与文化生产和传播相关的活动领域。尽管不同的文化形式有着不同的生产圈，而且并非所有的文化形式在每个阶段都需要同样的投入，但是我们还是可以将它们纳入一个包含五个阶段的生产圈（见图1）。

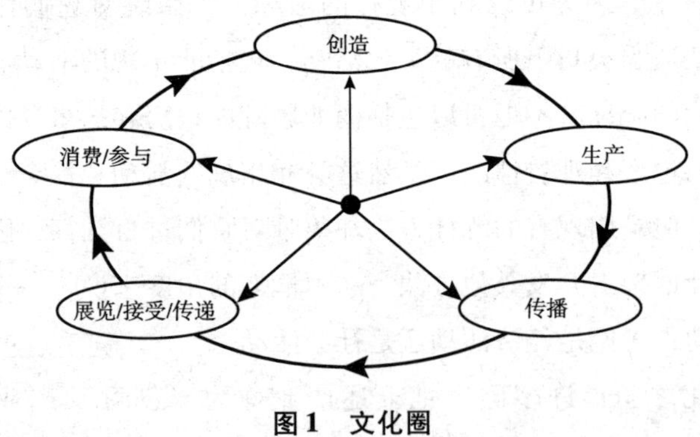

图1 文化圈

同1986年的文化统计框架（UNESCO，1986）一样，文化圈由五个阶段组成，为了表明它们之间关系的复杂性和网络模型，我们稍作了改动，将原来的层级模型改为了循环模型。

创造：提出想法和内容（雕刻家、作家、设计公司）以及非重复性生产产品（如手工艺品、美术作品）的制作。

生产：可重复生产的文化形式（如电视节目），以及实现重复生产（如乐器生产、报纸印刷）所需的专业工具、基础设施和流程。

传播：让消费者和展览者接触到批量生产的文化产品（如批发、零售或出租音乐唱片，以及电脑游戏和电影的传播）。通过数字化传播手段，有些产品或服务可以直接由创作者传递给消费者。

展览/接受/传递：指消费场所，以及通过授权、售票的方式向观众提供直播的或是无中介的文化体验，让其消费/参与按时间付费的文化活动（如组织并举办音乐、戏剧或电影节，歌剧院、戏剧院、博物馆）。传递是指传递那些不涉及商业交易且通常产生于非正式场合的知识和技能，这其中包括非物质文化遗产的世代相传。

消费/参与：消费者和参与者消费文化产品，参与文化活动和体验的活动（如阅读，跳舞，参加狂欢节，听收音机，参观画廊）。

文化圈这一术语对我们的帮助在于，它阐明了上述活动之间的相互关系，包括活动（消费）刺激新的文化产品和艺术品生产这样的反作用流程。实际操作中，有些阶段是可以合并的。例如，音乐家也许既可以作曲（创造），又可以演唱（生产/传播），剧作家会写作（创造），却很少会表演（生产/传播）。那些可能收集素材（非正规的资源输入）、使用传统技术（非正规训练）以及在路边摊上销售产品（非正规的传播和零售）的单个工艺品生产者则参与了非正规场合下的整个文化圈。在制订涉及文化生产的公共政策时，很重要的一点就是明白要测量的是整个流程中的哪一部分。

对于有的文化活动而言，其流程可以将文化圈的任何一个阶段作为起点，而且有的阶段还可以合并或者不出现。例如，文化遗产的创造就可以说是发生在过去，大多数跟它相关的活动都发生在“展览/传递”与“消费/参与”阶段。

文化圈的网状模型重点突出了新的生产形式，这些形式大多与新技术有关。新技术在不同功能之间建立了相互联系，最终，新型的文化流程可能把这些功能合并起来。例如，通过 YouTube 或者博客等手段，人们可以同时进行创造和消费。

文化圈显示了文化生产是如何扎根于社会领域的。文化圈的方法无法获取文化生产的动机——为了追求获利还是传递文化价值观念。由于文化活动和演员在

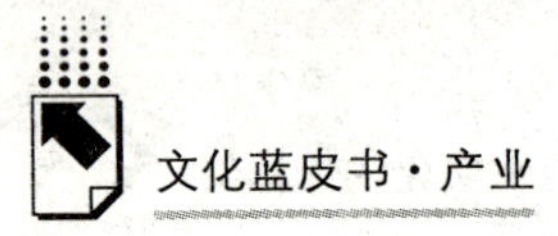

市场和非市场活动之间游离不定，我们必须承认，市场和非市场的因素都在发挥作用，而且很难对它们进行测量。

文化圈所关心的不是圈中任何一个特定环节具有多少的文化属性，而是了解并跟踪全部活动并将想法转变为文化产品和服务所需的资源，以及这些产品和服务的消费、参与或使用。如果没有一个价值体系，和一个能赋予艺术品以价值/意义的生产体系，那么艺术品（无论是绘画、工艺品，还是表演）就是毫无意义的。举个例子来说，如果某个国家想要把某个特定的地区列为国家优秀文化遗产，那么它就会动员旅游、运输、文化保护以及酒店等方面的资源，提升该地区在游客心中的价值。

文化圈同样有空间的维度。有的活动可能是集中发生在同一地方、区域或国家，而有的相关活动却可能发生在世界不同的地方。这种关联的确切情况必须通过实际调查才能获得，并且这对文化业的管理和利益增进（经济的和社会的）都有重要的意义。迁移同样也是文化空间维度的重要组成部分，它是指人们通过移民的方式脱离了他们本来的文化环境。全球化加剧了这种迁移，同时也加剧了迁移带来的文化同化、冲突和异域感问题。

并不是所有国家都能轻易获得充实文化圈所需的经验数据。对于那些在信息搜集方面有所投入的国家来说，这个模型显示出了对文化贡献的衡量是切实可行的。文化贡献是实质性的。然而，只有当国家和地区间能够获取具有可比性的信息的时候，它的真正价值（以及制定政策所需的信息）才能得到评估。

一项特定的文化政策并不需要考虑整个文化圈。但是，政策制定者必须清楚，小范围的有限干预也可能会在整个文化圈中产生比较广泛的影响。

2.4 文化领域的广度

我们从世界各地选出了一些文化统计框架进行研究（UNESCO-UIS，2006），结果表明，各框架一致认为文化是由一系列可识别的活动构成的；然而，研究结果也表明，这可能会因以下原因而变得模糊：

在如何将上述活动归入更高层面的不同领域的问题上意见不统一；

在分析文化部门包括哪些功能的问题上缺乏共识。

第一个分歧是文化的地区差异的真实反映，可是它跟第二个分歧也有关系，即缺乏完善的分析模型或逻辑。这是导致第二个分歧的根本原因。然而，采用一

种统一且符合逻辑的方法并不是修订文化统计框架的唯一要求，同样要考虑与以下两个方面相关的实际问题：

执行：将我们对文化领域的定义推广到各个统计分类系统中的能力。无论这些系统是产品集中分类，还是国际标准产业分类、国际标准职业分类，或者是其他的国际分类系统。

政治：我们需要各国的支持和批准才能确保本框架的使用（从而变得有用），但是许多国家的文化机构都代表着巨大的利益关系，它们必须在本框架中“见到自己的影子”。

2.5 定义“文化领域”

要测量文化领域，确定哪些范畴属于文化领域而哪些不属于文化领域，就必须规定文化领域的范围。在本框架中，由于采用的是一种务实的方法，我们对文化进行了可操作性的定义，本定义源自于上文对文化的一般性定义（见 2.2 部分）。

本框架所采用的操作性定义的基础是按领域对文化进行描述，其目的在于通过衡量产业和非产业流程中产生的文化活动、产品和服务。文化产品和服务具有艺术价值、审美价值、象征价值和精神价值。文化产品和服务的特征不同于其他产品，因为它们的价格体系与欣赏价值或娱乐价值是紧密相连的，而且它还具有不可复制性（Throsby，2001）。

文化产品传递着思想、标志和生活方式，有些产品还受版权的制约。文化服务本身并不代表物质文化产品，却能促进它们的生产和分配。例如，文化服务包括授权活动和其他与版权相关的服务，音像产品销售活动，艺术和文化演出宣传，以及文化信息服务（图书馆、文献中心、博物馆）和收藏书籍、唱片、艺术品等活动。这些产品和服务大部分都受版权的限制。

文化活动的表现形式或传递文化的方式，与它们可能存在的商业价值无关。这些活动可能本身就是终点，但它们也可能继续推动文化产品和服务的生产（UNESCO-UIS，2005）。

如图 2 所示，文化统计框架中的文化领域代表着一系列具有文化性的生产制造、活动和实践，它们可以归为以下几类：A. 文化和自然遗产；B. 表演和庆祝活动；C. 视觉艺术和手工艺；D. 书籍和报刊；E. 音像和交互媒体；F. 设计和创意服务。以及横向领域：非物质文化遗产。

表 1 文化统计框架涵盖的领域

<table>
<tr><th colspan="6">文化领域</th><th colspan="2">相关领域</th></tr>
<tr><td>A. 文化和自然遗产
—博物馆（包括虚拟博物馆）
—考古和历史遗迹
—文化景观
—自然遗产</td><td>B. 表演和庆祝活动
—表演艺术
—节日、展览会、庙会</td><td>C. 视觉艺术和手工艺
—美术
—摄影
—手工艺</td><td>D. 书籍和报刊
—书籍
—报纸和杂志
—其他印刷品
—图书馆（包括虚拟图书馆）
—图书博览会</td><td>E. 音像和交互媒体
—电影和视频
—电视和广播（包括互联网直播）
—互联网在线播放
—电子游戏（包括网络游戏）</td><td>F. 设计和创意服务
—时装设计
—平面造型设计
—室内设计
—园林设计
—建筑服务
—广告服务</td><td>G. 旅游业
—包机或包车旅行和旅游服务
—食宿招待和住宿</td><td>H. 体育和娱乐
—体育
—身体锻炼和健身
—游乐园和主题公园
—博彩</td></tr>
<tr><td>↕</td><td>↕</td><td>↕</td><td>↕</td><td>↕</td><td>↕</td><td>↕</td><td>↕</td></tr>
<tr><td colspan="6">非物质文化遗产
（口头传统和表现形式、仪式、语言、社会实践）</td><td colspan="2">非物质文化遗产</td></tr>
<tr><td colspan="6">教育和培训</td><td colspan="2">教育和培训</td></tr>
<tr><td colspan="6">存档和保护</td><td colspan="2">存档和保护</td></tr>
<tr><td colspan="6">装备和辅助材料</td><td colspan="2">装备和辅助材料</td></tr>
</table>

这些领域都属于文化范畴，它们是最为核心的文化领域。联合国教科文组织鼓励各国至少应该在这些领域中收集可比数据。这一框架不但详细划定了文化领域的广度，还展现了它的结构。

此外，文化统计框架还涵盖了其他三个横向领域，因为在文化圈中，它们对文化的生产和传播有着关键作用。它们之所以是横向的，是因为它们（教育和培训、档案和保存、装备和辅助材料）涉及了所有的文化及其相关领域。

尽管有的情况下，有的活动可能会分属好几个领域，但是为了避免重复计算，本框架中的每一个活动只能有一次归类。例如，音乐既可以归入“表演和庆祝活动”，也可以归入“音像”类，因为它由现场音乐（表演）和音乐唱片（音像产品）组成。然而，本框架认为文化内容所呈现的类别优先于形式。此外，在统计分类系统中，该领域的很多内容都无法同其他表演艺术活动截然分开。

文化统计框架对各种文化领域的定义如下。

A. 文化和自然遗产

文化和自然遗产领域包含下列活动：博物馆、考古和历史遗迹（包括考古遗址和建筑物）、文化景观和自然遗产。

文化遗产包括历史文物、纪念馆、建筑群和遗址，它们具有多种多样的价值，其中包括象征价值、历史价值、艺术价值、审美价值、人种学或人类学价值、科学价值和社会价值。

文化景观是人与自然共同的杰作，它们传达的是人类与自然环境之间长期的密切联系（UNESCO，2007）。

自然遗产的内容包括：自然地貌、地理和地形构造，为濒危动植物开辟的保护区域，以及具有科学价值、保护价值或天然审美价值的自然区域。它包括自然公园和保护区、动物园、水族馆和植物园（UNESCO，1972）。

跟文化和自然遗产相关的活动包括管理那些具有历史、审美、科学、环境和社会意义的遗址和收藏品。博物馆和图书馆里进行的保存和归档工作也属于这一范畴。

博物馆被定义为一个“以研究、教育、欣赏为目的而征集、保护、研究、传播和展览人类的物质和非物质遗产及其环境的，为社会及其发展服务的，向大众开放的，非营利的永久性机构”（ICOM，2007）。该领域还包含其他形式的博物馆，其中有“活的博物馆”，也就是包括仍然在社区仪式或宗教活动中被使用的物品，还有虚拟博物馆，即以 CD 或网站形式呈现的博物馆。

B. 表演和庆祝活动

表演和庆祝活动包含所有形式的现场文化活动。

艺术表演既包括专业的活动，又包括业余的活动，如戏剧、舞蹈、歌剧和木偶戏等。它还包括文化庆祝活动——节日、盛会和庙会——它们是地区性的活动，也可以是非正式的。

所有形式的音乐都属于这一领域。因此，它包括现场的或者是录制的音乐演出，音乐创作，音乐录制，下载和上传等数字形式的音乐，以及各种乐器。

C. 视觉艺术和手工艺

视觉艺术的重点在于创作，它们具有形象化的本质。它们能够以多种形式吸引人们的视觉。但是一些当代的视觉艺术，如“虚拟艺术”，可能包括多领域的艺术形式，我们将这些艺术形式归入 E 领域，即音像和交互媒体。

视觉艺术和手工艺领域包括绘画和雕刻等美术创作、手工艺和摄影。商业艺术馆等展览这些作品的商业场所也被归入这一领域。

文化统计框架采用了国际贸易中心（ITC）和联合国教科文组织对手工艺或手工艺产品的定义，即“由手工艺者生产的产品，无论它们是纯手工制作，还是借助于工具或是借助于机械的手段，只要直接的手工劳动对最终产品的贡献是最重要的部分，那么就将之视为手工艺或手工艺品。手工艺品的特殊性源于它们的区别性特征：实用、审美、艺术、创造性，附属于文化、装饰、功能、传统，具有宗教和社会象征意义”（UNESCO & ITC，1997）。

根据所使用的材料的不同，联合国教科文组织（UNESCO & ITC，1997）划分了六大类手工艺品：篮筐/柳条制品/植物纤维制品；皮具；铁器；陶器；纺织品和木制品。该指南还给出了补充的类别，包括手工艺品生产中某个地区独有的、或是稀少的、或是很难利用的材料，比如石头、玻璃、象牙、骨头、贝壳、珍珠母等。当我们同时使用不同的材料和技术时，还可以确定其他类别，即装饰品、珠宝、乐器、玩具和艺术作品。许多手工艺品已经投入工业化生产，但无论如何，我们还是把这些具有传统特征（类型、设计、技术或者材料）的产品当做文化统计框架的一部分。当代手工艺并未包含在视觉艺术和手工艺中，而是归入了 F 领域，即设计和创意服务领域。

D. 书籍和报刊

本范畴代表着所有形式的出版物：书籍、报纸和期刊。本框架采用的分类跟1986 年的文化统计框架一样，但它还包括电子或虚拟的出版形式，比如在线报纸、电子书以及书和报刊材料的数字化供应。和图书博览会一样，图书馆（无论是现实中的还是虚拟的）也被归入了这一领域。

正常情况下，文化分类系统或文化产业的定义中并不包含印刷业，而且它本身也不属于文化活动。然而，根据生产圈模型来看，应当把印刷业作为出版业的生产职能的一部分。因此，文化统计框架包含了那些主要用于文化目的的印刷工作。当我们试图用现有的统计分类系统对这些印刷活动作出区分的时候，难题出现了。通常，与出版业相关的印刷工作被当做出版业的一项生产职能归入书籍和报刊领域，而其他印刷工作（印刷商业供应目录或者“快速”印刷）则被排除在外。文化统计框架建议将这些相关的印刷工作归入装备和辅助材料领域。

E. 音像和交互媒体

电台和电视广播（包括互联网直播）、影视和交互媒体是该领域的核心要素。交互媒体涵盖了电子游戏和一些主要通过网络或计算机实现的新型文化表现形式。它包括网络游戏、门户网站以及跟社交网络（如 Facebook 网站）和网络播放相关的（如 YouTube 网站）活动网站。然而，互联网软件和计算机被认为是生产交互媒体内容的基础设施或工具，因此应该把它们归入装备和辅助材料这一横向领域。

交互媒体和软件是两大重要的活动领域。虽然许多交互媒体的产品和服务都可以用于文化目的（计算机和视频游戏、交互式网络和移动内容），但我们却不能说软件产业也是这样。文化统计框架将交互媒体视为音像和交互媒体领域的一部分。实际上，这还要取决于所采用的分类系统将交互媒体同主流软件和通信活动截然分开的能力。借助产品集中分类（CPC），我们可以确定一些交互媒体活动，但不是全部。当产品集中分类或其他分类系统都无法确定这些活动的时候，就应该把它们归入装备和辅助材料这一横向领域。

当以下任何一种情况出现时，我们就可以认定交互媒体具有交互性：（1）当两个或两个以上的事物相互产生作用时；（2）当用户可以改变某一事物或进入其环境时（用户玩电子游戏）；（3）当交互媒体需要用户的积极参与时；（4）当存在双向作用而非单向作用或简单的因果关系时（Canadian Heritage，2008）。

电子游戏及其开发（软件设计）也包含在这一范畴，因为它们表现为交互性活动。

F. 设计和创意服务

1986年的文化统计框架（UNESCO，1986）中没有设计和创意服务领域。该领域涵盖对物体、建筑和景观进行创意、艺术和审美设计所产生的活动、产品和服务。

该领域包括时装设计、平面造型设计和内部设计、园林设计、建筑服务和广告服务。建筑业和广告业都是文化领域的核心组成部分，但只是其服务。建筑和广告服务的首要目的是向其终端产品提供创意服务或中间投入，但这些终端产品并不都属于文化范畴。例如，创意广告服务的终端产品可能是一则商业广告，它本身并不是文化产品，但却是由某些创意活动产生的。为了避免重复计算，我们决定将某些设计活动归入F领域之外的其他领域。例如，所有属于文化遗产的建筑物都被归入了A领域，即文化和自然遗产领域，而交互媒体内容的设计则归入了E领域，即音像和交互媒体领域。

横向领域

尽管这些领域也可以单独构成独立的领域，但由于它们在其他文化领域中也被涉及，所以我们将之定义为横向领域。

我们认为，非物质文化遗产完全属于文化的范畴，而其他横向领域（即归档和保护、教育和培训以及装备和辅助材料）只是部分上具有文化属性，因为这些领域包含了一些具有文化属性的要素和活动，所以它们与文化和文化统计框架有关并且重要。

非物质文化遗产（横向文化领域）

联合国教科文组织保护非物质文化遗产公约（UNESCO，2003b）将非物质文化遗产（ICH）定义为“被各社群、团体、有时为个人视为其文化遗产的各种实践、表演、表现形式、知识体系和技能，以及与之相关的工具、实物、手工制品和文化场所”。（公约第二款）

非物质文化遗产是传统的，且仍具有生命力。它们是“世代相传的”，并且“在社群和团体中不断得到创新以适应他们所处的环境及他们与自然和历史的互动，同时使他们自己具有一种认同感和历史感”。（公约第二款）

非物质文化遗产的独特性在于它只有被某个社群视为其传统的一部分时才能

称之为非物质文化遗产。换句话说，这些表达或实践本身没有什么内在的要素可以使外人（政府、统计工作者、研究人员）将其确定为非物质文化遗产。因此，非物质文化遗产的确定和定义取决于创造、维护和传承这些遗产的社群、团体以及（在适当时候的）个人。

我们不能把非物质遗产视为一个离散的文化活动或生产领域，但它的确存在于文化统计框架下的所有文化领域之中。例如，手工艺或表演艺术中都有非物质文化遗产的印记。因此，它被划入一个横向领域（见图 2）。非物质文化遗产还存在于一些不断延续的文化实践和活动，其中包括：1）口语传统和表现形式，包括作为非物质文化遗产载体的语言；2）表演艺术；3）社会实践、仪式和节庆活动；4）有关自然和宇宙的知识和实践；5）传统手工艺。

在非物质文化遗产这一新领域中，联合国教科文组织对文化表达和实践的功能和价值进行了多年研究。这为我们用新的视角去理解、保护和尊重文化遗产（这还涉及承认各社群和团体在确定、再造和传递非物质遗产中的作用）铺平了道路。

存档和保护（横向领域）

存档表现为以世代传承、展览和再使用为目的的收藏并存放各种文化形式（可移动的物质的和非物质的）的活动（比如，保护历史遗迹和建筑物、音像资料和图片收藏）。保存是指对特定文化和自然资产进行维护、保养或管理。

归档和保存活动存在于每一个文化领域（一个作家的手稿、一部作品的首次表演、一场音乐会/展览会的方案）。档案资料还可以作为参照，为新的创作提供灵感。美术、手工艺、设计、建筑、出版和音像等行业的归档和保存工作反过来又能够为生产新作品贡献灵感。例如，历史建筑保存（和展览）的是建筑艺术；博物馆和画廊里收藏（和展览）绘画、雕塑、珠宝以及许多其他的历史文物，它们的价值主要在于其设计的特点（从家具到汽车等都是如此）；而档案馆中保存的则是诸如手稿、照片、书籍、电影和电台录音之类的原始文件。

教育和培训（横向领域）

文化统计框架并没有涉及教育的所有属性，只是在它传递文化价值和文化技能时才予以考虑。学习活动有利于文化的发展、理解和接受，其中也包括评论的过程（例如艺术和舞蹈学校、文学评论）。教育是一种文化世代相传的过程。它也是人们学会欣赏文化活动或产品，或是对它们作出价值判断（如评论）的一

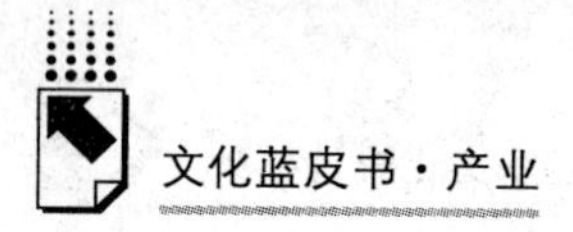

种方式。教育是一种社会化的过程，在这一过程中，文化得以传播开来，并激发一种敢于挑战现有文化形式的创造性。

文化教育和培训能够帮助个人获取创造和生产文化产品所需的技能。它教会人们如何去评价和消费文化产品和服务，或者是参加某项文化活动的社会效益。教育还可以传递一个正式或非正式体系中构成社群认同的非物质文化。因此，在所有的文化领域以及整个文化圈中，教育和培训都起着重要作用。

当采用教育作为变量时，为了方便国际对比，我们建议各国在数据收集阶段使用国际教育标准分类（ISCED97）（UNESCO-UIS，2006d），或者在数据处理阶段遵照 ISCED97 分类系统。各国还应该采用 ISCED97 系统对教育领域的结构作出分类。

装备和辅助材料（横向领域）

该领域涵盖了“文化产品和活动所需的工具”。各个领域定义的文化产品（产品和服务）都是那些与文化内容直接相关的产品，而与装备和辅助材料相关的则是辅助产业和附带服务（即使它们的内容只具有部分的文化属性），它们能够促进或促成文化产品的创造、生产和分配。互联网是文化产品和服务传递、生产和传播的一个主渠道，因此，它属于这一领域。计算机和 IT 装备也被归入了这一类，因为它们是创造、传播和传递互联网的工具，而且，许多交互媒体也是通过这一方式产生的。

我们之所以将这一范畴同 A 到 F 领域中的产品和活动区分开，是为了能够找出那些本质上不属于文化范畴，却能够用于生产文化产品和服务，而且是这些文化产品和服务不可或缺的要素。

文化研究就是依据各领域及各自的代码开展的。

相关领域

通常，体育、娱乐和旅游并非文化活动，然而，它们确实包含着文化要素。换句话说，它们的活动表现出具有文化属性，而它们的主要成分却并没有这种属性。因此，文化统计框架将它们视为相关领域。

G. 旅游业

从定性的角度讲，旅游业不同于其他文化领域，因为从传统意义上讲，它还不能算做一个部门，也就是说，不能通过某个特定的市场或行业产出来衡量它。相比之下，更合理的做法是将旅游理解为一种受需求驱动、以消费者为主导的活

动，它同文化部门的所有领域都紧密相连，因为每个领域都包含一些经常有游客参与的活动。因此，目前国际上已经形成了一套完备的方法，用于测量旅游业对经济的影响，这套方法部分上是依靠旅游业卫星账户（TSA）的发展（参见 Eurostat，OECD，UN & UNWTO，2001）。

理想情况下，文化统计框架只涉及旅游业的文化维度，如文化旅游、精神旅游和生态旅游等活动。尽管还没有一种有关文化旅游的定义得到国际认可，但文化统计框架提出了以下定义："游览其他地方的文化，以非正式的形式了解那里能够真正代表其价值观念和历史背景的人民、生活方式、文化遗产和艺术，也包括体验其中的差异性"（Steinberg C，2001）。这也可以是精神旅游或生态旅游的形式。这些活动被归入文化领域下的 A、B、C 和非物质文化遗产领域。例如，游客游览某地或听音乐会等活动就已经归入了文化领域。

根据 TSA 所使用的方法，旅游统计的内容是游客对（国际或国内）产品和服务的需求。它包括旅行、住宿和其他方面的支出。然而，它还应该关注游客数量和旅游目的等与金钱无关的数据。所以，为了避免重复计算，旅游活动（如导游和旅游承包商）以及游客认为其主要内容不属于文化领域的活动（如住宿）都被归入了这一领域。

H. 体育和娱乐

体育

文化统计框架对体育的定义比较宽泛，它既包括有组织的竞技体育，又包括健身和体育娱乐活动。在文化统计框架中，专业和业余运动都得到了反映。

对有的国家来说，某些特定的运动跟它们的文化身份认同紧密相关，因为体育同社会结构和传统是相互联系的。日本的相扑运动也许就是一例。在另外一些国家，体育只不过是一种娱乐消遣，或者主要是身体锻炼。此外，同样的运动在不同国家的情况可能有天壤之别。在有的分类系统里（European Commission，2002），观众在现场或通过电视机观看体育赛事被视为文化活动，而专业运动就不一定被视为文化活动。由于这些方法上的巨大的差异，以及由于大家普遍认为那种仅是参与，而非"成果"或"部门"的体育运动才属于"文化"，我们只将体育视为一项相关的活动。

娱乐

该领域还包括娱乐，它被定义为一项为了获得快乐、放松或使人得到消遣、乐趣、刺激而从事的活动。它包括博彩、游乐园和主题公园以及其他休闲活动。它不包括体育领域已经包括的体育娱乐活动。

博彩

博彩业由一些主要从事博彩服务的单元组成，比如赌场、赛场博彩设施、宾果游戏厅、电子游戏终端、彩票站和非法博彩机构（ABS，2001）。

在有些国家，如英国，彩票博彩是文化基金的主要来源。这也说明了博彩为什么被纳入了文化统计框架之中，却又划入了相关领域。

游乐园和主题公园

该活动包括游乐园和主题公园，以及类似的娱乐场所。

（聂启平 译，意娜 编校）

参考文献

Australian Bureau of Statistics（ABS）（2001）. Australian Culture and Leisure Classifications. Adelaide：ABS.

Barrowclough，D. and Z. Kozul-Wright（Eds.）（2006）. Creative Industries and Developing Countries：Voice，Choice and Economic Growth. London：Routledge.

Canadian Heritage（2008）.（not publicly available）Comments on the UNESCO FCS Draft 2007.

European Commission（2001）. "Report by the Task Force on Cultural Expenditure and Finance". Luxembourg：European Commission.

European Commission and Eurostat（2002）. Europeans' Participation in Cultural Activity：A Eurobarometer Survey，Executive Summary. Luxembourg：European Commission.

Eurostat，OECD，UN and UNWTO（2001）. Tourism Satellite Account：Recommended Methodological Framework. Madrid：UNWTO.

International Council of Museums（ICOM）（2007）. Article 3，Statutes，adopted by the 22nd General Assembly，Vienna，Austria，24 August 2007.

Steinberg，C.（2001）. "Culture and sustainable tourism". Recognising culture：A series of briefingpapers on culture and development. United Kingdom：Comedia，Department of Canadian Heritage，UNESCO.

Throsby，David.（2001）. Economics and Culture. Cambridge：Cambridge University Press.

UNESCO (1972). Convention Concerning the Protection of the World Cultural and Natural Heritage. Paris: UNESCO.

UNESCO (1986). The UNESCO Framework for Cultural Statistics. Statistical Commission and Economic Commission for Europe, UNESCO, Conference of European Statisticians. Third Jointmeeting on Cultural Statistics, 17 – 20 March 1986. CES/AC/44/11. 13 February 1986.

UNESCO (1995). "Our Creative Diversity". Report of the World Commission on Culture and Development. Paris: UNESCO.

UNESCO (2003b). Convention for the Safeguarding of the Intangible Cultural Heritage. Paris: UNESCO.

UNESCO (2007). "World Heritage". Accessed at: http://whc.unesco.org/en/culturallandscape/.

UNESCO and International Trade Centre (ITC) (1997). Final report of the International Symposium on Crafts and the International Market: Trade and Customs Codification. Manila, Philippines, 6 – 8 October 1997.

UNESCO-UIS (2005). International Flows of Selected Cultural Goods and Services, 1994 – 2003. Montreal: UNESCO Institute of Statistics.

UNESCO-UIS (2006a). Creating Global Statistics for Culture: Expert Scoping Study. Paper submitted to the UIS by BOP Consulting. Montreal: UNESCO Institute for Statistics.

UNESCO-UIS (2006d re-edition). International Standard Classification of Education (ISCED97). Montreal: UNESCO Institute of Statistics.

B.7 关于我国“重大文化产业项目带动战略”的若干思考*

孔建华**

一 引言

“十一五”时期，我国为培育新的经济增长点和促进文化大发展，明确提出和实施“重大文化产业项目带动战略”（后简称“带动战略”）。党的十七大以后“带动战略”成为文化经济领域政策论述与规划实践的一个关键词。

“带动战略”的提出和实施基于特殊的历史背景，是解决文化领域面临的突出问题的现实需要。具体体现在：一是国内文化市场开发较晚、市场开放时间较短，不论是国有文化企业还是民营文化企业普遍规模较小、实力不强；二是国际市场开放形成倒逼机制，中国加入世界贸易组织后在部分文化业务领域境外文化产品对国产文化产品构成明显的竞争优势；三是政府文化产业管理经验不足，文化经济政策在支持民族文化产业兴起方面缺乏战略性的规划设计、制度安排与执行能力；四是文化领域技术创新日新月异，而基于传统管理内容设置的管理机构对新兴文化市场管理滞后、体制创新明显不足。

“带动战略”的提出和实施，是我国文化领域改革和发展的必然要求。从改革的角度看，比照我国改革开放和经济体制变迁的历史进程，文化体制改革相对滞后，文化发展所面临的外部环境并不理想，迫切需要以国家组织的形式积极应对，基于国家战略高度进行顶层设计，寻求创新型的文化经济政策工具；从发展的角度看，解决我国文化产业规模总量偏小的问题，促进产业结构升级和培育新

---

* 本文的完成要特别感谢国家行政学院社会和文化教研部祁述裕研究员的指导和帮助。

** 孔建华，中共北京市委宣传部文化产业改革发展办公室副主任，中国社会科学院文化研究中心兼职研究员。

的经济增长点，推动国民经济由高度依赖对外贸易向振兴国内市场转型，增强政府的影响力和调控力，迫切需要扩大文化投资，启动文化消费。实施“带动战略”将有助于推动我国“积极稳妥”的渐进式文化体制改革的有序、深入进行，推动文化资源流向国家引导的具有比较优势的部门，优化文化产业发展格局，并最终建立起强有力的促进我国文化崛起的支持性制度和发展环境。

二 “带动战略”的内涵与外延

根据《现代汉语词典》（1996 修订本）的解释：“重点”指“同类事物中的重要的或主要的”“项目”指“事物分成的门类”“带动”指“通过动力使有关部分相应地动起来”，引申为“引导着前进”“带头做并使别人跟着做”“战略”是“指导战争全局的计划和策略”“比喻决定全局的策略”。理解“带动战略”概念和内涵需要把握以下几点：一是从“战略”定位看，它深刻地影响和作用于我国文化产业发展的全局；二是从“带动”功能看，它需要建立一种动力机制以发挥激励、引导、示范作用；三是从“文化产业项目”门类看，它是经营性的文化及相关行业，与文化事业相对；四是从“重大”的定量看，它区别于一般性文化项目，是重要的或主要的并且有一个规模和量级的标准，如投资额度大、技术水平高、引领作用强等。由此，本文将“带动战略”定义为由国家制定的，遵循比较优势原则，通过推动实施面向全国的引领性、基础性、示范性的大型骨干文化产业项目集群，能够积极开拓利用文化经济资源，促进经济增长和文化繁荣的中长期发展策略。

从现阶段国民经济和社会发展的现实要求及文化产业规划目标看，但凡纳入“带动战略”的项目，需要紧密结合新兴产业的基本特征，引导文化生产要素的汇聚，有利于文化产业规模、速度、效益的提高，从而对文化产业发展全局产生基础性、突破性、长期性的影响。根据我国文化经济政策和规划的文本论述和社会实践，本文将具有战略价值的重大文化产业项目归为以下几类：①国家级文化产业基地（园区），理由是国家从规划设计角度明确要求其发挥示范和带动作用；②国家级文化（博览）会展活动，理由是重大文化会展具有国家文化经济贸易和信息平台的集成与辐射功能；③国家文化产业基础工程（包括理论研究、人才培养、国家荣誉等），理由是上述基础工程一旦实施对文化产业的中长期发展具有重要的带动与提升功能。此外国家有关部门确定的对行业整体发展具有基础支撑作用或体现重要政策导向的重大文化产业项目，亦应归入，理由是它们在解决当前阶段产业发展的突出问题中发挥重要的弥补性职能，限于篇幅，本文不展开讨论。

三 实施“带动战略”的绩效分析

新世纪以来，国家战略意义上的重大文化产业项目的施行对拉动文化内需、推动经济增长、创造就业机会具有重要功能与作用。但是从整体看，我国的“带动战略”仍然处于概念阶段和启动阶段，尚处于酝酿之中，结构松散，不成系统，还不是一项成熟的，已经拥有明确的规划目标、实施方案、评估体系的国家文化产业发展战略，从项目推进主体的资格上也没有具体标准，缺少系统的组织机构和相关的议事协调机构、专业支撑机构的协同推进。

（一）国家级文化产业基地（园区）

从我国文化产业实践看，包括国家文化产业示范基地、国家级文化产业示范园区、区域特色文化产业群建设等在内的基地（园区）是树立典型，以点带面，“增强我国文化产业的整体实力和竞争力”的重要手段。基于发挥“文化产业示范基地”的“示范”、“表率”、“窗口”、“辐射”作用，截至目前文化部已经命名150个国家文化产业基地（园区），动漫游戏行业管理体制几经调整变迁，汇集由国家新闻出版署、国家广播电影电视总局等管理部门命名的文化产业基地（园区），我国各类国家级文化产业基地（园区）已经接近200个。同期全国省级文化产业示范基地达到近430个，是国家基地（园区）数量的两倍以上。

国家基地（园区）主要有两类情况：一类是文化企业或单位，如中国对外演出集团是国家文化产业示范基地，也是文化产品出口示范基地；另一类是文化园区，如各地建立的动漫产业基地普遍依托高新技术产业园、软件园或工业区改造而成。从近10年的实践看，文化产业基地（园区）虽冠之于国家级的名号，但其规划建设和运营却以地方政府推动为主、中央政府支持为辅。文化产业基地（园区）管理运行的成熟度不如国家科技园区，中央财政支持、普适性税收优惠等尚处于探索起步阶段。

国家文化管理部门在我国文化产业发展由培育期向快速成长期迈进的重要阶段评选和命名国家基地（园区），推动了战略性新兴产业的培育和文化发展的国家动员。它对我国文化产业发展的影响和作用体现在四个方面：①国家文化产业基地（园区）的鼓励引导建设，培植了城市现代经济的文化产业板块，创造了推动区域文化产业发展的重要组织形式；②文化产业基地（园区）整合了区域文化资源，促进了文化生产要素的集中，有利于推动文化产业的集约化、规模化、协同化发展；③文化产业基地（园区）塑造了城市文化经济地理，改善了地区文化形象，营造了有利于文化创意、投资、消费的社会文化氛围；④文化产业基地（园区）推动了产业集群的形成，促进了跨区域的信息交换和人才交流，有利于提高我国文化产业的整体发展质量和水平。文化产业基地（园区）的规划建设与快速成长，短期内固然不能排除泡沫化的成分，但它是引起社会大系统和中央文化管理部门重视与关注的一个重要吸引物。争取成为国家文化产业基地（园区）已经成为衡量地方政府推动文化产业发展业绩的一个重要指标。我国许多地区在推动城市经济结构调整中把文化产业基地（园区）列入新兴产业发展规划的重点内容，纳入区域新兴功能区的重要扶持产业，把基地（园区）作为培育城市新的经济增长点的重要载体。

文化部2004年命名第一个国家级文化产业示范基地以来的基调是“培育文化市场主体”。基地（园区）承担了我国文化产业发展的多重历史使命：①推动文化体制改革由试点到深化的展开，拓展了文化产业发展的地理空间；②促进民营资本对文化产业的投资，拓宽了文化产业投资的渠道与来源；③加速民族文化企业集团和文化品牌的培育，增强了民族原创文化产品出口的主动性与自觉性。但是我们也要清醒地看到，我国文化产业逐步进入成长期，一些发达地区如北京已经进入快速成长期，文化产业基地（园区）经历前一阶段的建设热，需要及时总结经验教训，在新的历史起点上从文化产业布局的高度统筹规划国家基地（园区），更好地适应文化产业结构优化的要求，促进文化产业由引导培育期向规制提升期的全面转型。

（二）国家文化（博览）会展活动

相对于国家基地（园区）的“硬件”，国家级重大文化（博览）会展是文化产业发展的“软件”。高规格地举办文化（博览）会展是现阶段检阅文化发展成果、吸引新闻宣传聚焦的重要形式。在推动文化产业发展中，国家主管部门主办或与地方政府合作举办了一批辐射全国、有一定国际性影响的文化会展活动，如中国（深圳）国际文化产业博览交易会、中国北京国际文化创意产业博览会、中国西部文化产业博览会、中国东北（沈阳）文化产业博览会及中国杭州国际动漫节等。我国已经形成以北京、深圳、杭州、西安、武汉、沈阳等为主要承办地（代表国家文化中心、改革开放前沿地带、西部、中部和东部）的文化博览会布局。与文化博览会同样值得重点关注的是重要的节庆活动，其中最具代表性的是中国艺术节。

文化产业博览会的举办营造了氛围，聚敛了人气，产生了直接或间接的经济效益，发挥了“政府搭台、企业唱戏”的平台作用。但不可否认，其中也存在一定程度的虚火，如何看待这把虚火业界也有不同的认识：一种观点认为这是任何一个新兴产业发展过程中不可避免的，是必须担负的成本和代价；一种认为政府应当给予适度干预，从宏观上进行总量调控，合理规划文化会展布局，使之趋于优化。笔者倾向于后者，理由是：大型文化博览会大多由政府主办、国家财政出资，从提高国家财政资金使用效益角度，国家应当从整体上对财政资助文化博览会给予具体指导，规范资金使用方向、范围和方式，减少盲目投入和重复建设；包括组织参展、搭建展台等在内的大部分经济活动对管理部门、文化企事业单位不同程度地存在一些指令性要求，属地管理机构和文化企事业单位将因参加活动而支付相关费用，对具体单位而言是一笔不小的支出；文化博览会过多过频每年一届既造成会展模式雷同、内容单调、形式陈旧，文化机构疲于赴会，又造成文化资源分散，各自划圈组团和以对等原则参会，市场化的经济行为转变为政府性的文化交流。从长远看，国家需要对全国性的综合或专业文化会展进行统筹规划、合理布局。

（三）国家文化产业基础工程

我国文化产业基础工程主要由四部分组成：①国家级文化产品评选活动，它是体现党和政府意志，引导我国社会主义文化建设方向的风向标，其代表性奖项包括有中共中央宣传部组织的精神文明建设“五个一工程”戏剧奖、文化部组织的舞台艺术文华奖、文化部和财政部组织的国家舞台艺术精品工程等。优秀文艺作品是时代精神文化水平的集中反映，我国对优秀文艺作品的扶持自成体系，

国家奖项也不少，改革开放以来精品佳作迭出，但受文化黏性等因素的影响，具有世界影响力的作品还不多，文艺作品的世界影响与崛起的大国身份与形象仍不相称。②政府引导建立的国家文化产业研究智库，它是推动和深化我国文化产业理论与实践研究的重要平台，其代表性研究机构有中国社会科学院、上海交通大学、清华大学等。智库是国家文化产业决策的重要参谋部门，近十年来陆续成立一批国家级智库，总体而言跨学科、跨地区的深度合作仍然不足，从经济学视角的实证性研究严重不足，智库难于提出长远性、前瞻性、战略性的思路和策略，在国家文化产业重大决策中的影响力不足。③国家和地方实施的文化产业项目服务工程，它是衡量政府管理部门产业服务和引导水平的一个重要指标，其代表性工程是文化部“全国文化产业项目服务工程”和文化标准体系建设。国家和地方陆续推出若干新举措，但中央和地方之间没有实现有机对接，整体规划布局和协调整合需要改善，服务效率和水平有待提高。④国家和地方政府制定施行的文化经济政策，它是衡量政府营造文化产业发展环境、提供支持性制度的质量和水平的重要尺度。新世纪以来中央高度重视并把“完善文化产业政策”作为推动发展、增强实力、提高竞争力的基础手段，构建起集“以文养文”、改革试点、产业促进一体化的文化经济政策，但在文化经济法律的制定和行业配套实施细则的修订方面还远不够完善。

四 “带动战略”的影响与作用

我国提出“带动战略”的一个更具历史意义的重要价值在于，它立足于促进要素禀赋结构升级，遵循比较优势原则，渐进式地扬弃了“跨越式、赶超型发展战略”，是一项正确而富有远见的战略。林毅夫等的实证研究揭示，发展中国家在违反比较优势和前提下盲目提出赶超型的发展模式，实际是不可取的。徐朝阳等通过理论研究模型证明，经济发展的核心问题不是产业结构升级，而是要素禀赋结构升级。新世纪以来我国中央文化政策论述较少使用“赶超型”、“跨越式”的提法。“带动战略”的影响与作用可以归结为以下几点：

（一）调整文化产业布局，促进文化产业结构的升级

推动文化产业布局和结构的优化，是“带动战略”的首要功能。我国文化

产业尚处于起步阶段，文化企业规模普遍较小，参与国际竞争的能力不强。国家大中型建设项目中的文化建设骨干项目、全国性的文化产业基础设施项目、国家级的文化科技攻关项目、区域性的重大文化建设示范项目等，建成后对我国经济、社会、文化发展具有重要促进作用，对所在文化行业、城市社区具有辐射带动作用，对产业区域布局和结构优化产生深刻影响。

（二）改善文化投入方式，促进文化投资结构的优化

文化产业重大项目的建设，一般投资数额较大，需要政府给予一定的固定资产投资和产业专项资金支持。发挥财政资金的示范引导作用，吸纳社会资本投资文化产业，将有利于更好地促进文化产业的市场化。在对重大文化产业项目的政策支持上用足用好财政资金，除直接投资外，应创新财政资金投入方式，综合运用贷款贴息、融资担保、创投基金等方式，形成恰当的投资组合，促进金融资本与文化产业的有机结合，实现投入方式的优化和财政资金使用效益的最优化。

（三）弥补市场失灵，促进文化产业的均衡发展

文化产业重大项目的规划建设，在破解难题、加速发展方面具有不可替代的重要作用。从弥补市场失灵角度，文化产业公共服务平台、共性技术和支撑技术研发项目须由国家直接参与或投资建设，促进区域经济结构调整、培育新兴文化业态的重点文化工程需要国家重点扶持和引导，维护国家文化安全和促进中外文化交流的文化战略项目需要国家出资提供保障，上述项目都需要国家层面部署实施，没有国家的推动，现阶段仅仅依靠市场力量是远远不够的。“带动战略”的实施，为解决文化产业发展面临的主要矛盾、突出问题提供了重要工具。

（四）整合文化经济资源，促进中央与地方的协同

文化产业重大项目一经立项，需要在全国范围内调集文化经济资源，以保障项目的顺利实施，客观上促进了文化要素的相对集聚。国家级重大文化建设项目的实施，既要有国家的必要投入，也要有地方的配套支持。从操作层面看国家的投入主要集中在资金支持、政策许可、资格认定、配套服务等方面，而地方的支持主要集中在土地规划、基础设施、税收倾斜、管理运营等方面。重大文化建设项目的实施，需要中央与地方的协同联动，以加大工作力度，加快项目建设进

度，这是一个自上而下与自下而上的互动过程，有利于将地方实践的鲜活经验上传至中央，有利于中央的战略部署精神下达至地方，发挥比较优势，推进我国文化产业的快速健康发展。

五 进一步实施“带动战略”的思路与建议

（一）善用国有文化资本，完善文化经济政策，积极支持创造体现当代文化自觉的新文化

经济崛起后的我国应更加自觉、更加主动地推动文化建设，把促进政府调控与市场调节有机结合、提升文化自主创新能力、积极创造当代新文化视为文化崛起的必由之路。一方面要理顺国有文化资产管理体制，确立法律化的委托代理关系，使国有文化资本更好地成为促进国家文化发展的战略工具，利用和发挥好国有文化资本的经济杠杆作用；另一方面要正确处理好我国文化产业的区域均衡发展问题，充分重视中西部和东北地区文化产业的振兴，为建立全国统一的现代文化市场提供政策援助，利用和发挥好文化经济政策的经济调节作用，为文化崛起提供有利于发挥个体与集体创造力、促进文化经济增长的支持性制度。

（二）把握文化技术创新机遇，引导培育新型文化业态，以增量增长带动文化产业在国民经济中的比重的持续提高

我国文化产业“元政策”一经提出即高度重视推动信息产业与有关文化产业的结合，大力扶持与广播电视网、互联网和电信网相关的科技含量较高的战略性新兴文化产业。“三网融合”将创造一种全新的商业模式，也将创新文化消费的方式，乃至改变我们的生活方式。作为全球发展最快的经济体，我国在技术革新所创造的世界最大的传播网络的基础上，将有力地推动一个统一的全国性的新兴文化市场的崛起，它将创造和衍生出新的文化业态，对文化产品的供应商而言，它提供了一个令世界震惊的超过历史经验和预期的需求市场，并带来巨大的社会财富。我国面向未来的文化产业需要重视和支持发展新的文化业态，优化要素禀赋结构，逐步提高文化产业在国民经济中的比重。

（三）完善文化产业项目编制、实施与评估的科学机制，将应急性的解决方案设计同长远的规划设计与制度建设结合起来，坚定不移地推动国家文化发展战略的实施

文化经济领域的重大文化产业项目，是实现国家文化发展战略的重要载体，是文化产业诸门类中顶级项目的集群。“十二五”时期我国将进入一个新的文化产业项目规划建设周期，在项目纷纷上马的热潮中，国家的引导和调控显得十分必要。从中央财政角度不应再专门资助若干单个企业的业务性项目，而应集中扶持建设一批利用资本市场整合文化资源的战略项目；从产业空间布局角度，应侧重于投资跨地区、跨行业的文化经营项目；从文化产业基地建设角度应侧重于中央和地方共建项目，促进条与块的资源整合。同时，结合规划意图合理安排文化产业建设项目的资金来源、资助方式，建立健全项目组织编排的专业指导机构，进一步建立完善项目评估监督的科学机制。

（四）把握基本矛盾和主要问题，集中力量攻关解决，以影响发展的关键问题的突破性解决促进文化产业的快速健康发展

我国渐进式改革的重要经验之一，是整体推进、重点突破。在推动文化产业发展的过程中，应根据不同阶段的特点，积极查找问题、分析问题、解决问题，建立以问题为导向的工作机制。我国文化产业当前面临的问题包括文化设施的综合利用、国际文化贸易份额的扩大、文化企业规模的升级、农村文化建设的加强等等，需要集中围绕问题的解决研究出台扶持措施，实施“带动战略”可以为问题的解决提供重要的战略工具。以文化设施为例，从20世纪90年代以来，我国持续加大对文化设施建设的投入，中央和地方陆续建成一批“标志性文化工程”，但从以人为本视角来看，仅有标志性的文化设施工程显然是不够的，随着文化心理的成熟和自信，我国需要逐步从突出“建设一批代表国家文化形象的重点文化设施”转向“建设一批面向区域服务的功能性的文化消费场所”，更好地服从和服务于基层民众的文化生活需求。从我国文化产业发展整体看，要避免在推动产业发展中简单地用发展工业的思路来对待文化，而是要重视文化产业的特殊性，特别是它的社会效益，在研究制定解决问题的措施方面，要基于社会大系统更加注重培育有利于集体创造力的发挥、创意成果市场化推广的体制机制。

（五）重视民营文化企业，提升民间资本投资文化产业的信心，发挥民族资本在文化产业发展中的重要作用

发展文化产业需要国家推动与民间力量的有机结合。实施“带动战略”的主体应当是各种类型的公司制文化企业，国家是坚定有力的支撑力量。站在新的历史起点上大力发展文化产业，应转变思维观念，改变重外资、轻民营甚至抑制民营的做法，在战略上加强后期监管并实行全面的“开放民营”政策，实现文化投资的同等国民待遇，建立基于国内资本的“共同市场”和平等合作机制，创造良好的政策环境与平等的创业机会。在我国市场化较为充分的文化产业门类中，民营文化在企业数量、创造利税、经济贡献上均占有较大比重，在一些发达地区若干文化门类的民营文化企业主要经济指标占70%以上。民营资本越来越成为我国开拓国际国内文化市场的中坚力量，面向未来的文化产业发展，应高度重视民营文化企业，提高民营资本投资文化产业的积极性，扩大社会资本对文化产业的投资规模，并从制度建设上切实保证投资者权益的顺畅实现。

参考文献

欧阳坚：《开启文化产业发展的新纪元》，《求是》2009年第24期。

欧阳坚：《推动文化体制改革向纵深发展》，《求是》2009年第8期。

林毅夫、蔡昉、李周：《比较优势与发展战略——对“东亚奇迹”的再解释》，《中国社会科学》1999年第5期。

徐朝阳、林毅夫：《发展战略与经济增长》，《中国社会科学》2010年第3期。

蔡武主编《改革发展繁荣——改革开放30年中国文化发展报告》，文化艺术出版社，2008。

孔建华、杜蕊：《我国的文化产业政策与动漫产业的兴起》，《中国特色社会主义研究》2010年第3期。

B.8

威客模式：前景广阔的创意产业新业态

金元浦*

我曾在一篇文章中主张，创意产业集聚区发展的高级形态和未来发展趋势是依托一定的实体创意产业集聚区，在实物设施的创意产业集聚区基础上打造无界域国际化的虚拟创意集聚区，建设一个迅速顺畅交换传播的数字化网上市场和一个数字化的交易平台；构建“虚拟创意产业集聚区”或“文化创意信息数字交易港”。① 这是未来创意产业集聚区发展的崭新模式。

在这篇文章中，我还认为，“威客”等网络创意交易形式将实物领域的交易推展到创意设计等各种项目的招投标和交易中来，成为最活跃的创意网络虚拟集聚区，打破了地域集聚的陈规，全面改变了创意人才的集聚方式，对于创意集聚区模式，产生了巨大冲击。通过威客（可采用多语言网络）世界各地的人才都将为我所“用”，改变了过去为我所“有”的方式，建立了新的“订单式创意招投与交易”。

在当下中国，这个纯粹本土创造的互联网新秀脱颖而出，它就是威客。作为中国创意产业的实践者和先行者，作为中国电子商务产业的重要组成部分，中国威客行业在产业经济特别是互联网领域占据着十分重要的位置，并发挥着日益重要的作用。2010 年 11 月 18 日，在重庆召开的首届全球威客大会上，由艾瑞咨询发布的《中国威客白皮书》显示，目前国内拥有超过 100 家威客网站，注册威客超过 2000 万人，交易额超过 3 亿元。而这些成绩仅是在短短的几年时间内取得的。截至 2010 年 10 月，全国威客网站蓬勃发展，仅猪八戒网一家，交易累计超过 1.7 亿元。短短几年间，从威客的年交易金额到年任务总量，再到注册威客

---

* 金元浦，中国人民大学文学院教授，博士生导师，中国人民大学文化产业研究所所长，文化创意产业研究中心执行主任。

① 金元浦：《数字港、物联网、云计算：文化创意集聚区的高端融合》，2011 年 3 月 1 日第 15 版《中国社会科学报》。

数都在飞速增加。有数据显示，去年威客的年任务数已经有近 20 万件。目前威客模式涵盖的范围包括法律、管理咨询、农业、教育、程序和图形设计、科研、体育、医疗、招聘等多个领域。此外，门户网站新浪、雅虎，搜索网站百度等影响力巨大的网站也在试水威客。威客模式的出现也引起了媒体广泛的关注。包括中央电视台，中国日报，人民日报，国际文传电讯，德国明星周刊等数百家国内外媒体对威客模式进行了报道。2007 年，威客（Witkey）的概念进入中国高考试题。可以预期，未来威客将成为创意产业最具成长性的新业态之一。随着威客产业的扩大，威客行业内部的进一步细分，投融资介入与上市公司出现，威客模式将有一个巨大的飞跃。

一 威客是什么？

威客模式创始人刘锋给出的定义是：威客是人的知识、智慧、经验、技能通过互联网转换成实际收益，从而达到各取所需的互联网新模式。主要应用于包括解决科学、技术、工作、生活、学习等领域的问题，体现了互联网按劳取酬和以人为中心的新理念。

在数字化现实的高速发展中，威客模式已经融会搜索引擎、维基百科、电子商务、数字市场等多种优势，创造出一种适应当下我国产业转型的新功能与新模式。

（一）威客是一个巨大的科研与产业实践结合的枢纽站

2005 年，威客创始人刘锋开始建立威客网，试图将中国科学院的专家资源，科技成果与企业的科技难题对接起来。在建设网站的过程中，刘锋发现通过互联网解决问题并让解决者获取报酬是互联网一个全新的领域，于是他开始通过边实践边总结的方式对这个领域进行探讨和研究，并因此提出了威客理论。

可见威客的创立首先是问题驱动，或者说是需求驱动，即为了解决科研与产业实践脱钩带来的问题。我国长期以来形成的科研自身高高在上，不愿也不能解决企业的现实问题的困境，催促和呼唤新业态的出场。实际上，现实经济活动中，企业存在着大量急需解决的难题，这些难题有些是跨行业的难题，因为不了解其他行业中的创新与技术发展，使有些本来在其他行业不成为难题的问题成为了难题；有些是乡镇企业等低端制造业与行业现有较高技术水平的差距，以及人才缺乏形成的难题；而目前威客主要需要解决的正是高科技支持下的创意设计等的大量难题，即产业升级换代，高科技技术改造，富有文化含量的创意设计，产品的广告创意推广，销售网络的设计与建立等各类问题。这些问题都可以悬赏招标，筛选方案，筛选对象，优中选优。威客已成为一个巨大的科研与产业实践结合的枢纽站。

目前，我国在经济转型，转变发展方式，产业升级换代的大背景下，许多机关、城市、企业都有大量的需求，未来更具专业性运营的细分威客将有广阔的市场前景。

（二）威客是智力交易的大平台

随着互联网支付手段的不断成熟，信息完全免费共享的互联网时代已经过去。随着知识产权意识的逐渐建立，知识、智慧、经验、技能的商业价值被逐步认可，知识、智慧，特别是创意等无形资产，已逐步成为商品进行交易。这就需要一个智力产品交易的市场。原有的物质产品交易市场如广交会、义乌小商品市场，往往很难承担这种独特的精神类、文化类的智慧产品、创意产品的交易。而威客适时而出，构建了一个智力交易的大平台。这个平台的特点一是知识、智慧、经验、技能都作为商品以明确的标价标出，肯定了所有参与投标者的智力价值。二是这个平台上的所有参与者都参与到一场场智力互动问答的过程中，脑力激荡，彰显群体智慧。三是成功的参与者的智力产品能够得到市场的认可和回报。

威客超越了维客，成为互联网知识产权交易的重要方式之一。维客（Wiki）从编程的角度来看同威客一样属于BBS功能的变形。传统上我们在BBS上发帖，只有发帖人和管理员有修改权。而维客模式把这种修改权扩大到所有察看该帖的用户。这样，就给无数的互联网用户——维客们创造了参与知识构建的机会。他们为维基百科无偿地贡献了智力劳动，这使得维基的管理者不能随意地将相关知识用于牟利。维客是公益的、无偿的、志愿的，而威客则是有偿的、遵循市场规律的，也是可持续发展的。

一品威客网坚信：自己所从事的威客行业是一项颠覆性的事业，在这里，威客把创意和服务转化为真金白银；雇主也可以花比现实中更少的钱拿到满意的解

决方案。这种更为简洁和富有实效的创意和服务解决方案，必将为越来越多的威客和雇主所认可。

（三）威客是巨大的项目发包市场

在中国提出威客理论之后，美国互联网曾提出与威客相似的“众包概念”。2006 年 7 月《连线》杂志记者杰夫·豪尔（Jeff Howe）首次推出“众包概念”，他提出，“众包”指的是一个公司或机构把过去由员工执行的工作任务，以自由自愿的形式外包给非特定的（而且通常是大型的）大众网络的做法。众包的任务通常由个人来承担，但如果涉及需要多人协作完成的任务，也有可能以依靠开源的集体生产形式出现。2009 年 3 月《Crowdsourcing》出版，这可以被视为其理论体系形成。与远早于它的中国威客理论相比，众包至今尚无实践操作的成熟模式。

二　中国威客模式的成功实践

中国威客是成熟的成功的实践方式。它包括两种发包方式：现金悬赏和威客地图。其现金悬赏的主要运营程序是：

招标方发布任务→支付少量定金或不支付定金→经威客网站确认的高水平威客报名参加→招标方选择合适威客开始工作→根据工作进度由任务发布者或威客网站向威客支付酬劳。

这里的问题是网站运营利润何出（一些网站采取抽取悬赏金额 20% 的方式），第三方支付的保证（谁做第三方），应标成果如何评定（谁来评定，评定的费用何出），以及发包方诚信如何确定。

威客模式的意义在于，它打破了中国式的单位院墙内自给自足的研究方式，而采取了“用天下大脑”的新思维。这种新的解决难题的方式，是一种全新的研究和运营范式，它利用威客平台上众多威客的知识，智慧，专业技能，行业经验和个人创意，为企业提供低成本高质量的服务，所以它更经济，更高效，在未来可能更专业，成果层次更高。因为这种“众包”还有一种“优选”的功能：发包者将获得最好的创意，兼取各家之长，并在“问答”过程中不断受到启发，使理念得以提升。

（一）威客地图是创意个体集聚的虚拟创意产业集聚区

威客模式创造了威客地图的新形式。威客创始人刘锋2005年提出并建立了世界上第一个关于“威客”的搜索引擎——威客地图，它借用了知识管理里知识地图的概念，即通过互联网将人的地理位置、专业特长或兴趣、联系方式和威客空间这四个最重要的属性聚合在一起，从而形成了关于“威客”的搜索引擎。在威客空间中，威客把自己的知识、智慧、经验、技能形成作品出售，威客网站可以通过威客地图的衍生产品赢利，如知识交易，右侧广告，竞价排名，威客推荐，联系方式信息费等。目前猪八戒威客网、一品威客网、创意网、创意功夫网、淘智网，帮助者网、威客巴巴，任务中国，Taskcity，脑根网等已经为威客建立了威客空间或个人工作室（见维基百科）。威客地图成了创意个体集聚的虚拟创意产业集聚区。

（二）威客模式是发现人才、培养人才的大舞台，是草根浮出水面的星光大道

威客模式打破了地域、时间、工作方式的限制，也打破了职称、地位、权力、名声等的传统评价门槛，通过互联网把世界各地的工作者放在同一平台中，给创意者、后来者、年轻人提供了公平竞争的互联网环境，不仅带来更多自由工作时间和一种灵活的就业方式，而且有利于发现富于创新精神的新人。许多民间的草根创意人才借此平台得到锤炼，逐渐成长，乃至脱颖而出。

三　威客模式是前景广阔的文化创意产业新业态

威客是互联网由电子广告牌飞跃到发包大市场的产物。2005年7月，威客创始人刘锋第一次提出威客（Witkey）理论时，它的一个重要的理论基础就是发现了互联网发展历史上电子公告牌（BBS）功能分离的现象。从20世纪80年代初互联网电子公告牌出现以来，其功能不断分离出去，形成了各自独立的互联网应用，如新闻类网站、电子商务类网站、博客类网站、热点点评类网站（DIGG）、维基类网站、SNS类网站、换客类网站、搜索引擎等多种类型。而作为智力互动问答类网站的威客，最初起源于在电子公告牌中发布科学、技术、工

作、生活、学习中问题的功能，人们通过互联网寻求问题的解决方案或能够解决问题的人。

威客理论的要点在于，互联网不仅仅是全世界电脑的联网，更是全世界人的大脑的联网，人的智慧的联网。它不但连接了世界各地的电脑终端，也把世界上各个角落的人联结在一起，把人类解决难题的多样化、多层次的智慧链接、凝聚、融会到一起。威客用最简洁的方式创造了无数机会来激发每一个致力于创意的、但散布于不同角落的个体的主动性、参与性，也给了他们实现理想和抱负的可能性，以及市场的回报——这是他们可持续参与的动力。威客创造了一种激发创意、会聚创意、实现创意的场效应。它是激发竞争的创意场，创造了文化创意产业新业态——网上虚拟创意经济交易港。

威客的发展，也正在大踏步走向世界。猪八戒网创始人兼 CEO 朱明跃说："在美国开设分公司，是我们冲击海外市场的第一站，我们的目标是把中国的威客推送到全世界，让中国威客的智慧服务全球创意产业市场。根据我们对国际市场的考量，由于西方人力成本居高不下，中国威客在参与国际创意服务市场的竞争中，具备十分明显的竞争力。"据悉，猪八戒网英文版将在 2011 年底上线，由此拉开猪八戒网正式进军国际市场的大幕。因此，大力推动中国威客行业的发展，不仅可以促进中国互联网产业经济的繁荣与发展，而且可以依托威客模式的独特优势，加快中国创意经济的整体进程，对于整个社会都可能产生广泛而深远的影响。

威客模式告诉我们，当代世界正在不断地创新开发一系列过去时代从未有过的"资源"，像数字网络技术等高新科技，它们的开发和利用给世界创造了财富增长的新机会和巨大的资源。它所创造的创意新业态正越来越成为当代社会财富增殖的源泉。它启示我们：过去时代发展传统文化产业的方式必须再度审视并予以转换。

B.9

建立政府牵头的文化产业投资基金的思考

宋 阳*

近几年来，我国文化产业发展较快，但投资不足、融资渠道单一等问题一直严重制约着我国文化产业的发展。文化产业现有的传统融资模式主要有政府财政拨款、银行贷款、二级市场融资、风险投资和债券融资等，均存在一定的局限性。文化产业的发展必须突破传统的融资方式，寻求适合文化产业发展的金融创新。结合国内外建立基金支持文化产业发展的成功案例，本文提出建立政府牵头的文化产业投资基金是最符合目前现状的选择。

一 我国文化产业的主要融资模式及其现状

文化产业在发达国家早已成为国民经济的支柱产业，而在我国，文化产业起步晚，规模小，文化产品与服务需求旺盛，供给却严重不足，只有加大对文化产业的投资，扩大文化产业生产规模，才能填补这一巨大供需缺口。

近些年来，国家越来越关注和支持文化产业的改革与发展，对文化产业的投入也在不断增加。我国政府相继推出支持文化产业发展的相关政策，从宏观上对文化产业发展进行指导和扶持，2005 年颁布《国务院关于非公有资本进入文化产业的若干决定》，2006 年 10 月，文化部又下发《关于鼓励、支持和引导非公有制经济发展文化产业的意见》，拓展了文化产业投融资渠道，允许外资及民营资本投入到文化产业中。2009 年颁布的《文化产业振兴规划》更是标志着我国文化产业发展进入了一个新的历史阶段。2010 年 4 月，由中宣部牵头，文化部联合财政部、中国人民银行、国家广电总局、国家新闻出版总署、银监会、证监会、保监会九部委共同制定出台了《关于金融支持文化产业振兴和发展繁荣的

---

* 宋阳，深圳市特区文化研究中心助理研究员。

指导意见》，提出了建立健全有利于金融支持文化产业发展的配套机制。新政策的不断出台，在强化文化产业投融资地位、疏通文化产业投融资渠道、促进文化产业投融资发展上都具有重要的指导意义。在国家政策的引导下，资本大量涌入文化产业中，出现了文化产业投资热。2009 年，文化产业呈现出一片繁荣景象，产业规模不断壮大，文化市场不断拓展，在国际金融危机的紧迫形势下，我国文化产业依然逆势增长，成为金融危机后经济复苏的新增长点。

目前，我国文化产业的融资方式主要有政府财政拨款、银行贷款、二级市场融资、风险投资和债券融资等。随着文化产业的发展和壮大，市场融资方式逐渐介入文化产业，融资渠道逐渐拓宽，文化企业也逐渐开始探索多种融资方式。

我国文化产业发展历史并不长，文化市场法律和各项制度还不健全，政府财政拨款长期以来都是我国文化产业投融资的主要方式。随着我国政府对文化产业的重视程度的逐渐加深，一方面政，府设立各种专项资金、引导资金，支持文化产业、文化事业的发展；另一方面，政府采取贷款贴息、项目补贴、配套资助、奖励或者税收优惠政策等方式，支持重点文化企业和重点文化项目。政府投入主要是针对公益性较强的公共产品和准公共产品，以及新兴文化产业项目、文化产业技术改造升级项目、内容生产和品牌打造项目、具有自主知识产权的文化产品和服务出口项目等。

银行等金融机构贷款也是文化企业较为常见的融资渠道，并越来越受到国家、金融业界的重视和支持。早期的文化企业银行贷款仅限于固定资产的抵押贷款，近年来真正意义上的文化产业融资有了很大的进步，集中体现在电影业上，最早是张艺谋的《英雄》，利用一家国际著名保险公司为其做担保，到国外银行贷款，成功融资 3000 万美元，开创了国内电影业融资的先河。而国内金融业对文化产业提供支持是在 2006 年，招商银行对华谊兄弟的《集结号》无担保贷款 5000 万人民币。文化产业投融资规模化起步于政府部门与金融机构的强力联合。政府部门的积极介入使得文化产业和银行业进入了长期稳定的战略合作新阶段。

随着资本市场的发展与完善，文化产业的融资发展有了新的融资渠道。1994 年东方明珠传媒在上海交易所上市，这是中国第一家文化传媒类上市公司。随着几次文化类企业上市浪潮的起伏，迄今为止，目前文化产业全行业的上市企业共 51 家，其中 A 股市场 19 家（创业板 2 家），香港市场 14 家，美国市场 15 家，日本市场2家，新加坡市场1家，相当比例的企业是2007年以后上市的。而在上市的文化企业中，又以图书出版、报刊广告以及影视制作等企业为主，缺少演艺类上市公司。其中，19家A股市场的文化产业类上市公司占A股上市公司总数的1%，市值仅占A股总市值的0.6%①。这些文化类上市公司丰富了文化产业领域的融资途径，更加有助于文化企业建立现代企业制度。但由于资本市场体系的不健全、上市准入标准的过高和上市审批程序复杂等原因，二级市场融资的模式在我国现阶段来说还无法成为文化产业融资的主要模式。

除此之外，风险投资和私募股权投资等金融创新模式以新概念、新技术为核心的现代传媒企业为突破口，也逐渐向中国文化产业领域延伸和渗透，产生了搜狐、新浪、腾讯等不少成功案例。我国文化产业投融资还有产业投资基金、债券融资、引入民营资本和海外资本、信托融资等多种模式，各种融资方式各有优缺点。我国文化企业应当根据不同行业性质、企业自身发展状态和不同的项目特点，来选择适合自身的融资模式。

二　现阶段适合我国国情的投融资模式

（一）传统文化产业融资模式的局限性

尽管近几年来我国在文化产业发展过程中取得了不小的成绩，但文化产业投融资机制不健全、融资渠道不够畅通仍成为制约文化产业发展的瓶颈，严重阻碍着我国文化产业的壮大，具体表现有以下几点：

首先，政府对文化产业投资管理理念落后，投资力度不大。

政府投入是直接推动文化产业发展的基本保证，在文化产业投融资中，政府投入起着重要的作用，特别是对非营利性文化事业。我国在对文化产业管理理念中，将文化领域纳入意识形态的管理范畴，注重其公益性、事业性、非营利性，忽视其商业价值及市场意识、文化产业发展的经济规律。这就导致了我国政府对文化产业的投入依然采用事业型融资方式，而非市场化融资方式，从而忽视了文化产业营利性与非营利性并存、社会效益与经济效益并存的特点，造成当前文化

① 《文化企业上市潮涌两年或达40家》，2010年5月18日《证券日报》。

产业投入与产出之间不对称等诸多问题。另一方面，与发达国家相比，我国政府对文化产业的投资明显不足。从投资比例来看，2002～2006年，我国文化事业财政拨款占当年财政支出的0.4%左右，而文化产业发展迅速的韩国，早在2000年，文化事业财政预算就突破了国家总预算的1%，2001年又上调9.1%；[①] 从具体投资额来看，2007年，美国联邦政府、州政府、地方政府等共向文化产业领域投入451.9亿美元，按3.013亿人口计算，政府向文化产业人均投入149.98美元（约合人民币1124.88元）；[②] 2007年，我国国家、省、市、县四级政府共向文化产业领域投入136.17亿元，按13.2亿人计算，全国人均文化产业投入仅为10.32元。在人均文化产业投入上，美国是我国的109倍。[③]

其次，投融资渠道不畅通，多元化程度低，缺乏有效的整合。

虽然目前我国文化产业的投资方式有风险投资、私募股金投资、银行投资和政府资助等，但是文化产业的发展还是过分依赖政府财政直接拨款，由于政府财政资金有限，管理理念落后，资金效率低下，其缺点显而易见。政府财政拨款外的其他融资方式没有发挥很大的作用。直接融资方面，文化企业规模小，财务状况不明，加之我国资本市场体系不健全，主板市场上市融资难，文化企业很难实现上市融资。间接融资方面，文化产业先天不足，可抵押资产少，信用评级低，造成银行对文化企业的“惜贷”。与国有资本相比，民营资本和外资的准入领域还不够宽敞，融资的可能性和数量十分有限。造成这种现象的原因虽多，但总的来说，在于始终没有找到一条适合我国具体国情的投融资模式，没有有效地将各种融资方式联系、整合起来，共同促进文化产业的发展。

第三，文化产业投融资法律制度建设相对滞后，市场体系不健全。

近几年来，我国虽不断推出支持文化产业发展的政策法律法规。但是目前，我国文化产业的法制体系建设依然不够完善，投资者所关注的法律地位、权益保护、退出机制等核心问题还没有得到很好地解决，导致对文化产业的投资存在着比较大的风险，这就要求政府主管部门必须完善相应的投融资法律法规体系。然而，由于我国文化产业的投融资法制体系建设还相对滞后，因此在投融资方面所

---

① 侯燕：《文化产业投资的特点及融资问题研究》，《特区经济》2010年第9期。

② 数据来源：国家统计局统计局网站。http：//www. stats. gov. cn/tjsj/.

③ 数据来源：国家统计局，《中国统计年鉴》（2007年），北京，中国统计出版社。

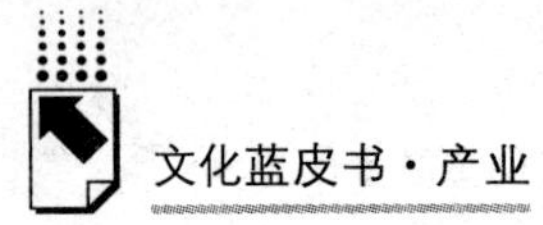

存在的产权界定、资产评估、资本流转等问题很难得到公正合理的解决，也使那些有投资意向的投融资主体，大多处于观望状态。①

（二）传统文化产业投融资体制的局限对投融资模式提出了新要求

制约我国文化产业快速发展的主要原因是融资渠道过于单一，文化企业发展资金严重不足。我国传统的文化产业投融资模式存在一定的局限性，对于填补我国文化企业发展和壮大所需的资金缺口来说，现有资金还只是杯水车薪，效果也不是十分明显。文化产业的发展必须突破传统的融资方式，寻求适合文化产业发展的金融创新。

文化具有极强的意识形态属性和政治属性，涉及国家和民族的文化主权和国家信息安全，因此我国政府一直把文化当成事业来办，发展文化的资金绝大部分由政府承担。2003 年国家实行文化体制改革后，开始对文化产业投资机制进行改革。我国文化产业发展仍处于起步阶段，还未形成良性循环，在此阶段，仍应当坚持政府主导的模式，以政府财政投入资金为主导，坚持投资主体多元化、投资方式多样化、投资机制市场化、投资准入区别化，建立起与国际惯例相接轨，而又具有中国特色的新型文化投融资体制。

2010 年 3 月 19 日，九部委共同制定的《关于金融支持文化产业振兴和发展繁荣的指导意见》出台，我国金融支持文化产业进入到了一个从无序到有序、从局部到全面、从自发到自觉的历史新阶段。该《指导意见》中明确提出，要“支持设立文化产业投资基金，由财政注资引导，鼓励金融资本依法参与”。文化产业投资基金这种专业化、创新型运作形式的出现，将极大地推进文化产业投资体制改革。以国家、法人、社会公众共同持股的形式，建立起现代企业制度，有利于通过产权转换与重组的方式，合理配置国有文化资产和优化文化产业组织结构，从而培育有竞争力和示范作用的文化产业骨干企业和战略投资者。②

（三）建立政府牵头的文化产业投资基金模式

产业投资基金简称产业基金，是符合中国经济发展客观需要的金融创新工

① 安定明：《文化产业投融资机制创新模式研究》，《经济研究》2010 年 10 月第 10 期。

② 周正兵、郑艳：《发展文化产业投资基金的思考》，《宏观经济管理》2008 年第 4 期。

具。根据我国《产业投资基金管理暂行办法》的规定，产业投资基金是指“一种对未上市企业进行股权投资和提供经营管理服务的利益共享、风险共担的集合投资制度，即通过向多数投资者发行基金份额设立基金公司，由基金公司自任基金管理人或另行委托基金管理人管理基金资产，委托基金托管人托管基金资产，从事创业投资、企业重组投资和基础设施投资等实业投资。”从以上定义中可以看出，产业投资基金具有以下特征：（1）集合投资制度；（2）投资于未上市公司股权；（3）基金机构与管理机构分开。[①] 产业投资基金和证券投资基金是一个相对等的概念。在美国，产业投资基金和证券投资基金共同占领着市场，而在我国证券投资基金则一直占据主导地位，产业投资基金发展相对较为缓慢。我国文化企业规模不大，处于创业初期，企业结构、财务状况等各方面远远达不到证券市场的要求，但融资需求却非常迫切，产业投资基金将成为文化企业融资的创新渠道。

文化产业投资基金是产业投资基金与文化产业对接的特定产物。文化产业投资基金是指对未上市文化企业进行股权投资和提供经营管理服务的利益共享、风险共担的一种投资制度。产业投资基金的发展模式主要分为以下三种类型：证券市场中心型、银行中心型、政府中心型三种。目前，鉴于我国文化产业发展的实际情况，应该强调社会效益和经济效益相结合，而我国文化产业投资基金还处于尝试阶段，其配套的政策法规还在制定中，因此，采取政府牵头的文化产业投资基金模式是最符合目前现状的选择。政府牵头并不是说在投资主体中要以政府为主，或者政府财政资金占基金的绝大部分，而是说政府在基金设立之初要处于主导地位，发挥政府在此过程中的示范、引导和支持作用。

产业投资基金由于市场化的运作，可以吸引和带动更多的社会资金投资于文化企业，拓宽文化企业的融资渠道，增加融资机会，改善融资结构。产业投资基金由于投资主体的多元化，有利于从多个角度和更专业的高度对文化企业经营者进行监督和管理，从而改善文化企业的治理结构。产业投资基金进入文化企业后，更有利于文化企业的科技创新，提升文化产品的科技含量和附加值，推动文化企业的可持续发展。

---

① 刘昕：《产业投资基金及其管理机构的模式选择》，《财经问题研究》2004 年 10 月第 10 期。

三 国内外建立基金支持文化产业发展的成功案例分析

（一）我国在建的文化产业投资基金状况

经过几年的发展，文化产业投资基金在我国作为一种新兴的融资方式，已经渐露雏形。

2007 年，中宣部改革办、财政部会同有关金融机构开展了相关的调研工作，提出了组建国家级投融资基金的建议。在研究的基础上，2008 年，国办发〔214 号〕文提出，经批准设立国有和国家绝对控股的中国文化产业投资基金，这项投资基金可以作为战略投资者对重点文化产业进行股权投资。2009 年，国务院发布的《文化产业振兴规划》进一步明确要求按照有关管理办法，由中央财政出资引导，吸收国有控股文化企业、大型文化企业和金融机构认购，中国文化产业投资基金将由专门机构进行管理，实行市场化运作，通过股权投资等方式来推动资源重组和结构调整，促进国家文化发展战略目标的实现。2010 年，九部委共同制定的《关于金融支持文化产业振兴和发展繁荣的指导意见》中，再一次明确提出，要支持设立文化产业投资基金。

由中央财政注资引导的中国文化产业投资基金，已经获得国家发改委的正式批复，首期募集规模 60 亿元，预计年内将募集到 200 亿元。这是由财政部、中银国际控股有限公司、中国国际电视总公司以及深圳国际文化产业博览交易会有限公司等联合发起的私募基金，计划吸引国有骨干文化企业、大型国有企业和金融机构等认购，同时也意欲吸纳民间社会资本进入，基金由专门机构进行管理，实行市场化运作。作为文化领域的战略投资者，中国文化产业投资基金将重点扶持我国演艺娱乐、动漫游戏、影视制作和发行放映、出版发行、文化会展、网络信息等文化产业的发展。其中的财政资金部分，将以滚存形式设置于基金内，并不参与投资。基金章程明确规定，应发挥政府财政资金的引导示范和杠杆作用，带动社会资本投资文化产业，为加快转变经济发展方式作出贡献，并确定基金投向文化企业的退出机制，这对于投资者来说极其必要。

除上述 4 支获准的文化产业投资基金外，山东省财政计划设立一支总规模为 10 亿元的文化产业投资基金，重点扶持动漫游戏、影视制作等文化产业。广东省

表 1 近年来国内已经获批的文化产业投资基金情况

基金名称	成立时间	基金规模	主要发起方	投资项目
上海东方惠金文化投资基金	2006 年底	1 亿元（首期）	上海精文投资公司、上海张江集团公司，2007 年 8 月，上海文广新闻传媒集团注资	上海富凯网络信息技术有限公司和上海城市动画有限公司
东方星空文化基金	2008 年底	2.5 亿元	浙江日报集团、浙江省财务开发公司、中国烟草公司浙江分公司	杭州宋城旅游发展股份有限公司、杭州精英在线教育
华人文化产业投资基金	2009 年	20 亿元	上海东方惠金文化产业投资有限公司、国开金融有限责任公司、上海大众集团资本股权投资有限公司、深圳天正投资有限公司、文汇新民联合报业集团和宽带产业基金等机构	投资新闻集团下属的四项星空电视业务：星空卫视普通话频道、星空国际频道、Channel[V]音乐频道，以及星空华语电影片库（Fortune Star）业务
中国文化产业投资基金	2010 年	60 亿元	财政部、中银国际控股有限公司、中国国际电视总公司、深圳国际文化产业博览交易会有限公司	投资范围：重点扶持我国演艺娱乐、动漫游戏、影视制作和发行放映、出版发行、文化会展、网络信息等文化产业的发展

亦计划设立省级文化产业投资基金，主要投向是《广东建设文化强省的规划纲要》中提到的广东未来十年重点发展的六大文化服务业，包括文化创意、平面传媒、广播影视、出版发行、演艺娱乐以及文化会展，除了对重点项目的直接扶持外，还将通过对重点企业股权投资的方式参与文化强省建设。① 与此同时，北京华控汇金投资管理有限公司与国家新闻出版总署机关服务中心合作成立了北京国新华控文化传媒有限公司，并发起成立了一支规模在 20 亿 ~ 30 亿元的文化产业投资基金，将以国新华控为平台，以期刊为主要目标，支持“清华控股”逐步完成产业的调整与升级，开拓新的业务领域，打造一个以新媒体产业为主业的经营和投资平台。针对我国民营出版机构缺乏出版通道和融资难的问题，国家新闻出版总署署长柳斌杰透露，国家将设立规模约为 500 亿元的出版基金，通过吸引银行及其他投资主体参与，专门扶持中小出版和民营出版机构。

① 见《广东文化产业图强策》，《21 世纪经济报道》2010 年 7 月 31 日，广东省文化体制改革办公室主任赖斌答记者问。

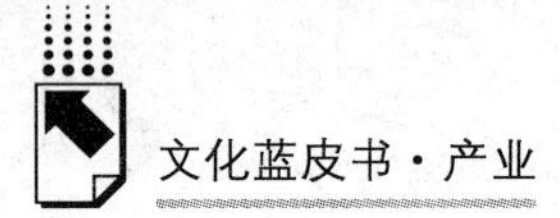

（二）国外政府投资文化产业的创新模式

由于文化产业自身有很强的意识形态属性，当今世界任何一个国家的文化产业都或多或少的有政府的参与，每个国家政府在金融支持文化产业上也都有各自的特色和创新点值得我们借鉴。

美国是世界上公认的文化产业强国，其完善的融资体制、多样化的融资方式、多元化的融资渠道为美国文化产业的发展提供了重要保障。美国文化产业的金融支持是以市场化为导向，文化产业的资金主要来源于政府、资本市场融资和外商直接投资。在英国，主要是政府引导的模式资助文化产业发展。政府对企业投资文化产业实行“政府陪同资助”的创新模式，即如果企业决定资助文化产业，政府将陪同企业资助同一项活动，为这项活动的质量和成功打上“双保险”。韩国、日本等国家主要采取文化产业的政府指导模式。由于这些国家文化市场的法律和各项制度还不健全，在资金扶持上政府需要大力介入和指导，以便能更快更好的发展该国的文化产业。法国向来将自己定位为艺术和文化大国，非常重视文化产品的价值，形成了较为保守的文化产业发展模式——政府管理模式。政府对文化产业的投入力度相当之大。

美国是产业投资基金的发源地，也是目前产业投资基金最发达的国家之一。在发达国家，各类基金会已经成为文化企业融资的重要途径之一。按照大多数国家的法律和国际组织的惯例，基金会可以接受社会团体、企业和个人资助，广泛吸收和整合各种社会资源，包括资金、证券、专利、不动产等，通过有效而规范的资金运作，资助公益性文化、科学、卫生与和平事业。美国基金会主要包括四大类型：独立基金会、项目运作基金会、公司基金会和社区基金会等。截至2002年底，美国有各类基金会约4万余个，估计全世界正式注册的基金会约为35万个，对文化资源产业开发的资助主要集中于考古挖掘、遗产整理、艺术表演、影视创作、文博展览、多媒体开发等方面。① 以美国电影业为例，影片投资约25%来自银行贷款，而来自基金的融资则超过了50%。电影投资基金的出现，更吸纳聚集了大额资金投向美国电影业。据美林证券的分析报告，目前好莱坞六

① 吕庆华：《文化资源产业开发的投资结构及融资渠道拓展》，《山西财经大学学报》2005年10月第5期。

大片厂及旗下公司整体电影制作费中至少30%来自此类电影基金，平均年资金额达25亿美元。[①] 美国电影投资基金的募集通常是由私募基金以高收益债和优先股等不同品种的金融产品吸引风险承受能力不同的投资者完成，其具体融资方式有股权融资、夹层融资、优先级债务贷款和发行AAA级债券。

近年来，韩国政府在文化产业上投入了巨额资金。1998～2000年，韩国政府和企业对文化内容产业的投资每年递增35%以上，并且吸引了美、日、欧盟等国的大量投资。政府先后设立各种专项基金，如文艺振兴基金、文化产业振兴基金、信息化促进基金、广播发展基金、电影振兴基金、出版基金等若干促进相关文化产业发展的专项基金，还通过“文化产业专门投资组合”的风险投资形式，动员社会资金，官民共同合作对文化产业进行投融资运作，并已取得明显成效。例如，2001年韩国电影振兴公社通过“电影专门投资组合”融资3000多亿韩元，保障了电影事业的发展。[②] 韩国政府组建了官方和半官方性质的“韩国风险企业协会”、“高新技术投资保险公司”以及“风险企业后援俱乐部”等机构，还宣布成立2000亿韩元的风险企业扶助基金，对风险企业从资金、政策、技术上作全面指导。[③]

加拿大政府对文化产业的扶持和资助力度很大，注资与吸纳社会资金建立各类文化基金。除加拿大政府建立的联邦层级法人机构“加拿大创新基金会”（内设innovation fund——创新基金、new opportunities fund——新机遇基金和infrastructure operating fund——基础结构运作基金）之外，加拿大全国性和地方性的纯文化基金名类繁多：影视方面，如加拿大故事片基金、加拿大独立电影和录像基金、加拿大电视剧基金；音乐方面，如加拿大音乐基金；出版方面，如加拿大期刊基金；数字技术方面，如加拿大新媒体基金、加拿大信息存储基金、加拿大新媒体研究网络基金、合作伙伴基金、门户基金。此外，加拿大还吸纳外资参与建立基金，如1988年日本政府向加拿大艺术理事会捐资100万加元，建立了“日本—加拿大基金”，主要用于加强日、加两国之间艺术交流。[④]

---

① 《美国电影投融资发展状况与趋势》，中国电影网，2009年10月18日，http：//indus. chinafilm. com/200710/1843658. html。

② 张永问、李谷兰：《韩国发展文化产业的战略和措施》，2003年8月15日《中国文化报》。

③ 周正兵、李娟：《韩国电影业的风险投资》，《银行家》2006年第3期。

④ 陈朋山：《加拿大：文化经贸的“举国体制”》，http：//www. cnci. gov. cn/news/culture/200824/news_ 12743_ p1. html。

英国在利用基金支持文化产业方面，运用了一种非常规的投资方法，这就是用发行彩票来筹集文化基金。他们在鼓励企业赞助文化艺术的同时，鼓励全体公民自愿支持文化事业。

四　设立政府牵头的文化产业投资基金支持我国文化产业发展的政策建议

（一）设立政府牵头的文化产业投资基金的模式选择

在初期，以政府出资为主，政府作为投资主体设立文化产业投资基金，政府在此过程中应起到示范、引导和支持的作用，并逐步向吸引市场资本过渡，吸引机构投资者建立创业投资公司，以股权形式参与文化产业项目的投资与开发。政府牵头的文化产业投资基金可以采取以下三种组织形式：①

表2　政府牵头的文化产业投资基金的三种组织形式

组织形式	运作方式	特　点
国家财政直接设立文化产业投资基金管理公司	由该管理公司作为主要发起人，以公募和私募相结合的方式发起设立产业投资基金	能最大限度地发挥财政投入的导向作用和放大效应，增强政府宏观调控能力，但运作成本较高，市场化程度不足
具备实业投资经验和资本经营经验的国有金融企业和国有产业公司发起	吸收国家财政的文化专项基金加入，并向社会以公募方式设立新型文化产业投资基金。它不直接对项目投资，而是参与发起产业投资基金	既可以保障基金的投资导向，也可以保证基金运作的市场化和专业化，从而能够使新型文化产业投资基金高效运转
国有金融企业和国有产业公司发起	国家将原先拟投入文化建设的一部分专项资金，以股权的形式投入国有投资公司，再通过国有投资公司投资于新型文化产业投资基金，从而间接投资于文化产业项目	它借助国有投资公司的专业优势，保证投资的科学性和安全性，并有效防止重复建设、盲目上马、浪费资金的情况发生

在文化产业投资基金设立初期，以政府引导为基础，对设立初期无偿使用的财政资金要加强管理、合理使用，严格避免盲目投资，造成投资资源浪费。这一

① 周正兵、郑艳：《发展文化产业投资基金的思考》，《宏观经济管理》2008 年第 4 期。

方面有利于政府不断推出对文化产业扶持的财政和金融政策，出台相关的法律法规和行业标准，另一方面政府的示范、引导和支持的作用势必会吸引更多元化的投资主体不断跟进，为文化产业开辟更宽广畅通的融资渠道。随着产业投资基金的成熟，逐步向商业性文化产业投资基金，吸引更加多元化的投资主体参与，实现文化投资运作形式专业化、收益规范化，最终实现文化产业投资基金完全按照市场化的原则进行配置，政府资金可以从已实施的项目中退出，以集中力量支持新的产业发展。一般而言，产业投资基金会适合在企业的成长初期介入文化企业，在企业的成熟期选择退出文化企业。

（二）设立政府牵头的文化产业投资基金在规模和范围上的要求

文化产业投资基金在规模的选择上要适当。规模太大，使用不当，就会造成资金的浪费和效益的低下；规模太小，无法有效地分散经营风险，形不成规模效应，也不利于提高产业投资基金的效益。文化产业投资基金参与单个项目的投资比例按一般规定不得超过项目投资的15%，同时也不得超过基金净资产的15%。[①] 美国将投资组合的理论运用到电影投资，一个投资组合中包括20～25部风格不同的电影，从而大大降低了投资人的风险，我国文化产业投资基金就可以借鉴这种投资组合的模式来规避风险。

在确定文化产业投资基金时，不仅要注意基金规模的大小，还要注意基金投资范围上的选择，要充分发挥基金的专业优势，将资金集中到文化产业中具有发展前景的行业，减少基金的交易成本和投资风险，提高基金的使用效率和赢利能力。我国目前文化产业中文化制造业强，而内容产业发展较弱，仍有大量文化创意因资金缺乏而难以实现转化。因此，我国的文化产业投资基金应将内容产业确立为主要扶持对象，扶持那些具有创意、富含高科技的中小文化企业，帮助它们实现创意成果的转化和企业的发展，增强我国的文化软实力。另外，向美国、韩国和加拿大学习，建立各种专业领域的文化基金，专门为某个文化行业服务，使其更具专业性。

（三）文化产业投资基金的监管体制选择

监管是所有产业投资基金实现规范化发展的必要条件。根据我国文化产业的

---

① 欧培彬：《产业投资基金支持文化产业发展研究》，武汉理工大学博士学位论文，2009年提交。

发展现状和对投资基金的管理模式，现阶段我国宜采取“法律约束下政府监管和基金行业自律相结合”的监管体制。

首先是要逐步建立和完善文化产业投资基金的法律法规体系，加强法律监管，促进产业投资基金的规范运作。加快立法，制定严格的《文化产业投资基金法》。这项法律主要应对不同类型的文化产业投资基金主体，如文化产业投资基金发起公司、基金管理公司、基金托管机构及有关主管机关、中介机构等进行行为规范，对其设立程序、功能定位、组织形式、治理结构、管理模式、权利与责任、证券交易与结算、投资方向与组合比例、收益分配与费用提取、管理人和托管人条件、信息披露与监管办法等内容作出明确的规定。① 目前由于实践时间短，问题没有充分暴露，可以先行试用《文化产业投资基金管理暂行办法》之类的法规。其次，由于我国的文化产业投资基金是由政府牵头，以国有资产为主，所以政府部门在监管上的介入还是十分有必要的。但政府不宜过分干预基金的运作，而是可以根据文化产业政策和区域文化发展现状，通过对文化产业投资基金的设立审批程序和基金的基本投资限制来发挥必要的导向作用，还可以对向国家鼓励发展的文化产业项目和企业进行投资的基金，在税收上给予一定的优惠政策。对法律法规与配套制度、退出机制等行业发展所需的外部条件和发展环境，政府应努力给予不断完备和改善。再次，积极探索和引导中国投资基金行业组织——中国投资基金行业协会的建立健全，并通过行业协会，在行业内形成一个自我协调、平衡、制约的机制，作为政府监管组织管理的重要补充。

在文化产业投资基金的起步阶段，必须选择条件成熟的地区进行试点，开展探索和尝试。北京、上海、深圳、广州文化产业较为发达，经济实力雄厚，金融市场相对健全，可作为基金推广的首批试点。强化监管，要从文化产业投资基金的试点起步阶段开始，要在严格自律管理的基础上强化外部监管，引进社会中介机构的力量，加大监管力度，促使文化产业投资基金依法规范运作，以保证中国文化产业投资基金的试点质量。

（四）坚持投资收益和社会效益兼顾的原则

文化产业投资基金首先应该遵循效率原则，在进行项目投资时要实现投资者

---

① 高凌雯：《文化产业投融资模式研究》，中南大学硕士毕业论文，2010 年提交。

的利润回报和债权人的债权收益。在投资项目选择上，要寻求市场化程度高、开发前景好的文化项目和企业，利用市场化手段和专业化的人才，使选择的项目具有相对稳定的投资收益。但另一方面，文化产业投资基金还要注重社会效益。不能因为某些文化项目具有风险性和不确定性，就避而远之；更不能因为公益性的文化事业所获得的回报往往是大众审美意识、思想道德水平层面的提升，不能立即带来公司的投资收益，就弃之不顾。适当的社会公益性文化事业的投入和具有高度创意性和高科技含量的文化产业投入与资本的逐利性并不矛盾，也是为了项目的未来收益着想。因此，文化产业投资基金要兼顾投资收益和社会效益，并以此来确定投资项目和企业。

（五）实现文化产业投资基金的可持续发展

文化产业投资基金通过对文化产业内部进行跨部门组合投资，有利于将文化产业上下游企业捆绑起来，打造出覆盖从原创制作、版权运营、产品研发、海内外批发、连锁销售等所有环节的完整产业链，发挥文化产业内各部门间良好的协同效应，最大化地实现经济效益。文化产业投资基金支持整个文化产业链条，产业收益可有一部分反过来投资基金，并以法律的形式固定下来，以保证文化产业的发展能够及时得到足额的资金支持，实现文化产业基金支持文化企业发展，文化企业发展扩充文化基金的良性动态循环。

B.10 全球化背景下的中国海洋文化政策*

王文洪**

中国作为一个海洋大国，有着18000公里的大陆海岸线，14000公里的岛屿海岸线，拥有6500多个500平方米以上岛屿的主权和300万平方公里的管辖海域，有4亿多人生活在沿海地区。近年来中国已逐步认识到提升国民海洋意识的重要性，同时，中国既希望自身能成为像西方一样的海洋强国，但又不希望走西方海外殖民扩张的道路。因此，从全球化的角度探索中国海洋文化政策的近况，并分析文化全球化与中国海洋文化政策的关系，显得非常重要。本文将在探讨文化全球化的基础上，分析近年来中国关于海洋文化的论述，并进而考察中国海洋文化政策的现状和趋势。

一 文化全球化与中国的海洋文化研究

在西方学界，“文化”这一概念长久以来就包含了一些模糊的范畴，它包括个人的生命经历、实体的艺术品、文本、物品，甚至还包括了对于艺术的专业论述、文化工业的商品化产出、日常生活的文化表述，以及前述各种范畴之间的复杂互动。① 由于人口、物体及符号均是文化的载体，所以，全球化作为一种跨越区域及洲际的物体、符号和人口的流动，必然也包含了文化全球化。从这个角度来说，文化全球化有着悠久的历史，不论是基督文明、回教文明、佛教文明的扩散过程，还是罗马及蒙古帝国的扩张，均是文化全球化的先例。在工业化过程中，欧洲列强曾不断进行海外扩张，由于运输及交通工具的革新（机械运输和

---

* 本文系2010年9～12月作者在中国社会科学院研究生院做访问学者期间的研究成果之一。

** 王文洪，浙江省舟山市委党校副教授，主要研究领域：海洋社会学。

① Held, Detal ed. Global Transformations: Politics, Economics and Culture. Cambridge: Polity Press. 1999, p. 329.

电报的系统化），新兴的文化全球化也得到了促进。

与先前的文化全球化相比，今天的全球文化交流的绝对规模、强度、速度，绝对是空前的。相比过去几十年，文化输出和输入的数量已经增长了许多倍；电视、电影的贸易有了巨大的增长；因特网的用户及联结数以几何级数增长，正逐渐成为一种普遍的跨越国界的沟通模式。收音机、电视机、因特网、手机、卫星和数字技术的加速传播（尽管并不均衡），使得全球大部分地区得以进行实时通讯。在全球占主导地位的英语，为观念和文化的普遍传播，提供了强大的公共语言基础，尤其在商业、政治、行政管理、科学、学术界和计算机等方面，绝大部分的术语都可以（必须）以英文进行跨文化交流。在文化全球化的背景下，我们被迫与异域文化对话，并重新塑造自我的认同。同时，不同文化之间的相互混杂情形，也越来越多。

前述对于文化全球化的分析，为今天考察中国的海洋文化研究提供了一个基点，即本地文化与远方异域文明的互动关系，是个辩证而复杂的过程。中国海军现役大校郝延兵及现役少校杨志荣认为，从行为主体来看，中华民族是陆地民族，而西方则是海洋民族；从文明属性来看，中国的海洋事业隶属陆地文明的范畴，带有陆地文明中农耕文明的特质，顶多是一种农业性海洋文明，而西方国家的海洋事业则属于海洋文明的范畴，带有海洋文明中商业文明的特质，后来又发展成一种新兴的工业性海洋文明；从活动内容来看，中国的海洋事业是以海为田，中心内容是“兴渔盐之利，通舟楫之便”，进行的是一般的交往活动，但经济交往的比重较小，而且经济交往是一种不对等的、非双向的交往，但西方海洋事业的中心内容，则是以追求财富为目的的航海贸易，同时还伴随着殖民、移民、掠夺等。① 这两位现役海军军官进一步指出，今天中国如果要成为全球海洋文明的中心，那么政府就必须强化国家海洋战略，并且提升民众的海洋意识（到海外经商的意识、海洋国土意识、经略海洋的意识、海上力量意识、关心海洋发展的意识等），提升海洋科技及经济实力，增加参与海洋事业的人口，更重要的是强化海上军事力量的建设。他们甚至直接指出，历来列强能成为海上强国的秘诀就是“既向外侵略又改革……如今，中国也找到了并实践着迈向海上大国、世界性大国的康庄大道”。② 但他们也

① 郝延兵、杨志荣：《海上力量与中华民族的伟大复兴》，国防大学出版社，2005，第156～159页。

② 郝延兵、杨志荣：《海上力量与中华民族的伟大复兴》，国防大学出版社，2005，第208页。

不主张完全采用西方列强的模式，认为中国与西方列强应该要有原则性的差别，即中国“绝不侵略别国，永不称霸”。

中国海洋大学海洋文化研究所所长曲金良则认为，西方学术界的海洋观有三方面的偏差：片面强调欧洲中心论；片面强调海权力量的作用；片面强调航海贸易包括海洋探险和航海“新发现”的作用及世界市场商机与获利原则。西方这些海洋观念的偏差，不仅主导着许多西方学者，并且深刻影响着我国许多学者的价值取向。因此，中国学界应该要从立场上批判西方模式，从理论上强调海洋文化的全部内涵、整体功能和民族特色，防止自我海洋中心意识，导致新的文化侵略和文化霸权主义；防止一味地强调海洋军事大国，导致穷兵黩武；防止一味地强调海洋经济，导致海洋生态环境和海洋资源破坏等。① 另外，曲金良也就文化全球化指出：“现代文化毕竟不同于传统文化，现代文化是人类已经走向国际化社会、在全球化语境下的文化……而这种全球性的现代文化的核心与主流形态，就是海洋文化形态……体现为外向型、开放型、开拓型、竞争型的海洋文化模式和特性。中国自有东方型海洋文化传统与个性，在当代世界现代化的‘世界潮流’中，同样应该、也同样能够发挥我们自己的作用”②。在他看来，世界各海洋大国在海洋领域的各种竞争，不论是关于海洋经济、科技、资源还是海洋权力，说到底是各自海洋文化的竞争，也就是说，决定整个竞争发展方向的因素，在于各国的海洋思维、海洋意识、海洋观念等文化因素。因此，也只有同时扬弃中西海洋文化中各自的优缺点，才能真正提升中国的综合国力。

综上所述，在文化全球化的背景之下，中国军方关于海洋文化的论述偏向现实主义，不仅西化的色彩更浓，而且也更注重海军军事实力的重要性；反而是学界的论述更注重保有中华海洋文化本身的特殊性，而且世界主义的色彩也较浓，这也显现了文化的转化过程永远是一幅复杂的图像。但不论是军方还是学界精英，对于当代中国海洋文化的使命的定位都相当明确，那就是要“实现中华民族在世界上的伟大复兴”，而且也都建议中国应该加强自身的海洋强国战略，更注重海洋文化及海洋文化政策的重要性。

---

① 曲金良：《海洋世纪背景下的海洋文化与综合国力竞争》，收于曲金良主编《中国海洋文化研究：第4、5合卷》，海洋出版社，2005，第57~62页。

② 曲金良：《海洋世纪背景下的海洋文化与综合国力竞争》，收于曲金良主编《中国海洋文化研究：第4、5合卷》，海洋出版社，2005，第60~61页。

二　中国海洋文化政策的现状

（一）中国海洋文化政策

1.《水下文物保护管理条例》

我国的海洋文化政策，可追溯到1989年的《水下文物保护管理条例》，尽管这是一份技术性的文件，而不是一份政策纲领。该条例规定（第二至三条），遗存于中国内水、领海内的一切源起于中国的、起源国不明的和起源于外国的文物，以及遗存于中国其他管辖海域内的起源于中国的和起源国不明的文物归属于中国所有。遗存于外国领海以外的其他管海域以及公海区域内的起源于中国的文物，中国享有辨认器物主的权利。同时，该条例第七条也规定，外国国家、国际组织、外国法人或者自然人在中国管辖水域进行水下文物的考古探勘或者发掘活动，应采取与中国合作的方式进行，并向国家文物局提出申请，由后者报国务院特别许可，未经批准，不得以任何方式私自探勘或者发掘。

2.《中国海洋二十一世纪议程》

不论是开发海洋资源还是保护海洋生态环境，都不能只靠政府部门的作为，还必须有公众的广泛参与。增强民众参与的能力，以及提高各界民众自觉保护海洋资源和环境的意识，是中国海洋文化政策成败的关键。为此，1996年中国颁布了《中国海洋二十一世纪议程》，第一次完整地表述了海洋文化政策的战略目标："促进海洋事业的公众参与，形成全民族关心海洋，保护海洋，社会各界人士参与发展海洋事业，沿海民众协同开发海洋、保护海洋的新局面。加强海洋知识的普及教育和专业教育，建立沿海地方政府和民众海洋事业参与机制，建立海洋开发、保护专家咨询制度等。"

为了达到上述基本目标，《中国海洋二十一世纪议程》将之细分为四个方案领域。第一个方案领域是"教育界的参与和大众媒介的介人"，该方案的目标是：通过各种教育方式和多种媒介宣传，提高全社会尤其是沿海地区公众的海洋意识和普及海洋知识，提高劳动者的海洋科学文化素质，培养沿海地区公众参与海洋资源和环境保护的自觉性，形成政府职能部门和广大民众共同保护海洋的局面。第二个方案领域是“科技界的参与”，其目标为：在沿海地区建立科技界与决策部门、社会公众之间的联系机制，充分发挥科技界在咨询指导海洋可持续利用方面的作用。第三个方案领域是：“海上作业人员和生产劳动者的参与”，其目标为：通过教育和采用有效的激励机制，以及实施组织措施，使广大海上作业人员和劳动生产者，既是用海大军，又是保护海洋的有生力量。第四个方案领域是：“基层政府的作用”，其目标为：动员基层政府在组织民众参与开发、保护、管理海洋和在海洋防灾、减灾工作方面发挥基础作用，成为管理海洋事务的基本力量。

（二）中国海洋文化活动

1. 世界海洋和平大会

中国执行海洋文化政策，是以一系列的海洋文化活动为基础的，并以此与国际潮流相衔接，例如1996年在北京召开的世界海洋和平大会。世界海洋和平大会是由著名活动家 Elizabeth Mann Borgese 教授及其领导的“国际海洋学院”（International Ocean Institute）发起的非政府间组织会议，是联合国体系外最负盛名、最具影响力的探讨有关全球海洋问题的国际会议，现已逐步发展成为致力于全面系统地探讨全球海洋问题、为解决全球海洋问题提出建议的国际高级论坛。其目的在于深化海洋是全人类共同继承财产的认识，强调对海洋的保护，主张对海洋进行合理有序的持续开发，并就当前人们最关注的海洋问题进行研讨。大会研讨的结果将以建议的形式提交联合国大会，并以此促进国际间的海洋合作与世界和平。①

长久以来，世界海洋和平大会致力于探讨海洋法发展过程中的“体制变革”和“未来综合”方面的问题。由于联合国环发大会的召开和《联合国海洋法公约》的生效，随后两届会议便专门探讨《联合国海洋法公约》生效后的后续活

① 第一届世界海洋和平大会于1970年在国际海洋学院总部马耳他召开。此后的每届会议都吸引了世界上众多的政治家、海洋科学家、海洋法学家和海洋工业界人士的积极参与，由此产生了广泛的政治影响。世界海洋和平大会十分注重帮助发展中国家提高海洋意识和维护其海洋权益的能力，因此，得到广大发展中国家的支持。1992年联合国环境与发展大会通过的《21世纪议程》的海洋篇章的大部分内容就是在世界海洋和平大会第19届大会结果的基础上形成的。详情请见国际海洋学院的官方网页 http：//www. ioinst. org/。

动和环发大会后续活动的衔接问题。根据第23届大会的提议，第24届世界海洋和平大会于1996年11月15日至19日在北京召开。与会者就全球海洋面临的法律、资源、环境和管理等问题进行了全面讨论，通过了《北京海洋宣言》。该宣言重申了执行和逐渐发展下列适用于世界海洋的原则："一、人类共同继承财产的原则，包括经济发展的权利，健康的环境和和平生活的权利；二、国家间和子孙后代之间的平等原则；三、合作原则作为社会、经济和可持续发展的基础，其执行特别通过：建立共同管理区域或共同开发区，生态系统的共同管理，合作发展或共同开发技术；四、和平解决有关海域争端的原则。"

2. 1998国际海洋年

紧接着世界海洋和平大会而来的是1998国际海洋年。"98国际海洋年"是1994年第49届联合国大会第49/131号决议一致投票通过设立的。联合国教科文组织政府间海洋学委员会作为国际海洋年的倡议方，具体协调海洋年有关活动。联合国将海洋年的主题确定为"海洋——人类共同的遗产"。为隆重庆祝世界第一个海洋年，联合国有关组织和世界沿海各国纷纷开展多种形式的庆祝和宣传活动。为庆祝国际海洋年，进一步增强全民海洋意识，1994年2月17日，中国"98国际海洋年"大型宣传活动组委会在人民大会堂成立。① 该组委会由中央和国家机关部委、有关省市、海军共43个部门和单位组成，主任委员由全国人大常委会原副委员长王光英出任。在"98国际海洋年"大型宣传活动组委会的领导下，中国开展了"爱我蓝色国土"海洋宣传活动、"飞越海岸线——蓝色国土行"宣传采访活动、"走向海洋"全国青少年教育活动等一系列大型全国性活动，采取利用大众传播媒介、专业教育和对青少年教育等多种手段，在全社会普及海洋知识，提高海洋意识。

"98国际海洋年"期间，中央及沿海省市、自治区众多新闻媒体对中国的海洋事业和国际海洋年投入极大的关注，其广度和深度是前所未有的。这一年与海

① 同年，国家海洋局派人参加了由联合国教科文组织海委会组办的全球海洋生态动力学开放科学大会、海洋数据与情报交换委员会会议、全球海洋观测系统指导委员会第一次会议、水科学与渔业文摘咨询委员会会议、亚太分委会第四届科学会议和全球海洋观测系统沿海模块专家组第二次会议；另外，还派人参加了海洋污染研究与监测、海洋观测系统数据管理以及海洋和沿海环境保护培训班。中国科学院系统派人参加了在英国举办的21世纪可持续海洋会议。在国内，中国海洋生物工程中心在青岛举办了"国际海洋生物工程进展与展望"学术会议和"亚洲地区养殖对虾病害问题及防治技术"研讨会。

洋文化政策相关的执行内容主要有：

5月28日，国务院新闻办公室发表了《中国海洋事业的发展》白皮书，提出了中国海洋事业发展的指导思想和基本政策，这是中国首次发表关于海洋的白皮书。

6月26日，九届全国人大常委会第三次会议审议通过《中华人民共和国专属经济区和大陆架法》。

7月18日，由"98国际海洋年"大型宣传活动组委会主办，国家海洋局承办的"爱我蓝色国土"海洋宣传日活动，在北京和沿海各地同期举行。活动以"迎接海洋世纪，共铸蓝色辉煌"为主题，众多群众在《我的海洋章程》上签名，国家海洋局原局长张登义则代表中国在《海洋章程》（Ocean Charter）① 上签名。

3. 郑和下西洋600周年纪念活动

21世纪以来，中国举办的最盛大的海洋文化活动，莫过于郑和下西洋600周年纪念活动，活动主题被命名为"热爱祖国、睦邻友好、科学航海"。2002年4月，由交通部负责组织工作，成立了郑和下西洋600周年纪念活动筹备领导小组（以下简称"领导小组"），该小组办公室设在交通部。② 领导小组先后召开了四次会议，并制订了六项纪念活动具体实施方案和宣传工作方案。这六项活动分别为：郑和下西洋600周年纪念大会；《云帆万里照重洋》——郑和下西洋600周年纪念展览；《1405——郑和下西洋》电视专题片；郑和航海暨国际海洋博览会；纪念郑和下西洋600周年航海和海洋知识竞赛、讲座、夏令营活动；纪念郑和下西洋600周年学术交流活动，分3年进行。

除了上述6项纪念活动之外，更重要的是，国务院批准自2005年起，每年7月11日为"航海日"，同时也作为"世界海事日"在中国内地的实施日期，这也意味着，纪念郑和将成为中国每年例行性的重要海洋文化活动。

---

① 《海洋章程》公众签名活动由加拿大等国发起，联合国教科文组织海委会批准。章程呼吁各国政府"维护海洋卫生、保持海产的长盛不衰、明智和安全地利用海洋资源，以便使世界各国人民世世代代都能从中受益"。

② 由交通部负责组织了中宣部、中央外宣办、外交部、国防科学技术工业委员会、财政部、文化部、国家海洋局、国家文物局、中国科协、上海市、江苏省、福建省、云南省、中国航海学会、中国海洋学会、中国人民外交学会等有关单位。详情请见郑和下西洋600周年纪念活动官方网站：http：//www. moc. gov. cn/zhenghe/jigou/t20040114_ 8112. html。

三 对未来海洋文化政策的展望

反观改革开放以来的中国海洋文化政策，在推行的初期（例如《中国海洋二十一世纪议程》、《北京海洋宣言》、国际海洋年活动），采纳了国际的普遍价值（海洋所包含的世界主义价值以及海洋为全人类的共同遗产），但在随后的郑和下西洋600周年纪念活动以及以“和谐海洋”为主题的海上大阅兵纪念活动(2009年4月23日在青岛成功举办)，则同时坚持爱国主义与民族主义的立场。当前中国海洋文化政策所塑造出来的形象，是中国的和平崛起和扩张海权，以及人类共同和平治理海洋。基于此，未来中国海洋文化政策的发展方向应该是：

第一，树立鲜明的海洋大国形象。以中国气派、中国风格、中国特色影响世界。中国是一个大国，一个人口大国、海洋大国、文化大国，同时因为西方模式对于东方乃至整个世界来说，都不是一个好模式，所以中国应当承担起作为一个文化大国的国际责任与使命。

第二，提高国民的海洋国家意识。如果当代中国要成为一个海洋国家的话，那么其海洋意识，就不能只是少部分人的海洋意识，而必须是全体国民的海洋意识。但是相当多的中国人只知道中国版图有960万平方公里的陆域国土面积，而不知道中国还有300多万平方公里的海上疆域。另外一个更严重的制约是，中国大陆本身有约2/3的内陆人口，这些人口中，大多数的人可能一辈子都没有亲眼见过海洋，更不用说亲近海洋或是热爱海洋。因此，培养全体国民的海洋意识、进行海洋文化教育迫在眉睫。

第三，完善促进海洋文化发展的政策机制。任何一种具有长久生命力的文化，其最重要的推动者、传承者、创造者，必然是全体国民，而不单单是政治精英。但中国目前的海洋文化政策的运行模式，仍主要是一种由上而下的灌输或是精英们的提倡，而没有塑造出一种由下而上的政策循环，也没有形成让民众自发热爱、尊重、维护、亲近海洋的政策机制。因此，国家不仅要着力修改或废止现行法律法规中不利于海洋文化发展的条款，而且要加快制定诸如《国家海洋文化工作条例》等专门法律法规，以完善国家的法律法规体系，保障中国海洋文化的健康、科学、持续发展。

第四，建立行之有效的海洋文化遗产发掘与保护制度。改变我国海洋文化遗产所面临的灭损严重、束手无策、无可奈何的尴尬局面，确保中国海洋文化遗产的永续保存及其价值的可持续利用。在当代大规模城市化的城市建设、城区拓展、旧城改造、城市工程中，用法律制度和手段根除对海洋文化遗产的无视、破坏现象（包括以复原、改造、修缮为旗号的损害和造假）。妥善保护海上丝绸之路遗产、海洋历史人物遗产和海洋民俗文化等。

第五，建设完整的中国海洋文化理论体系和学科体系。近年来国家有系统地扶持学术界对于海洋文化的研究，“海洋文化”的学术意识得到明显强化，但整体而言，在学科建设上依然难以打破原有学科范畴局限，分别属于历史学（海洋历史地理学、海外交通史、中外关系史与文化交流史、对外贸易史）、地理学（海洋经济地理、海洋人文地理）、法学（海洋法学）、经济学（海洋经济学）、管理学（海洋管理）、军事学（海洋军事）等学科。而高层次的海洋文化哲学的研究才刚起步，完整的综合性的“海洋文化学”，至今尚未在“法定”学科中确立下来。因此，目前的中国海洋文化研究要成为一种强而有力的文化软实力，还有漫长的道路要走。

第六，建设中国特色的现代海洋文化功能区。可以考虑在历史上形成的北部沿海海洋文化、南部沿海海洋文化、海岛岛屿海洋文化的基础上，以滨海新区、环渤海经济区、长三角经济区、海峡西岸经济区、珠三角经济区、北部湾经济区等为依托，组织建立形成中国江河湖泊文化功能区、渤海海洋文化功能区、黄海海洋文化功能区、东海海洋文化功能区、南海海洋文化功能区的五大空间布局，将之打造成为海洋文化公共服务、海洋文化产业和市场发展、海洋人才队伍培养建设、海洋科技研究开发等现代化、国际化、全民化的示范功能区，再引领、带动、辐射全国所有陆地和海域，全面促进中国海洋文化的大发展大繁荣。

第七，坚持文化外交的“和谐海洋”理念。海洋和谐是世界各国人民共同的价值理念和美好追求，也是中国“和谐世界”理念的具体体现。然而，近年来一些西方国家媒体频频炒作的“中国海军威胁论”和我国与周边国家愈演愈烈的海洋争端，都对中国坚持“和谐海洋”理念和坚定不移地走和平发展道路提出巨大挑战。在“海洋世纪”的新时期，通过实施文化“走出去”战略，将“和平发展”、“和谐世界”、“和谐海洋”这些理念有效地传达到周边各国和国际社会，可彰显出中国政府和人民海军一以贯之的维护海洋安全、构建和谐海洋的价值理念。

行业报告

Industry Report

B.11 2009～2010年中国出版产业发展报告

徐升国*

2009年我国已成为名副其实的出版大国，新闻出版业总产出达到10668亿元，增加值超过3099亿元，图书出版总印数居世界第一位；电子出版物出版总量居世界第二位；日报出版规模居世界第一位；印刷业产值居世界第三位。2010年是“十一五”规划的收官之年，也是我国出版产业步入“十二五”的关键一年，新闻出版业提前完成了“十一五”规划的各项目标，产业规模快速提升，改革开放全面推进，经营性出版单位改革工作进展顺利，现代企业制度逐步建立，投融资渠道不断拓宽。同时，新闻出版领域更加开放，保持快速发展的势头，非公资本以各种形式广泛参与政策允许的新闻出版领域经营活动。

一 2009年出版业发展状况

2009年以来，虽然全球仍然未能摆脱经济危机的困扰，但我国出版业却继

* 徐升国，中国新闻出版研究院应用理论研究室主任。

续保持快速发展。

从2009年产业发展数据看，据新闻出版总署统计，我国新闻出版业2009年保持持续增长、稳中有升的态势。2009年全国图书生产定价总金额为848.04亿元，期刊生产定价总金额202.35亿元，报纸生产定价总金额351.72亿元，录音制品发行总金额11.90亿元，录像制品发行总金额8.09亿元，出版物印刷工业销售产值1127.76亿元。这些数据由于各自口径不同，因此无法简单相加得出新闻出版业总体规模数据。但如果简单累加，则新闻出版业产业规模大概为2550亿元，比上一年的2300亿元增长了接近11%。数字出版行业和网络游戏出版业由于未归入新闻出版统计之中，因此未能纳入计算，而出版物发行业营业额由于间接隐含在出版物总定价中，因此未进行统计以避免重复计算。

具体到各类出版物发展情况，在图书出版方面，2009年全国共有580家出版社（包括副牌社35家），与2008年相比，出版社总量基本没有变化。在2009年全国共出版图书301719种，其中新版图书168296种，重版、重印图书133423种，总印数70.37亿册（张），总印张565.50亿印张，定价总金额848.04亿元；与上年相比图书品种增长10.07%，新版图书品种增长12.97%，重版、重印图书品种增长6.61%，总印数下降0.36%，总印张增长0.78%，定价总金额增长5.68%。图书业主要方面都继续增长，显示出图书出版业增长的势头。

从销售环节看，2009年全国共有出版物发行网点160407处，与上年相比减少0.53%。2009年全国出版物发行业从业人员70.97万人，与上年相比增加4.52%。从经营情况看，2009年全国新华书店系统、出版社自办发行单位出版物总销售159.41亿（册、张、份、盒）、1556.95亿元，与上年相比数量下降4.22%，金额增长6.90%。全国新华书店系统、出版社自办发行单位年末库存50.62亿（册、张、份、盒）、658.21亿元，与上年相比数量下降0.94%，金额下降2.16%。

在报纸出版方面，2009年全国共出版报纸1937种，总印数439.11亿份，定价总金额351.72亿元，折合用纸量452.96万吨。与上年相比，种数下降0.31%，平均期印数下降1.5%，总印数下降0.86%，总印张增长2.01%，定价总金额增长10.62%。

在期刊出版方面，2009年全国共出版期刊9851种，总印数31.53亿册，定价总金额202.35亿元（含高校学报、公报、政报、年鉴1742种，平均期印数348.34万册，总印数3781.28万册，总印张263262千印张）。与上年相比，种数

增长3.16%，平均期印数下降1.85%，总印数增长1.53%，总印张增长5.23%，定价总金额增长7.96%。

在音像电子出版方面，2009年全国共出版录音制品12315种，出版数量2.37亿盒（张），发行数量2.62亿盒（张），发行总金额11.90亿元。与上年相比，品种增长5.07%，出版数量下降6.79%，发行数量增长5.28%，发行总金额增长6.16%。2009年全国共出版电子出版物10708种、2.29亿张。与上年相比，品种增长10.76%，数量增长45.30%。

在进出口方面，2009年全国出版物进出口经营单位累计出口图书、报纸、期刊900344种次、885.16万册（份）、3437.72万美元，与上年相比种次下降4.95%，数量增长10.39%，金额下降1.42%。在版权贸易方面，2009年全国共引进出版物版权13793种，全国共输出出版物版权4205种。

二　2009～2010年出版业主要特征

（一）“强国战略”号角吹响，产业化政策强力推动

2010年1月，新闻出版总署署长柳斌杰在全国新闻出版工作会议上表示，我国已进入世界出版大国行列，提出力争在“2020年成为出版强国”的主攻方向，目标是到2020年，新闻出版产业总产值占当年全国GDP的5%左右，基本实现年人均消费图书6册、期刊3.2册，报纸每千人每日130份以上。强国任务的提出，吹响了我国从出版大国向出版强国进发的号角。为了实现这一愿景，新闻出版总署2010年出台一系列政策文件，紧紧围绕强国战略，进行着眼长远的战略布局。

2010年1月1日，新闻出版总署出台《关于进一步推动新闻出版产业发展的指导意见》，被称为新闻出版业2010年“一号文件”，成为总署继2009年出台《关于进一步推进新闻出版体制改革的指导意见》后，为进一步推动新闻出版产业发展而制定的又一个纲领性文件。“一号文件”的出台，再次彰显了行政主管部门力推新闻出版产业发展的决心和力度，引起了行业内外的高度关注。

《意见》提出了新闻出版产业发展的“五大目标”和“六大措施”。“五大目标”为：到“十二五”末，实现新闻出版产业增加值比2006年翻两番；形成

一批有国际竞争力的骨干企业；数字、网络、手机等出版水平世界一流；建立现代出版物市场体系和现代传播体系；扭转新闻出版产品和服务的出口逆差状况。“六大措施”将为“五大目标”保驾护航。其一，拓宽非公有资本参与渠道，鼓励和支持非公有制文化企业从事印刷、发行等有关经营活动；其二，鼓励和支持新闻出版骨干企业跨媒体、跨行业、跨地区、跨国界和跨所有制重组，3～5年内，重点培育六七家资产超过百亿、销售超过百亿的大型新闻出版企业，支持各种所有制的新闻出版企业，通过新设、收购、合作等方式，到境外建社、办厂、开店，实现新闻出版企业在境外的落地和本土化；其三，多渠道构建融资环境，充分利用发行企业债券、引进境内外战略投资、上市融资等多种渠道为企业融资，开展与国有银行及相关金融机构的战略合作，加快建立和发展中小新闻出版企业信用担保机制，允许投资人以知识产权等无形资产评估作价出资组建新闻出版企业；其四，运用高新技术，促进新闻出版产业发展方式转变和结构调整；其五，实施重大项目建设；其六，建设新闻出版产业带、产业园区和产业基地，发挥产业集群优势。主管部门的意图相当明显，出版业全体转企改制，成为独立市场主体后，大规模兼并重组联营，打造出版航母，剑指国际市场。

（二）产业基地成为集约化发展的重要助力

推动形成一批具有全国影响力、特色鲜明的文化产业集聚基地，是优化产业布局，提高产业集中度，进一步推进文化产业向规模化、集约化、专业化转变的必由之路。

2010年4月，西部首个国家级数字出版基地在重庆北部新区挂牌，该基地力争在10年内成为国内一流、西部领先的数字出版基地；8月，湖南被批准成为继上海、重庆、杭州之后第4个国家级数字出版基地，广东、安徽正在积极申请之中。有了“根据地”、政策倾斜、资金扶持，数字出版产业链得到了前所未有的推力。

根据新闻出版总署《关于促进我国音像业健康有序发展的若干意见》精神，决定在北京、上海和广东建立3个国家级音乐产业基地（园区）。5月，国家音乐创意产业基地深圳园区正式揭牌；7月，上海新汇文化娱乐集团在上海举行上海国家音乐产业基地音乐制作中心开启仪式；12月，广州国家音乐产业基地揭牌。

（三）改制上市重组全面加速，资本改写出版版图

转企改制是近年来出版业改革的主要内容。经过几年的努力，现有 580 家图书出版社中，526 家已转变成为经营性出版社，496 家已完成转企改制；18 万家印刷复制单位、30 个省级国有新华书店全面完成转制；1069 家非时政类报刊出版单位转制或登记成为企业法人，49 家党报党刊集团实现采编和经营业务分离。已组建出版集团 30 家、报业集团 39 家、期刊集团 5 家、国有发行集团 27 家。

联合重组是出版企业加快发展、出版资源进一步从分散走向集约化经营的重要手段，是打造中国出版发行业“航空母舰”的主要路径之一。2010 年以来，出版资源的整合愈加频繁，出版企业之间的联合重组动作进一步加快。2010 年 2 月，中国出版集团公司重组全国人大办公厅所属中国民主法制出版社；3 月，安徽新华发行集团与中国外文局所属新世界出版社的合作意向签约，北京师范大学出版集团跨地域重组安徽大学出版社；5 月，中央统战部所属的华文出版社加入中国出版集团；6 月，辽宁北方联合出版传媒（集团）股份有限公司成功实现重组并控股民建中央所属的民主与建设出版社，求是杂志社和浙江日报报业集团合作重组红旗出版社；7 月，安徽时代出版与黑龙江出版集团决定共同出资设立时代新华出版物连锁经营总公司；11 月，北方联合出版传媒（集团）股份有限公司分别与天津出版传媒集团有限公司、内蒙古新华发行集团股份有限公司签署股权合作协议。12 月 18 日，由人民教育出版社、高等教育出版社、语文出版社、中国教学仪器设备总公司、中国教育图书进出口总公司五家单位整合而成的中国教育出版传媒集团有限公司“横空出世”，囊括中国教育出版历史最悠久的金字招牌。出版企业之间联合重组，使产业集中度将逐年提升，出版资源越来越多地向少数优质企业聚集。

在文化产业振兴的大背景下，出版行业资本运作风起云涌。出版大鳄冲刺上市，已登陆资本市场的出版巨头外延式扩张的意愿强烈。在此过程中，九部门在 2010 年 4 月联合下发新中国第一个金融全面支持文化产业的文件——《关于金融支持文化产业振兴和发展繁荣的指导意见》，推动资本加快改写中国出版产业版图，使优势出版资源的争夺日趋激烈。

2010 年 1 月 18 日，皖新传媒挂牌上市完成 IPO 新股发行，募集资金人民币 12.98 亿元。6 月 22 日，四川新华文轩连锁股份有限公司发布公告，以总价人民币12.55亿元重组四川出版集团出版业务，获得其旗下15家全资子公司全部股权。重组完成后，新华文轩以较低成本大规模介入了上游出版业务领域，实现了出版发行一体化经营格局。10月28日，“中南传媒”成功登陆A股主板市场，一跃成为出版传媒板块的新龙头。中南传媒拥有从印刷、出版到发行以及报纸、网络、互动框架媒体等新媒体的相当完整的产业链，其多介质、全流程的独特业态有助于放大其影响力。到目前为止，新闻出版系统已经有40余家上市企业，总市值达3000多亿元。除此之外，长江出版传媒集团、江西省出版集团的上市工作也在持续进行中。

（四）数字出版产业新格局曙光初现

2010年各出版单位积极向数字出版领域开拓，取得了突破性成果，数字出版产业规模不断壮大，2010年总产值有望超过1000亿元。这对推动我国传统出版业向数字化转型具有极强的示范作用和重要意义。

2010年，电子书市场风起云涌，传统出版商、技术商及运营商竞逐电子书市场。2010年中国电子阅读器销量累计达到100万台。国内最大的电子阅读器终端制造商汉王科技也宣布，汉王电子书的累计总销量已超过100万台。3月30日，世纪出版集团发布首款由传统出版企业自主研发和设计的电子阅读器——辞海悦读器；4月24日，在成都第20届全国图书交易博览会上，中国出版集团公司推出其自主品牌移动阅读器大佳阅读器；同期，重庆出版集团与汉王合作推出“读点经典”阅读器；5月，《读者》电子书首度正式亮相深圳文博会。此外，凤凰出版传媒集团联手元太科技推出“凤凰电子书包”，上海新华传媒的“亦墨电子阅读器”打出“世博牌”。此外，3月，国内最大的网络原创文学平台盛大文学高调推出“一人一书”计划，发布电子书战略，10月，盛大电子书Bambook正式上市；5月，拥有5.6亿用户的中国移动正式推出手机阅读业务，包括403款手机和8款电子阅读器，强势介入电子阅读市场。据称，2010年已有接近400家公司进入电子阅读器行业。

并且，2010年10月9日，新闻出版总署发布了《新闻出版总署关于发展电子书产业的意见》，对于发展电子书产业的意义、原则、重点任务、保证措施等作了详细解释。这一政策出台，引起传统出版业和电子书行业内的极大反响。

在2010年，在电子阅读器方面影响和冲击最大的莫过于美国苹果公司iPad

的推出。在4月iPad推出以后，短短数月，销售量即超过1400万台，远远超过电子书阅读器的销售速度，并由此催生出一套数字出版新的产品形态和商业模式，形成数字阅读新潮流。目前，在阅读终端方面，电子书与iPad类产品的竞争十分激烈，在这个多元化的阅读器市场中谁将胜出，还是个未知数。

（五）民营书业企业，定位新兴文化生产力

非公有出版工作室具有创新能力强、适应市场快等优势，引导和规范非公有资本有序进入新闻出版产业，是进一步深化改革的要求，也是进一步发展产业的需要。2010年1月，新闻出版总署发布《关于进一步推动新闻出版产业发展的指导意见》，肯定非公有出版工作室是一种新兴文化生产力；鼓励和支持它们以多种形式进入政策许可领域；将它们作为新闻出版产业的重要组成部分，纳入行业规划和管理，引导和规范其经营行为；为非公有出版工作室在图书策划、组稿、编辑等方面提供服务；鼓励国有出版企业在确保导向正确和国有资本主导地位的前提下，与非公有出版工作室进行资本、项目等多种方式的合作；鼓励和支持非公有文化机构积极开拓海外新闻出版市场。在政策、市场、产业发展几方带动下，2010年民营书业发展耀眼，上市、融资，重组，风起云涌。

2010年是中国民营书业企业公开上市的“元年”。3月3日，以生产电纸书阅读器为主要卖点的汉王科技在深交所中小板公开上市，募集资金11.3亿元。12月8日，当当网登陆美国纽约证交所，共发行1700万股，募集资金约2.72亿美元，根据当日收盘价，公司市值达19.08亿美元。12月15日，湖南天舟科教文化股份有限公司在深圳证券交易所正式挂牌上市，成为中国民营出版传媒行业第一股。

民营书业发展面临的历史性机遇，也使风险投资商们闻腥而来，并形成一股投资民营书业的热潮，而且手笔也越来越大。2010年8月，鼎晖投资注资磨铁图书，与第一轮的风险投资商共同注资1亿多元人民币，成为风险投资砸向中国民营出版业的一笔巨额投资。2010年9月28日，雄牛资本、复聚卿云联合注资世纪金榜书业有限公司，首期投资达1亿元，总承诺注资数亿元，并将推动世纪金榜公开上市。

11月1日，国内大型网上商城之一京东商城“图书频道”正式上线，图书业务成为京东商城主流产品线之一。京东进入图书业，将导致网络书店格局的重新洗牌，形成与当当、卓越网络书店三国演义的局面。

三　存在的问题与思考

（一）价格竞争愈演愈烈，产业生态令人担忧

2010 年 1 月 8 日，中国出版工作者协会、中国书刊发行业协会和中国新华书店协会联合发布了酝酿两年之久的《图书公平交易规则》。其中，“出版一年内的新书（以版权页出版时间为准），进入零售市场时不得打折”以及“新书网售和会员制销售不得低于 8.5 折”两条，激起舆论哗然。图书“限折令”惹来口诛笔伐，主持制定《图书公平交易规则》的三大出版行业协会也成为众矢之的，被律师和消协一纸诉状告至发改委，称涉嫌违反《反垄断法》。9 月 1 日，三大出版行业协会重新发布《图书交易规则》，原规则中“新书一年内不得打折”等规定在国家发改委反垄断部门的干预下被废止。

“限折令”的夭折，使制止行业价格恶性竞争的努力再一次受挫，价格竞争的火把被一再点燃。京东商城进入图书领域以后，很快就对卓越亚马逊和当当发起了价格战。他们提出，自 2010 年 12 月 14 日起，每本书都要比竞争对手便宜 20%。同样，卓越亚马逊也加入了价格战团，卓越亚马逊宣布将对数十万种畅销书在全网络最低价的基础上再降 20%，并保持全场免运费。

出版行业已经深受网络书店恶性价格战之害。网店通过快速打折，形成规模经济后，它向上游出版商压价，在压价过程中形成恶性循环，上游的利润变低，失去再生产的能力。同时，大多数网店不仅仅拥有图书业务，他们更多把标准化的图书作为吸引流量的手段，通过其他赢利空间大的产品的销售，实现赢利。然而，一旦价格体系使行业难以生存的时候，整个行业的混乱甚至崩溃也就是可预见的事情。日本和我国台湾地区书业的困局一再警示了这一点。

受价格战影响最直接的是独立书店。2010 年 7 月 31 日，经营 16 年之久的广州第一家香港三联书店倒闭，实体书店批量死亡现象再次映入公众眼帘。此前的 1 月 20 日，已经迁址的第三极书局因持续亏损，关门停业；年初，重庆经典概念书城关门；更早一些，明君书店、思考乐书局这些曾在京沪名噪一时的连锁书局，纷纷因欠款、欠薪相继关门。书业微薄的利润空间、高涨的地租、网店的低折扣恶性价格战，是压倒实体书店的“三座大山”。一般来说，出版社给批发商

的进货折扣为6.2 折左右，零售书店进价为 7 折左右，而网店凭借庞大的进货量，图书销售折扣有些已经打到了 6 折，这也是让诸多有特色的小书店关门退市、无以为继的原因之一。

作为文化窗口的书店，能给城市带来文化风景，以及对文化价值的坚守。一些有特色的人文书店，已经成为了城市的文化地标。城中无书店将是文化的灾难、读书人的苦痛、普通大众远离图书的祸首。有出版人断言，渠道的衰落将整垮传统书业。因此，如何在推进出版业市场化的进程中，又能保护和促进市场健康、合理地发展，是出版行业必须面对的一个全新课题，对此，全行业需要高度重视和理性对待。

（二）电子书困局与百度文库事件再度敲响版权保护警钟

2010 年，在电子书大发展中存在的一个重要困扰是版权问题。一些终端厂商奉行“拿来主义”，大肆下载网络免费资源，或肆意侵权盗版，长此以往，将危害电子书产业本身。同时，掌握了优势内容资源的传统出版商，出于对这个定价权尚未掌握在自己手中的新兴市场的警惕，不会将最新的、优势的内容资源出售给技术商们。由此可见，关键的问题在于，电子书产业尚未建立清晰的营利模式和分账模式。现在看来，国内电子书的定价权，基本在运营商手中，传统出版商没有话语权。传统出版商每年从电子书中获得的赢利几乎可以忽略不计。没有基本的利益保证，没有向作者保证基本的收入，产业链条里面没有合理的分配体系，掌握版权的传统出版机构就不愿意拿出版权，整个产业就很难取得良性的发展。

10 月 9 日，新闻出版总署出台了电子书产业发展意见，建立电子书行业准入制度，搭建国家级电子书内容资源投送平台，研究制定电子书格式、质量、平台、版权等方面的行业及国家标准，助力电子书产业发展。

2009 年 11 月 12 日，百度知道文档分享平台测试版上线，此为百度文库的前身。与中国视频网站的前期运营模式类似，百度文库向用户提供了一个平台，鼓励上传各类文字内容，供其他用户免费阅读；上传者与阅读者间可使用虚拟积分偿付，百度通过广告赢利。目前的百度文库已经建成教育、外语、考试、专业文献、生活娱乐等近十个分类，其中，教育类相关文档资源超过 800 万份，有关文学的文档约有 80 万份。

百度这种以用户上传而不对内容进行监管的操作方式，不可避免地会带来版权纠纷。2010 年 1 月，文著协与盛大文学召开联合发布会，指责百度及百度文库侵权。同时，盛大文学宣布，就旗下五部网络小说，向百度进行维权诉讼。12 月 9 日，文著协、盛大文学与磨铁图书公司共同发布了《针对百度文库侵权盗版的联合声明》。文著协还向国家版权总局、北京版权局，对百度文库进行行政投诉。就此，百度辩称，百度文库是供网友在线分享文档的开放平台，所有的文稿、档案等资料均来自网友上传；百度本身并不上传侵权的书籍和作品，因此百度并没有侵害作家和出版机构的权益。百度的解释其实就是互联网行业所谓的“避风港原则”，即当网络平台提供者不制作内容时，如果被诉侵权，有删除义务；如果侵权内容未在其服务器上储存又没有被告知哪些内容应该被删除，则被告不承担侵权责任。盛大方面强调的是“红旗原则”，即当侵权行为明显到如同鲜艳的红旗一样，连普通人也一眼能够看出时，网络服务商就不能再视而不见，应该主动负起监测、删除、排除的义务，以对抗避风港原则的滥用。文著协方面也认定百度属于百分之百侵权。

受网络下载摧残而倾覆的唱片业，会不会成为出版业的明天？主管部门的管理态度将是整个行业生态的关键。可以借鉴的管理案例是，2009 年底，广电总局对网络视频市场进行空前整肃，强调所有在网上提供视频服务的公司，都必须取得信息网络传播视听节目许可证，否则工信部会因此删除备案号，直接关站。其间，数千家传播盗版视频的小网站被关闭，正版内容商的运营价值得到了体现。版权问题已经成为数字出版业发展中的关键因素，对此如何有效、科学处理，既考验产业生态，又有赖于主管部门的积极主动适当的前瞻性制度安排、设计和有力执行。

B.12

2010年中国电影产业备忘

尹鸿　程文*

中国电影市场以近10年的高速增长传递了产业信心，新一轮影院建设出现高潮，国产电影整体商业品质不断提升，3D电影、IMAX等特种影片形成市场冲击，大众文化娱乐消费需求更加强烈，“供求两旺”创造了2010年中国电影产业的爆发式增长，中国电影票房跨入百亿时代。在从粗放发展向内涵发展转变的道路上，电影产业迈进了21世纪的新10年。

一　数字解读：电影产业爆发式增长

（一）电影产量连续9年稳定增长，电影品种更趋丰富

2010年全国故事影片生产总量526部，创历史新高，增长幅度达28.5%，产量已接近美国电影，居全球前三。此外，本年度还生产动画片16部、纪录片16部、科教片54部、特种影片9部，电影频道出品数字电影100部。电影品种更加丰富，为电影市场增加了更多选择。

图1　2001～2010年中国内地故事片产量（部）

* 尹鸿，清华大学新闻与传播学院教授；程文，清华大学新闻与传播学院博士后。

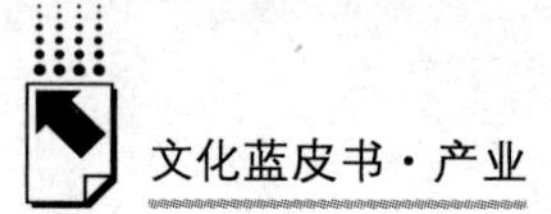

（二）银幕数量大幅增加，电影市场扩容明显

2010 年全国新增影院 313 家，新增银幕数 1533 块，平均每天新增 4. 2 块银幕，银幕年增长率达 32. 5%，为近 8 年来最高。全国城市影院银幕总数达 6256 块，其中，3D 数字银幕数 1100 块。影院和银幕的大幅度增加，为本年度电影市场增长提供了可能性。

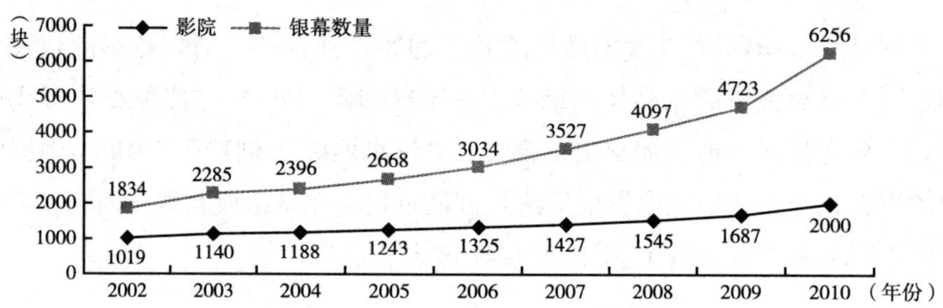

图 2　2002～2010 年中国内地银幕数量与增长趋势

（三）票房出现井喷奇迹，中国市场跨入百亿时代

中国电影票房年收入突破 100 亿元人民币，增幅达 64%，创造了全球市场奇迹，票房总量超过英国，相当于世界最大电影市场——北美票房的 1/7，已进入世界电影市场前 10 位。票房、海外收入、电影频道广告收入等各项综合收入接近 160 亿，增幅 48%，电影产业规模明显扩大。

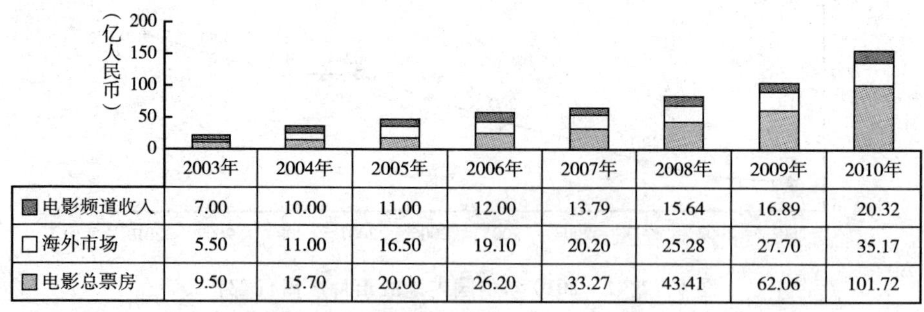

	2003年	2004年	2005年	2006年	2007年	2008年	2009年	2010年
电影频道收入	7.00	10.00	11.00	12.00	13.79	15.64	16.89	20.32
海外市场	5.50	11.00	16.50	19.10	20.20	25.28	27.70	35.17
电影总票房	9.50	15.70	20.00	26.20	33.27	43.41	62.06	101.72

图 3　2003～2010 年中国电影市场主要收入

（四）全年影院观众接近 3 亿人次，电影消费需求持续上升

2010 年电影市场火爆，电影观众规模和观影频次都有较大幅度提高，影院观众约 2.9 亿人次,① 增幅 43%，平均每人每 5 年进影院观看一次电影。

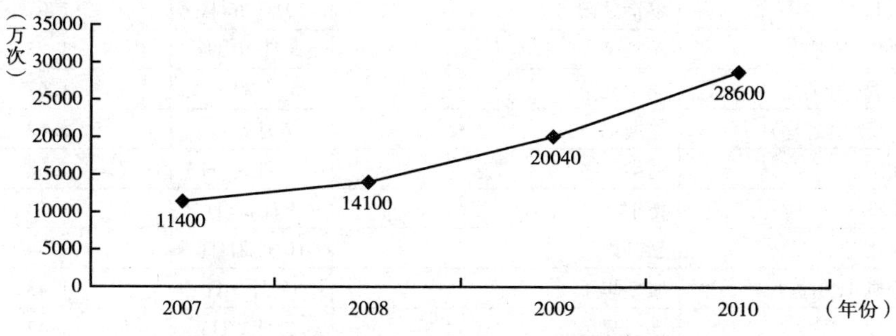

图 4　2007 ~ 2010 年中国内地电影观众人次

（五）全年票房过亿影片达 27 部，国产电影票房份额继续维持优势

2010 年，面对好莱坞 3D 大片《阿凡达》超过 10 亿的单片票房冲击，在分账发行进口影片总量受限的情况下，国产影片票房总计达 573352 万元，约占总票房份额的 56%，进口影片票房收入 443815 万元。全年过亿票房影片达 27 部，其中国产影片在 2009 年 11 部的基础上增加到 17 部之多。中外过亿影片票房占全年总票房 66%，成为票房收入中坚。

表 1　2010 年中国内地票房过亿影片总览

影　片	出 品 机 构	上映日期	总票房(亿元人民币)
阿凡达(引进片)	20 世纪福克斯	4 月 25 日	13.5
唐山大地震	华谊兄弟	9 月 16 日	6.6
盗梦空间(引进片)	华纳兄弟	11 月 4 日	4.57
让子弹飞	英皇电影、峨眉电影集团	12 月 26 日	3.82
狄仁杰	华谊兄弟	11 月 11 日	2.95
爱丽丝梦游仙境(引进片)	迪斯尼	5 月 2 日	2.24
哈利波特 7(引进片)	华纳兄弟	12 月 9 日	2.21

① 按照近几年票房与人次的应对规律，按平均票价 35 元折算全年观众人次。

续表

影　　片	出　品　机　构	上映日期	总票房(亿元人民币)
叶问2	东方电影	6月10日	2.19
敢死队(引进片)	Millenium Films	9月30日	2.15
非诚勿扰2	华谊兄弟	12月26日	2.10
赵氏孤儿	盛世骄阳	12月26日	1.91
钢铁侠2(引进片)	派拉蒙	6月10日	1.73
诸神之战(引进片)	华纳兄弟	5月20日	1.67
波斯王子(引进片)	迪斯尼	7月8日	1.62
大笑江湖	博纳	12月26日	1.58
大兵小将	博纳	3月22日	1.54
山楂树之恋	新画面	10月21日	1.44
生化危机4(引进片)	康斯坦丁	12月9日	1.43
锦衣卫	邵氏兄弟	3月1日	1.42
精武风云	光线、寰亚	10月21日	1.37
全城热恋	福克斯国际、星空电视、华谊兄弟	3月15日	1.28
喜羊羊与灰太郎2	上海东方传媒、广州原创动力、北京悠扬文化	2月22日	1.25
枪王之王	保利博纳、英皇	8月5日	1.26
杜拉拉升职记	中影集团、DMG	5月20日	1.24
越光宝盒	珠江、小马奔腾、博纳	3月29日	1.19
玩具总动员3(引进片)	迪斯尼	8月12日	1.11
孔子	中影集团、大地时代	2月1日	1.03
票房合计			66.4

2010年，在电影生产数量、银幕数量、票房总量、综合收入总量、观众人次、国产电影市场份额等各项主要指标上，中国电影都形势大好，显示出蓬勃发展势头。

二　产业格局：核心企业逐渐成形

由于最大限度的准入开放政策，降低了电影产业的进入门槛，近年来中国的电影企业和电影产量都高速增长。但由于银幕数量和影院市场的规模限制，中国影院市场实际容纳量应在200部左右，目前每年至少2/3的影片难以进入影院流通。为了提高竞争能力，增加影片效益，延伸产业链，2010年，国有电影企业继续改企转制重组，民营电影企业则致力于资本运作，进一步推进了资源整合与产业链的完善，促使电影生产、发行和播映各个环节的市场集中度有所提升，产业格局逐渐明晰。

（一）资本进入电影产业，电影产业进入资本市场

由于电影业的蓬勃发展，大量社会资金进入电影领域。这些投资主要集中于电影制作、院线发行以及影院建设三个主要环节，其中电影商业地产的升温更是火爆。电影的影响力价值引入更多的社会资本进入电影行业。目前全国排在前 50 名的影院中，有 49 家坐落于商业地产项目中。业内人士认为，影院有“1∶15”的带动作用，即电影院收入 1 元可带动商圈收入 15 元。以万达为代表的商业地产商，集影院、购物、娱乐、休闲、餐饮于一身的一站式商业综合体，逐渐形成共赢关系，被称为“万达”模式。2010 年，保利影业投资有限公司签下北京东直门商圈的大型购物中心——国盛时尚，华谊兄弟签约北辰长沙项目，都试图复制这一成功的模式。总体来看，一线城市影院投资市场竞争激烈、风险增加，商业地产项目前期投资成本过高且回报周期长，但二线城市回报率则显示优势。

与此同时，电影企业进入资本市场则被视为电影产业做大做强的必经之路。以影视内容制作为主业的橙天嘉禾和华谊兄弟分别在 2009 年的 7 月和 10 月在香港、深圳上市，开启我国影视行业的资本化进程。2010 年多家影视企业或者对上市蠢蠢欲动，或者通过各种股权交易的方式募集资金，风险投资也仍然青睐电影产业。

2010 年底，民营发行企业博纳国际影业集团通过 IPO（首次公开募股）方式在美国纳斯达克交易所上市，① 成为第一家在美国上市的中国影视企业。按照政策规定已经剥离了电影频道等媒体机构的中国电影股份（中影股份）也于同期成立，注册资金 14 亿元，② 正积极筹划上市融资，完成现代企业制度改造，

① 博纳影业股票代码为“Bona”，募集资金达 9950 万美元；开盘价为 8.50 美元，与发行价持平，开盘之后股价有起伏。

② 中国电影股份有限公司由中影集团联合中国联通、长春电影集团、江苏广电集团、湖南电广、国际电视、央广传媒、歌华有线等 7 家战略投资者成立，其中中影集团占股 93%，其他 7 家公司各占 1% 股权。按计划，中影股份将于 2011 年年内完成在深交所上市，成为国内首家上市的国有控股影视企业。

破解国有企业原有体制的束缚。成立于2005年的华策影视也正式在创业板挂牌上市，成为A股第二家影视制作业上市公司。[①] 在各级政府支持下，银行等金融机构也继续加大对电影企业的信贷支持。北京银行先后为华谊兄弟、光线传媒、保利博纳等娱乐公司提供贷款。

中国电影行业目前进入了“不差钱”阶段。尽管中国电影企业受到体制、政策等方面的限制，进入资本市场之后主要集中于影视制作和发行领域，不同体制、不同媒介、不同行业、不同区域的战略性整合重组仍然比较少，但资本市场对企业的优化作用和市场的淘汰作用将逐渐发挥出来。

（二）整合电影全产业链，形成综合性大企业

竞争有序的电影产业通常由若干家大型的综合全产业链企业所主导，由众多有特色的专业化独立电影公司作为补充。近年来，随着产业发展的需要，为了获得更大的定价权，一些有实力的电影企业纷纷向集中化、规模化、综合性和全产业链方向发展。完整产业链的延伸整合包括影视制片、制作、发行、营销、放映、影视服务等所有传统电影产业内容，同时还涉及演艺经纪、电视剧制作、新媒体电影、电影旅游项目以及电影衍生品的开发和市场培育。

中影集团、华谊兄弟、万达集团等都分别在产业的上、中、下游进行拓展。华谊兄弟将电影、电视和艺人经纪三大业务板块有效整合，就电影业务组建了从编剧、导演、制作到市场推广、院线发行的完整生产体系，同时还计划两年内建设6家影院、五年内累计建设约15家影院，其已在重庆开业的首家影院对致力于打造全产业链的华谊兄弟具有标志性意义。[②] 可以说，华谊电影业务已逐步完成从内容制作到终端渠道的整合。万达集团不仅继续扩张其电影院线的规模，并且开始进入电影拍摄、后期制作领域，试图打造全产业链电影企业。

① “电视剧第一股”华策影视，曾投拍《杨门虎将》、《地下铁》等电视剧，发行《地下铁》、《鹿鼎记》、《少年大钦差》等电视剧。目前已经形成年产约300集电视剧的生产规模，华策影视未来两年（2010~2011年）计划制作20部778集电视剧、外购250集电视剧、投拍6部电影。

② 2010年6月24日，首家华谊兄弟影院（HBC）在重庆开业。这是全国首家全3D厅和首家拥有多媒体互动厅的现代化影院，放映设备和管理系统均属国际先进。影院位于重庆南坪西路38号百联上海城购物广场5楼，经营面积5千余平方米，共设置8个厅，含1个超豪华导演厅，座位数量达1500个。

打通产业链条，对于提高电影生产的市场适应能力，降低投资风险所具有的意义已经逐渐显现。年内有些小成本电影，如《举起手来 2》仅在 7 条院线发行，票房也过千万；南方新干线、中影星美放映《功夫咏春》票房占全国 40%以上；在银幕资源紧张的 11 月，中影星美发行《康定情歌》票房近千万，其中星美院线独占 43%份额；广东三条本土院线放映港产喜剧《完美嫁衣》所占全国份额超过 58%。客观上，在市场供求关系的总体调节下，不同细分市场的产业链运作能够在该市场中充分实现收益。

当然，产业链整合不仅在于电影制作、发行和放映环节的整合，也在于与新媒体、游戏业、电视、演艺业、旅游业、房地产、商业等跨媒介、跨行业的融合，在产业链迅速整合以及规模商圈不断建立的大趋势下，电影产业的目标已经不仅是“票房”而是业态资源的互动，大电影综合效益的目标应该至少是票房收入的 3 倍。

（三）广播电视行业与电影牵手联姻

电影行业近年来发展的强劲态势及其影响力越来越受到重视，广电与电影从过去的“隔行如隔山”、“老死不相往来”，开始了积极协作、联合、互动。电影为广电提供优质内容和社会影响，广电为电影提供资金和渠道。正在以“制播分离”的名义进行资产剥离、进行“一台两制”改革的广电集团开始深度介入电影行业。

湖南、江苏、浙江广电集团积极介入电影生产，成效显著，分别参与投资了贺岁档三部国产大片《赵氏孤儿》、《让子弹飞》和《非诚勿扰 2》。① 上海 SMG 成立了影视和动画的投资发行机构，主导了动画片“喜羊羊与灰太狼”系列影片的生产和发行，创造了良好的市场效益和社会效益，既为电视提供了新的内容还创造了众多延伸产品。湖南电广传媒参与《赵氏孤儿》、《密室之不可告人》等影片的制作，同时也介入二三线影院建设。珠江广电集团则将电影机构与广播电视机构进行重组，以发挥多媒介的整合功能。2010 年票房排行前十位的国产影片，有一半作品都有广电合作机构。

---

① 湖南广电旗下电广传媒（北京）影业（《赵氏孤儿》）、江苏广电旗下幸福蓝海影业公司（《让子弹飞》）、浙江广电组建的浙江影视（集团）有限公司（《非诚勿扰 2》）。

随着广电行业的改革，广播电影电视的深度合作很快将成为现实。以广电媒体为背景，包括电影、音像、新媒体、游戏、演艺等在内的综合性企业很可能将在近期出现。

电影产业的格局在资本推动下，目前正在向全产业链整合、跨媒介跨行业协同合作、核心企业逐渐成形的方向发展。尽管受到体制和政策的诸多制约，但是这种规模扩张和市场重组的趋势，必将带来行业更加走向规模化和有序性。电影“雷声大雨点小”① 的经济特征注定，电影业不仅将继续提升票房价值，而且其影响力价值将得到更大的重视。

三　电影生产：品种更加丰富　质量整体提升

2010 年电影生产状况依然活跃。企业上市、政府支持、广电业介入、行业外青睐、电影制作门槛偏低，导致进入电影制作领域的资金踊跃。各种商业投资、社会赞助、政府赞助、广告投入、闲散资金等纷纷进入电影制作业，2010 年影片立项达 1800 部，完成审查的影片从前一年的 456 部激增到 2010 年的 526 部，进入城市主流院线放映的国产影片 260 多部，平均每个月有 20 部以上新片上映。电影产量已经远远超出影院现有的放映能力。

（一）优质企业产品优势更趋明显

2010 年的 526 部影片，参与生产和投资的机构超过 1000 家，多方合作已成为趋势。但大多数电影生产的参与企业都是非专业性企业，缺乏生产优质产品的能力，更缺乏可持续生产能力，大量影片难以进入影院市场。每年大约五分之三的影片不能进入影院放映市场。

真正能够进入主流影院发行并取得良好市场反映的影片，其生产企业则主要集中在内地的华谊兄弟、博纳系、中影集团以及光线影业、小马奔腾和香港的英皇、寰亚、骄阳、东方、邵氏等 10 余家影视企业。其中华谊兄弟表现最为突出，全年票房过亿的国产影片中占有 4 部，博纳系的表现也比较抢眼。中国电影制作机构的分化现象比较突出，大公司已粗具规模。

① “雷声大”指电影的影响力大，“雨点小”指电影的直接经济价值有限。

而新画面的张艺谋品牌、上海 SMG 的动画品牌、香港几家公司的武打、警匪、动作片品牌也逐渐形成。实际上，其他多数制片公司的影片已经很难在影院市场上获得较强竞争力，最多只能在中小制作领域谋得一定的生存空间，更有大量影片基本无法进入市场流通。

（二）大制作影片形态多样，类型产品逐渐丰富

全年 17 部国产影片票房过亿，票房过千万元的国产片达 59 部，国产电影的整体市场竞争力得到提升。

票房冠军《唐山大地震》用灾难包装复活了中国电影的家庭伦理悲情传统；《让子弹飞》嫁接了黑色、悬疑、暴力、讽喻，甚至是神经喜剧中的部分元素，融汇为一部中国式商业大片。中国大制作电影从前一阶段商业元素的简单堆积进入了一个追求艺术完整性与市场吸引力相结合的新阶段。

2010 年国产片的类型化生产也有所突破。全年上映的 200 多部国产电影中，喜剧类型片大约占 30 部，动作和爱情片大约占 40 部。由香港企业主导的古装武侠片、动作片、功夫片依然是生产热门，如《狄仁杰之通天帝国》、《剑雨》、《锦衣卫》、《精武风云》、《叶问 2：宗师传奇》等都有良好的市场表现；混杂风格的喜剧和浪漫爱情剧如《大笑江湖》、《大兵小将》、《龙凤店》、《刀见笑》、《决战刹马镇》等也受到制片方的青睐；《杜拉拉升职记》、《爱出色》等时尚都市片也广受欢迎；此外，谍战、恐怖、警匪、枪战、歌舞、人物传记等都有着不错的实践。《西风烈》将警匪、枪战、动作以及公路片的一些元素熔于一炉，《孔子》则是中国近年来不多见的历史人物传记影片；《人在囧途》、《海洋天堂》、《80’后》、《决战刹马镇》等中小成本影片也都各有特色，市场反应不俗。

从进入影院市场的影片来看，大、中、小影片结构渐趋合理，类型品种也更加多样。但在全球市场上广受重视的科幻、战争、灾难等大型类型片和动画影片的相对薄弱，证明中国电影工业体系和专业化水平还有待提高。

（三）合拍片凸显市场竞争优势

资源互补、风险分担、利益共享的合拍模式，已成为世界电影制片业大趋势。2010 年，内地与港台合拍、中外合拍影片质量较高，年度票房前 20 名的国产影片中，内地和香港合拍片 11 部，中外合拍片 2 部（《锦衣卫》为中国和新

加坡合拍，《杜拉拉升职记》为中美合拍），全部票房过亿。所有合拍片创造的票房占全年国产电影票房65%的份额。2010年中国电影的海外票房收入则大部分来自中美合拍片《功夫梦》。

在这些影片中，香港导演、明星以及技术人员的专业水平和制片规范对国产影片的生产助益良多。《叶问2：宗师传奇》、《狄仁杰之通天帝国》、《枪王之王》、《大兵小将》、《全城热恋》等影片对传统类型元素的继承和创新也为市场带来了新惊喜。内地与台湾电影界的合作开始提速，如票房过亿的《大笑江湖》由台湾朱延平导演。

中外合拍片的范围也有所扩展，除传统的中美合作以外，中韩、中澳、中新、中印等亚太地区的电影合作明显增加。这不仅有利于提高中国电影的国内市场竞争力，而且对于开辟不同海外、境外市场具有一定意义。

（四）电影创作格局依旧，新生代导演逐渐成长

2010年，内地三大导演冯小刚、张艺谋、陈凯歌都有新作推出，所导演的四部影片票房均超2亿。冯小刚在创造了内地单片票房超过6亿的最高纪录之后，还创造了一个导演两部影片票房总和超10亿的惊人成绩。张艺谋、陈凯歌的影片票房和口碑则反应平平，其市场吸引力有下降趋势。

曾创造过单片亿元票房纪录的宁浩、陆川本年度未有新作入市，而高群书的《西风烈》也未达到预期效果。本年度内地新晋亿元票房俱乐部的导演多达四位，分别为姜文、丁晟、徐静蕾、胡玫。姜文的《让子弹飞》也超过6亿票房，已进入超一流导演行列。在进入影院市场的中小成本电影生产中，除王小帅、贾樟柯之外，李蔚然（《决战刹马镇》）、歌手王力宏（《恋爱通告》）、柳云龙（《东风·雨》）和郭德纲（《三笑之才子佳人》）以及一批女性导演群体的崛起（蒋雯丽导演《我们天上见》、薛海璐导演《海洋天堂》、岸西导演《月满轩尼诗》、罗卓瑶导演《如梦》）等，为国产电影生产带来新活力。

港台导演的市场竞争力仍然突出。徐克、尔冬升、罗启锐、叶伟明、刘镇伟、叶伟信、王晶、黄百鸣等不仅继续在他们习惯的类型上大显身手，而且一些影片在艺术品质和商业元素的结合方面更加成熟，《人在囧途》、《岁月神偷》等影片都显示了香港电影的新突破。17部过亿票房的国产影片中，香港导演影片占9部。香港制造仍然是中国电影市场的生力军。

（五）国产 3D 紧急起步，动画电影“喜羊羊”独秀

2010 年，3D 电影《阿凡达》带动 3D 技术成为世界电影潮流。好莱坞的《爱丽丝梦游仙境》、《驯龙记》、《天降美食》、《怪物史莱克 4》、《玩具总动员 3》、《生化危机 4》等其他进口 3D 电影也蜂拥而入。国产《乐火男孩》、《齐天大圣前传》、《麋鹿王》、《魔侠传之唐吉诃德》等四部 3D 之作也试水国内市场。由于创意不够成熟，制作水平一般，这些影片的市场接受度较低。表现最好的《魔侠传之唐吉诃德》票房纪录为 4000 万元，与期待的“2 亿票房”也相去甚远。国产 3D 电影面临的创意、投资和技术门槛需要更多的国际合作和生产积累才能真正跨越。

中国动画电影市场，2006 年仅有 1.7 亿元的总票房，2010 年一举超过 18 亿元。但进口动画片占据了 90% 以上的份额。国产动画片整体创意水平、制作水平和营销水平都不高。2010 年国产动画电影最终完成 16 部，数量比前一年还减少了 11 部，其中进入影院上映 8 部，总票房接近 1.7 亿元，与前一年国产动画电影票房基本持平。其中，《喜羊羊与灰太狼》单部动画片占国产动画电影总票房的 80%。国产动画片的整体市场竞争力仍然不足。

（六）社会赞助、植入广告增加，前期消化电影成本

每年大量影片不能进入影片市场，超过 80% 的影片仅靠票房收入难以收回影片成本，但电影产量仍然每年上升，在很大程度上是因为大量影片并非用商业资金拍摄，影片投资也并非必须由票房收入回收。来自票房回报需求不强烈的政府、企业、个人的各种赞助、资助，各种社会闲散资金的注入等，都使许多影片并不需要或者不完全需要票房回报。这些影片主要是通过不同程度、不同范围的影响力给出资方以荣誉回报，或者主要就是出资方的一种玩票试水的生产。这是中国电影效益不高、产量却不低的主要原因。实际上，这些资金本身已经不是投资，而是电影产业的收入。

2010 年许多进入影院放映的商业影片，也通过争取政府、企业赞助和植入广告，抵消了生产成本，降低了市场风险。《唐山大地震》在获得了唐山市政府资助的同时，还植入了多种广告。《非诚勿扰 2》、《杜拉拉升职记》等影片植入广告过度突出，甚至受到电影消费者严厉批评。各种非商业投资的资金进入电

影，是电影制片降低风险、提升效益的重要途径。如何规避这些资金对电影艺术的完整性和产品品质的影响，仍然需要制片方的平衡，也需要行业管理机构的监管。

2010年国产电影产量激增，而影院市场放映的国产影片大约占国产影片总产量不到五分之二。国产片品种和类型日渐丰富，国产3D和动画电影正在起步。内地和香港的10来家电影公司已成为影院市场的主导力量。香港导演仍然是国产商业电影的中坚力量。两岸三地电影新人逐渐显示出市场影响力和竞争力。在大量影片从影院市场之外获得生存空间的同时，进入影院放映的国产电影整体质量明显提升。

四　电影市场：影院建设出现高潮　电影市场空前繁荣

连续几年电影市场的持续增长，数字化影院和银幕的方便性，商业消费环境的活跃，刺激了2010年影院建设的爆发式增长。电影消费市场开始从中心城市向二三线城市扩展。随着视频网站、移动视频等新媒体终端的发展，“后影院市场”面临新的机遇。

（一）全国票房收入突破百亿，票房近亿和过亿影片多达60部

在北美电影市场基本持平，观众规模略有下降的全球背景下，中国电影市场仍然出现奇迹般的高增长。2010年全国电影票房突破百亿。全年过亿票房影片达27部，超过4亿的影片5部，还有30部国产电影票房接近亿元。《唐山大地震》以6.73亿元、《阿凡达》以13.2亿元的新纪录分列年度国产电影和进口影片票房冠军。票房过亿影片占全国总票房65%。具有市场影响力和竞争力的影片明显增多。

3D电影获得市场青睐，带来动画片市场扩张迅速。2010年上半年票房前十位的进口影片中5部为动画片，动画电影票房从2006年的7%上升到本年度的17%。《喜羊羊与灰太狼之虎虎生威》成为唯一一部票房过亿的国产动画片。《铠甲勇士之帝皇侠》、《虹猫蓝兔火凤凰》、《超蛙战士之初露锋芒》、《梦回金沙城》等国产动画电影票房表现一般。国产片动画市场的培育尚未完成。

（二）新增银幕迅速，中小城市进入主流影院市场

2010 年全国城市影院银幕总数突破 6200 块，位居全球第四。一直以一线城市为主的影视市场向外部扩展，中西部地区和中小城市新增影厅数占到全国新增影厅数 40% 以上。银幕数量激增为全年票房收入快速增长创造了条件，也为近 30 部影片票房过亿提供了可能。

内地 3D 数字银幕数已发展到约 1100 块。2007 年引进好莱坞 3D 电影《地心历险记》时全国仅有 82 块 3D 银幕。《阿凡达》的上映使中国成为全球 3D 数字银幕增长最快的国家，内地 3D 银幕数占全亚洲 1500 块的近三分之二，不仅成为亚洲 3D 银幕大国，而且居世界第二，仅次于美国。

影院建设成为电影行业热点。中影集团宣布了全国社区影院计划；上影、SMG 等先后进入影院建设；华谊兄弟、博纳国际、光线传媒、完美时空、小马奔腾等民营主体加入市场竞争；大量业外资金涌入院线投资领域，甚至出现“不炒房地产炒影院”的投资风向。

影院投资管理公司对影院建设和管理起到了重要作用。较有代表性的是中影影院投资公司、UME 影院投资管理公司、安乐影业投资管理公司。

中影集团一直以来在制片、发行、院线皆有很多投资与布局，但影院投资相对零散。2007 年，中影与时代今典联手收购华纳四家影院，开始加大终端市场建设。中影 2010 年增加 13 家影院，银幕 90 张，累计投资或控股投资的影院已达 43 家、银幕 250 余张。

UME 影院投资管理公司是最早进入内地的香港电影公司。从 2002 年开业的第一家北京 UME 华星国际影城起，“UME 影院”成了国内影院发展的标杆。UME 是全国唯一的旗下所有影院均达五星级的投资公司。国内 UME 系列影院共 11 家、116 张银幕，2010 年新开业影城 3 家，增加银幕 35 张。全国影院的冠亚军（北京 UME 华星国际影城、重庆 UME 国际影城/江北）均由该公司投资。

安乐影业投资管理公司也是香港企业，在香港有 14 家影院、70 张银幕，占香港市场 45% 份额。10 年前，安乐在内地新建第一家多厅影城——北京新东安影城。到 2010 年，该公司共有影院 15 家、96 张银幕，影院品牌包括百老汇、百丽宫、AMC，分属 7 条院线。安乐公司在北京和香港各有一个以放映艺术电影为主的百老汇电影艺术放映中心。

除这三大影院投资公司以外，卢米埃影院投资公司、韩国希杰影院投资公司、左岸影院投资管理公司、北京耀莱影业投资公司等，也都带着多元资本进入中国影院市场。影院建设和发展处在方兴未艾的阶段。

（三）院线竞争格局基本稳定，市场集中度更趋明显

经过几年的竞争和发展，院线格局基本稳定。2010 年，年度票房超过亿元的院线 20 条，占注册院线的 57%，其中年票房超过 10 亿元的院线有 3 条，3 亿票房成为入围全国十强的最低门槛。与 2009 年相比，排名前 10 位的院线位次变化不大。民营的广东大地进入 10 强，国营的北京新影联位次下降，说明国营院线在民营竞争下面临体制、机制转变的压力。前十条院线票房收入总和 76 亿元，占全国票房总收入 76%，市场份额比前一年的 70% 更高。强者更强，院线市场集中度更加明显。

表 2　2010 年电影院线（票房收入）排名与 2009 年电影院线（票房收入）排名*

序号	2010 年电影院线票房排名	2010 年票房（万元人民币）	序号	2009 年电影院线票房排名	2009 年票房（万元人民币）
1	万达院线	140265	1	万达院线	83300
2	中影星美	121327	2	中影星美	79400
3	上海联和	107128	3	上海联和	69864
4	南方新干线	95071	4	北京新影联	62400
5	北京新影联	79873	5	南方新干线	60017
6	广州金逸珠江	68883	6	广州金逸珠江	44169
7	浙江时代	42043	7	浙江时代	26099
8	广东大地	37552	8	辽宁北方	23560
9	四川太平洋	35982	9	四川太平洋	20894
10	辽宁北方	32041	10	世纪环球	14072
累计票房		760165	累计票房		483775

＊根据艺恩公司统计数据整理。

2010 年两条新院线成绩不俗。广东大地院线本年度成长最快，该院线 2006 年在珠三角开张，2008 年独立运营，以国内二、三线城市，乃至乡镇小城市为主攻目标，2010 年新增影院 59 家、银幕 229 张，共有 108 家影院、400 张银幕，位居全国院线前八，证明了中国县级及县以下城市市场蕴藏的巨大需求和消费潜

力。时代今典院线 2010 年开始独立运营，第一年就跨进“亿元俱乐部”，共有影院 67 家、银幕 236 张，年度票房 1.1 亿元，院线排名第 19 位，一举超过 10 条已在市场打拼 8 年以上的院线。时代今典以科技和房产为基础发展院线，走出了自己的道路。

主流院线、新兴院线领跑院线市场，已成为基本格局。

（四）旺季更旺、淡季不淡，全年电影市场持续高温

2010 年平均每月接近 20 部新片进入影院，影片供给充分、档期饱满。除贺岁、暑期、国庆等几个票房产出较高的传统档期之外，就现有银幕数量而言，全年的市场潜力基本饱和。全年 12 个月几乎没有明显低谷，多数月份票房都接近或达到 10 亿，仅 11 月因为影片供给偏弱而票房偏低。

暑期和年末仍然是全年票房两个高峰。贺岁档被延长到几乎一个季度。春节档开篇不俗，《锦衣卫》、《大兵小将》和《喜羊羊与灰太狼 2》等 3 部影片票房过亿。暑期档更是高潮迭起，自《钢铁侠 2》进入影市后几乎每天上映一部新片。《唐山大地震》独占鳌头，《无人驾驶》、《分手说爱你》、《摇摆 DE 婚约》、《恋爱通告》等一批青春偶像剧或爱情片抱团出现；《荒村公寓》、《借室还魂》、《异度公寓》等恐怖片成为暑期档亮点；《80’后》、《海洋天堂》、《志明与春娇》、《枪王之王》、《全城戒备》、《线人》、《唐伯虎点秋香 2》、《七小罗汉》、《功夫梦》、《人在囧途》、《第一书记》、《日照重庆》等风格类型各异的影片都取得了不错的市场成绩。国庆周《狄仁杰之通天帝国》以 1.47 亿票房为首，汇聚《精武风云》、《剑雨》、《山楂树之恋》等片，为国庆档贡献 2.8 亿票房成绩，相较 2009 年同期增幅近一倍。五一档的《杜拉拉升职记》、《岁月神偷》、《叶问 2：宗师传奇》也都大放异彩。贺岁档再次形成票房井喷，《大笑江湖》上映两周即取得过亿票房；《赵氏孤儿》紧随其后；《让子弹飞》截至年末的 4.4 亿票房与《非诚勿扰 2》五天过 2 亿的局面更是同时双赢。

暑期档、贺岁档、春节档等黄金档期依然是大片的天下，中小成本影片则有效弥补了档期之间的缝隙和提供了大片之外的多样化选择。全年 50 部影片超过 5000 万票房，使现有市场空间基本填满，影片进入市场的门槛越来越高。供大于求的生产和放映市场，将促使影片生产从求数量向求质量转变。

（五）票价居高难下，促销手段逐渐多元

由于新建改建影院成本的压力，3D 和 IMAX 影片的票价上扬，加上观众消费热情的高涨，导致被观众诟病已久的影院票价在供求关系调节能力不足的情况下居高难下。许多影院周末、节假日和晚间甚至经常出现一票难求的局面。促使票价降低的竞争压力明显不足。影院甚至在食品价格、映前广告等方面更加有恃无恐，消费者享受价廉物美的影院服务的要求难以完全满足。

同时，影院为了更好地利用相对空闲的时间、时段和空位，培养观众的观影习惯，也纷纷采用会员优惠价、特价场、半价日、半价时段、套餐优惠价等方式，降低票价，扩大消费。特别是一些影院还推出了团购价等促销手段。北京全年参与团购活动的影院数达 45 家以上。票价的差异化体系正在形成。

（六）引进片市场竞争优势突出

2010 年内地公映进口分账影片 20 部，其中美国影片 16 部，法国、俄罗斯、印度、英国等国影片各一部，公映的进口买断片 35 部①。

引进的 20 部分账发行影片中，有 9 部加上一部买断影片票房均过亿。进口电影发行的单片平均票房远远超过国产片。进口电影的市场竞争力在整体上对国产片仍然具有巨大挑战。

过去市场表现一直不好的价廉滞后的进口买断片 2010 年开始在市场发力。成龙主演的美国影片《邻家特工》春节档收获了 6760 万票房；同期上映的日本动画电影《名侦探柯南：漆黑的追踪者》成为首部登陆国内院线的柯南剧场版作品；法国导演吕克·贝松执导的《阿黛拉的非凡冒险》斩获了 5500 万的票房；由史泰龙、李连杰等九大国际动作巨星联袂出演的《敢死队》则以两亿多票房成为史上第一部票房过亿的买断片。买断片也进入“大片时代”。

（七）港台市场更加活跃，华语电影市场空间有望扩展

据香港影业协会通报，2010 年香港电影消费市场继续增长，票房收入约

① 鉴于目前国内电影市场档期布局的特殊性，每一年在“引进”与“公映”的分账影片数量上，都会存在跨年的时间差。本统计是以本年度上映的影片为准。

15.4亿港元，比前一年上升35%。《叶问2》以4300多万港元成为本年度港产片票房冠军；《72家租客》、《岁月神偷》紧随其后。迪士尼的3D卡通片《玩具总动员3》则以8900多万港元高居本年度香港票房排行榜第一名。10大最高票房电影中7部是3D电影。

这两年台湾的本土电影继《海角七号》后也强势反弹。以古惑仔为主角的青春动作片《艋舺》上映就刷新了台湾本土电影的首周票房纪录，更成为2010年台湾最卖座华语片；《父后七日》以华人特有的殡葬文化为切入点，在台湾上映时，票房力压《唐山大地震》，位列本年度台湾华语片票房榜第四位。

港台市场的兴起，为华语片提供了更大市场。但内地电影在这两个市场上仍然缺乏品牌吸引力和观众号召力。

（八）墙内开花墙外不香，海外市场遭遇瓶颈

中国电影在国内市场虽然风生水起，但在海外表现却大为逊色。

国家广电总局正式公布的数据显示，2010年我国电影行业在境外30多个国家和地区共举办72次中国电影展，展映国产影片479部次，累计48部次影片在20个电影节上获得69个奖项，有43部国产影片销往61个国家和地区，海外票房和销售收入超过35亿元人民币。实际上，这些数字体现的主要是中国对外电影文化交流的成绩，中国电影的海外表现则相当黯淡。中国电影进入海外商业院线放映的数量很少，成效不明显。中国电影的所谓海外票房收入一半来自索尼哥伦比亚公司等好莱坞在北美主导发行的中美合拍片《功夫梦》（The Karate Kid）。《功夫梦》在全美3663家影院同时上映，首周末即以5600万美元斩获当周票房冠军，截至10月5日影片DVD发售，共取得1.76亿美元的票房，折合人民币大约12亿，位列北美年度票房榜第10位。

表3 《功夫梦》全球主要市场表现*

国别/市场	票房收入(美元)	国别/市场	票房收入(美元)
美　国	176591618	德　国	12654490
中　国	7490000	日　本	17432585
澳大利亚	11913479	墨西哥	12539258
巴　西	10147762	西班牙	11726847
法　国	10926086	英　国	19762070

*根据“Boxoffice”相关数据整理，参见 http：//www.boxoffice.com/。

9月初，张艺谋导演的贺岁片《三枪拍案惊奇》在美国5家影院上映，每家影院首映周末平均票房为5500美元；《唐山大地震》与《非诚勿扰2》先后在AMC商业院线上映，主要面对海外华人。《非诚勿扰2》于平安夜在洛杉矶、纽约、旧金山、温哥华等北美主要华人聚居地的23家AMC影院上映，这是中国国产电影在北美市场首次与中国内地同步上映，其观众对象主要是华人。① 在好莱坞票房榜官方网站外语片排行榜中，2010年在北美地区上映的华语片仅有《三枪拍案惊奇》、《投名状》和《春风沉醉的晚上》三部，成绩最好的《三枪》仅以19万美金（140万人民币）的“惨淡”成绩在美国本年上映的519部电影中排276位。②

表4 《英雄》《投名状》《三枪》海内外票房比较*

单位：美元，%

片名	北美总票房	海外总票房	国内票房	北美外语片票房榜总排名	国内票房占总票房收入
英　雄	53710019	147394432	30229000	3	17
投名状	129078	7429078	28806000	595	79
三　枪	190946	306999	37300000	535	99

*资料来源：据boxofficemojo.com统计整理，排名截至2010年12月25日访问数据。

总体而言，2010年中国电影国内市场活跃、影院建设迅速、60部左右的影片具有良好的市场反应（平均每周一部以上），证明中国电影的确处在一个难得的发展机遇期。但国产片在海外、境外市场表现暗淡，影院竞争不充分造成的票价过高、院线差异性不足，影片对影院市场的过度依赖和“后影院市场”尚未建立等问题，则表明中国电影市场的发展还有新的空间。

五　行业走向：市场体系亟待规范　大电影格局初见端倪

2010年中国电影产业雄姿英发、高歌猛进的局面，为进入21世纪新10年的

① 根据发行商华狮电影公司统计，《非诚勿扰2》首映前两天累计票房15万美元。

② 由于海外发行时间的滞后性，一些2009年甚至更早年份出产的中国电影可能在2010年才上映，而2010年出产的可能尚未发行。

中国电影带来了发展信心。与此同时，当前中国电影产业发展过程中存在的问题，也应该引起高度重视。

中国电影产业缺乏大电影格局，产业发展过度依赖国内影院市场。

全球电影产业因为电影对整个娱乐工业和社会经济的带动作用，已经和正在走向跨媒介、跨行业、跨国界的大产业。国内影院市场在英美国家仅占其影片总收入的 25 ~5%。① 但中国电影产业的成本回收和效益来源则几乎全部依赖国内电影票房。2010 年，国产电影全年不到 60 亿的票房返回制片方大约 20 多亿，实际只能支撑最多 40 部成本约 5000 万元人民币的影片。而好莱坞电影平均制作成本已经超过 7000 万美金，市场推广成本超过 3000 万美金，单片平均成本相当于 7 亿人民币。② 按照这样的投资规模，中国电影市场只能投资生产 3 部电影。由此可见，中国电影平均投资水平和制作水平与好莱坞电影相差甚远，整体艺术质量和国际竞争力也就不在一个档次。好莱坞电影由于受到大电影产业支撑，其投资规模、制作水平都是国产电影难以匹敌的。由于体制障碍、资本约束、知识产权保护不力，导致中国电影始终难以真正进行跨媒介、跨行业、跨所有制整合，电影的主要市场空间被挤压在国内影院，电影产业的带动功能和知识产权延伸价值难以充分实现，电影投资规模、产品品质、技术水准都难以大幅度提升。

第二，中国影院市场仍然有扩容空间，观众规模有待继续扩大。

尽管中国影院建设迅速，但中国每 10 万人仅拥有银幕数 0.4 块，与国际平均水平相差 10 倍。③ 平均每个中国人 5 年进影院看一次电影，也明显低于世界主要电影市场的观众观影频次。④ 大城市影院竞争不足；中小城市缺乏影院；观众看电影路途远、价格高、服务质量一般，观影频次难以提升。中国电影市场总体规模与中国的经济总量和发展水平相比仍有很大距离。

---

① 2008 年，英国电影影院收入为 8.5 亿英镑，影片音像租赁收入 2.2 亿英镑，音像零售收入 14.5 亿英镑，电视收入 10.7 亿英镑，电视点播收入 1.2 亿英镑，影院收入在 37 亿英镑的总收入中仅占 22% 左右。资料来源：UK Film Council，2009 Film Statistical Yearbook.

② 参见美国电影协会（MPAA）电影年度报告。

③ 2008 全球各国平均每 10 万人拥有银幕数：英国 6.0 块，美国 12.7 块，澳大利亚 9.4 块，西班牙 9.1 块，法国 8.8 块，意大利 7.1 块，德国 5.8 块。数据来源：Screen Digest。

④ 2008 年全球各国人均观影频次：澳大利亚 4.2 次，美国 4.1 次，法国 3 次，英国 2.7 次，西班牙 1.7 次，德国 1.6 次。数据来源：Screen Digest。

第三，知识产权保护有待加强，市场体系尚待完善。

目前，电影行业缺乏规则和规则执行力，个别企业借助垄断资源干预市场运行，影片生产植入广告过多过滥，影院经营诚信下降，售票终端统计缺陷，制片过程缺乏监管，版权保护力度不足，统计数据缺乏及时性、有效性和透明度，电影版权收入至今未被计入电影综合收入等等，都不同程度地影响电影产业的健康发展。电影投资、制片、发行、放映各个环节，以及数据采集、信息发布、版权交易等活动都需要制定和执行公开统一的规则，接受消费者监督。市场体系的完善才能更加有效地推动产业健康有序发展。

第四，电影产业人才短缺，可持续发展面临挑战。

目前，中国电影产业人才匮乏局面没有真正改观。作坊式的制片人一统天下，新生代电影人难挑大梁，高专业化水平、高国际化水平的创作人才、技术人才、制片人才、经营人才、管理人才都严重缺乏，以至于多数国产电影的观念陈旧、市场适应力不足；中国电影生产的许多硬件条件都已接近世界先进水平，但使用水平却完全不匹配；中国电影因为缺乏海外营销推广人才而很难真正“走出去”；懂艺术也懂经营的电影专业人才凤毛麟角。目前，整个中国电影业的人才断档现象比较突出。

在电影产业继续高速发展的大背景下，2011 年中国电影将呈现这样的特点：

第一，在电影产量基本稳定的情况下，电影票房将保持 30% 左右的较大幅度增长，随着视频网站、移动终端等各种新媒体消费市场的形成，电影的网络和新媒体版权收入等将出现爆发式增长。①

第二，数字化影院的建设和多厅影院的发展，将继续向二、三线城市延伸，中心城市影院建设将与影院改造、商圈建设密切结合，今典投资集团、星美国际集团、万达、华谊兄弟、博纳影业等企业都将加大影院建设投资，银幕数的年增长可能达到 3000 块左右。

---

① 视频网站、3G 手机、ipad 等移动新媒体市场的发展为电影提供了新的赢利模式。电影在正版时代已经是视频网站最优质的内容。2010 年 8 月上市的乐视网已购买 2324 部电影的版权；2010 年 12 月，华谊兄弟以 7000 万元投资控股华谊巨人信息技术有限公司，开始电影与相关网游产品的资本衔接。正在上市和已经上市的视频网站购买电影版权的价格也逐渐提高。《赤壁（下）》的网络视频版权价曾经为 200 万元。现在价格已经有成倍增长。陈凯歌的《赵氏孤儿》在视频网站付费推出后，标清频道点播超过 300 万次。《让子弹飞》正式登陆个主要视频网站，采用用户付费观看模式。互联网和新媒体渠道将成为电影产业重要的赢利途径。

第三，电影行业借助文化体制改革和资本市场，电影全产业链整合趋势还会加速，广电机构、互联网与电影的关系将更加紧密，电影的多媒体互动会逐渐成为趋势。

第四，随着冯小刚、张艺谋、陈凯歌逐渐度过创作高峰期和电影市场吐故纳新空间的扩大，姜文、宁浩、高群书、陆川、丁晟、尚敬、李蔚然等 60’后、70’后电影人将很快成长为中国电影主力军。

第五，政府将强化电影的科研信息平台建设、人才培养工程建设，完善电影走出去政策，加强市场监管力度，通过行政方式发挥市场机制不能发挥的作用，促使电影产业更加健康有序地发展。

第六，内地、香港、台湾电影界的合作将更加普遍，中外合拍的题材和方式也会更加多元，通过合作进入内地以外的市场会成为中国电影的重要策略。

总体来看，中国电影产业前景光明、发展良好，核心企业的轮廓已经越来越清晰，行业的资金来源更加丰富，观众规模也在逐渐提升，市场容纳量明显提高。目前，中国电影由于过度依赖影院市场，生产风险高、回报低，极大地限制了发展水平。如果中国电影市场能够走出影院、走出国门、扩大版权交易，使国内影院票房收入仅占影片综合收入的 40% 以内，中国电影的投资水平、制作水平、专业化程度、市场竞争力等都将出现质的飞跃。市场是产业发展的硬道理，在影院市场已经成为中国电影必争之地的时候，互联网与新媒体市场、海外市场将成为中国电影升级的推动器。

B.13

2010～2011 年中国媒体广告市场发展现状与态势

黄升民　邵华冬*

2010 年，作为后金融危机时代，中国媒体广告市场保持了较为良好的发展态势，但在总体增长的同时，各种媒体增长的背后也都呈现出了不同的特征和问题，如电视媒体在 61 号令推动下的积极调整，报纸在重重压力下的“全媒体”探索，互联网搜索、视频、社区呼应广告主营销传播需求的快速增长，以及 360 与腾讯之争突显的媒体文化与媒体规则的缺失等。本文总结 2010 年媒体广告市场发展现状，为业界把握 2011 年中国媒体广告市场走势提供线索。

一　2010 异动释放增长模式调整信号

宏观来看，2010 年广告市场的总体走势与 GDP 基本一致，广告市场投放总额的同比增长率略高于 GDP 的增长速度，但到第三季度出现了异动——广告业总体市场投放总额同比增长率出现了较大幅度的下滑，比第一季度下降了 13.9 个百分点，而通常第三季度是“金九银十”的增长态势。2010 年第三季度的异动原因何在？分析来看，广告市场增长方式的调整，尤其是电视媒体在政府政策主导下增长方式的转变，是造成短期内数据异动的主要原因。通过分媒体投放总额同比增长率数据可以发现，拉低总体市场增长率的是占中国媒体广告市场 75% 左右份额的电视媒体。从第一季度到第三季度电视媒体的增幅皆落后于广告市场的总体增幅。而导致电视媒体增长率走低的主要原因在于 61 号令的影响导致电视媒体广告资源大幅缩减，前三季度都处于负增长的状态，第三季度尤甚，

* 黄升民，中国传媒大学广告学院院长，博士生导师；邵华冬，中国传媒大学广告学院教师。

减少了11.1%。广告资源的减少给广告收益总量增加带来相当巨大的压力，但总的来看，61号令引导下的媒体广告市场的调整与GDP的调整是一致的，不再一味追求量的增长，而是要通过结构的调整、优化，来实现市场的可持续的良性发展。

二 聚焦分媒体市场表现

（一）电视：61号令强化马太效应 提价同时积极向外谋求发展空间

2010年初，电视媒体的经营者都面临着年度难题：在广电总局61号令执行后电视媒体广告资源锐减的情况下，媒体经营指标仍不断高启。在这一减一增中，如何实现创收、保证增长？2010年第三季度中国媒体广告收入总额的异动表明增长背后出现了分化，对于央视、强势省级卫视等媒体，面对广告资源锐减，可以通过价格增长的方式填平缺口，价格的提升背后有价值支撑，广告溢价可以得到很好地消化。而其他大量的省级卫视、地方省级台、地市级台由于缺乏强有力溢价支持而增长乏力，收入锐减不可避免。

根据调研来看，为应对资源锐减带来的经营压力，相当一部分电视媒体经营者激流勇进，改变以对外依靠资源增长拉动媒体创收的方式，转型为精耕细作，依靠增加自身资源的含金量来提升价值，积极采取相应策略以应对新政。

1. 适度提价弥补资源压缩

各大电视媒体纷纷采取提高单位广告时间的价格弥补资源量的缩减，2010年调研数据显示，被访电视媒体中有89.8%提高了2010年的刊例价。很多卫视广告价格出现大幅度增长，其中江苏卫视晚间平均价格增长31%，山东卫视增长29%，浙江卫视平均增长30%，湖南卫视增长37%，安徽卫视平均涨幅15%，贵州卫视更是暴涨45%，都远远超过往年10%左右的增幅。而具体到某些栏目广告则涨价幅度高达100%，例如浙江卫视的《我爱记歌词》等名牌栏目的冠名、贴片广告刊例价涨幅超过100%。①

① 《卫视广告价格集体暴涨 增幅最高达45%》，2009年11月7日《中国经营报》，参见http://cq.qq.com/a/20091109/000276.html。

2. 提升广告价值

提升价格只是弥补策略，且有物极必反的风险，媒体要真正实现资源经营向价值经营的转型，关键在于改变单纯售卖广告资源为主的经营方式，实现活动营销、植入营销等多元化的营销方式，使企业资源和媒体资源深度结合，并渗透到广告主的营销策略中去。

2010 年各大媒体在活动营销上的探索着力于将频道、节目栏目的定位与广告主的需求打通，从节目打造之初就与广告主深度沟通，突出个性，为广告主量身定制节目、栏目。

2010 年电视银屏上另一个活跃的身影就是自制剧、定制剧，前几年还是湖南卫视的独门秘籍，本年度除湖南卫视以外浙江、上海、江苏、安徽等电视台都将自制剧放在了工作重点中。究其原因：一是各大卫视竞争导致电视剧尤其是优质剧价格激增，自制剧意味着较低的成本；二是广电总局的相关政策中，暂未对植入式广告的时长、形式等做出明文限制，对于电视台来说意味着较大的植入广告的操作空间。湖南电视台在继 2009 年凭借自制剧《一起来看流星雨》吸引 1300 万元的植入广告后，又联手宝洁打造《丝丝心动》；2009 年广告主植入的主要方式只是品牌在节目和电视剧中的曝光，而 2010 年以《丝丝心动》、《无懈可击》等定制剧为先锋，植入广告已经走向了升级，通过内容深度融合的方式与消费者充分沟通品牌内涵、增强黏性。

（二）广播：多重外因拉动　领跑广告市场

CTR 的监测数据显示，2010 年上半年广播广告增幅领跑其他媒体达到 35%，前三季度增幅为 33%。2010 年广告业生态调研的数据显示，2010 年上半年 80% 的被访广播媒体实际广告收入实现了增长，这一数据创 5 年以来的新高。

近年来，广播媒体一直被看做弱势媒体，对于 2010 年上半年广播广告增长强势抬头现象，我们如何解读？中国广告业生态调查小组认为，这一强势增长主要受益于外部因素拉动：

一是宏观经济的回暖，支柱行业投放回升。2009 年金融危机带来的广告主银根紧缩、减少投放，在广播媒体上体现明显。2010 年虽然房地产广告在房产新政的影响下回升势头不强，但是金融、汽车行业对广播媒体投放价值颇为认可，并伴随着宏观经济回暖，其发展态势稳步提升。

二是受政策影响，61号令导致电视广告价格普遍上涨，广播性价比较高的优势凸显。浙江之声营销中心主任范少俊表示：广电总局61号令下来以后，电视广告时间压缩，大部分电视媒体价格上涨，这对广播广告经营是有利的。对一些中小广告主而言，电视广告投入过高无力承担，转而投向性价比较高的广播。

三是听众回流，广播广告市场扩大。随着整个中国市场消费结构的升级，在一、二线城市私有车主增多。据《中国汽车社会蓝皮书》资料显示，以北京、上海、广州为代表的一线城市及后起之秀的天津、杭州等二线城市，百户汽车拥有量已经达到15辆以上。[①] 2010年度，在区域市场上大事件带来的移动人流的剧增也为广播广告经营带来了新的发展机遇。广播的收听群体和影响力在扩大。

（三）平媒："危""机"共存绝地反击布局全媒体

2010年中国广告业生态调查的数据显示，被访报纸媒体上半年实际广告收入平均同比增幅在2009年遭遇"滑铁卢"后大幅上升至27.4%，亦有50%的被访杂志媒体表示2010年上半年实际广告收入实现增长。

CTR发布的2010年上半年广告花费统计数据显示，报纸、杂志也是电视广告缩减的获益者，上半年广告投放呈现较快增长，增幅分别为22%和21%，前三季度这一数据同为19%。虽然数据喜人，但是深度解读并不乐观：一方面报纸广告投放的支柱行业，如房产、汽车、商业零售业的投放趋势存在较大不确定性；另一方面近年来报纸、杂志的广告增长只是一种扩容性的增长，在原有资源的基础上追加投放容量，CTR的数据显示，与2009年同期相比，2010年报纸、杂志的广告资源量分别增加了12%和7%，中国广告业生态调查的数据显示，2010年分别有70.7%、63.6%的被访报纸、杂志媒体增加了广告版面资源。

面对重重不乐观因素，虽然在短期内解决经营困境不太可行，但是业界经营者仍在积极探索。2010年，"全媒体营销"被报纸媒体经营者广泛热议。这一概念之所以最先由报纸经营者提出，有其深刻原因。近年来"唱衰报业"的声音不绝于耳，其实不然，报纸经营其实是"危"与"机"并存。"危"的是报纸经营承受着巨大的压力——在数字化技术的冲击下，传播介质逐渐老化，年轻读者

---

① 傅静静：《中国汽车社会已经到来》，2010年4月24日凤凰网，参见http：//auto.ifeng.com/news/comprehensive/20100424/283170.shtml。

流失。就“机”遇而言，首先，长久以来形成的品牌影响力和公信力仍是报纸的核心竞争力；其次，报纸一般背靠强大的报业集团，拥有雄厚的资金实力；再者多年来报纸在多元经营上积攒了丰富的经验。

“危”与“机”共存之下，报纸要想不被淘汰出局，就得在传统报纸这一传播载体之外寻求其他内容输出和广告落地的空间，通过拓展合作的方式，向其他媒体类型（如专业杂志、户外 LED、DM 直投，甚至是电视、广播）延展搭建传播平台；通过在广告经营上将平台资源打通向广告主推荐，为广告主的营销传播提供立体化的媒体传播平台，因此推演出“全媒体”一说。

整个报业市场上，根据区域经济和媒体市场化程度的差异，“全媒体”布局的步伐也出现了分层，有的报纸媒体经营者全媒体运营的思路才初步萌发，而在报业经营和竞争都相对成熟的杭州报业市场，全媒体布局和运营已成效初现。以《都市快报》为例，目前已经形成了以《都市快报》为核心，拥有三个平面（《都市快报》、《都市周报》、《都市品质生活》），三个网站（十九楼、快豹宽频、快房网）、一个数字频道、手机报等覆盖报纸、电视、广播、网络的全媒体矩阵。这一布局主动将观众、听众、读者、手机用户进行整合，从而为广告主提供全方位的营销传播平台。

（四）网络媒体：回归快速增长轨道，搜索、社区和视频成三大领涨板块

1. 网络广告回归快速增长轨道

中国网络广告在经历了2009年的低谷之后，重新回归快速增长轨道，据易观国际发布的中国互联网行业半年核心数据显示，2010年上半年，中国网络广告运营商市场规模突破100亿，同比增长49.1%，环比增长14.7%。到2010年第三季度，互联网广告运营商的市场规模首次单季度破百亿元，达100.5亿元，同比增长73.3%。

2010年中国广告业生态调研的数据显示，81.8%的被访互联网媒体2010年上半年实际广告收入与2009年相比呈增长态势，平均增长幅度为53.2%，远远高于其他传统媒体的增长幅度。

2010年上半年，中国互联网网络广告收入增幅显著，究其原因：一是中国宏观经济形势向好，带动整体广告市场上扬；二是世界杯、世博会等大事件刺激

广告主广告投放额大幅度上升，广告主在大事件中投放受益带来的延续性投放增多；三是伴随着网民规模持续扩大，网络营销日益成熟，其价值被越来越多的广告主所认可；四是行业投放保驾护航，2010年上半年虽然受政策影响房产、金融投放显著减少，但是汽车、服装服饰、化妆品行业同比增长较快。

2. 搜索、社区和视频广告成三大领涨板块

到2010年第三季度，艾瑞的统计数据显示，主要网络广告形式的市场份额在总体稳定的情况下发生了细微变化。品牌图形广告市场增速放缓，趋于成熟，其份额呈现出逐渐下降的趋势。搜索引擎广告的市场份额上升0.2个百分点，表现比较稳健。视频广告的价值日益被广告主所认可，比重略有上升。其他广告形式增长较快，主要包括电子商务网站如淘宝内部的广告形式、社区以及其他道具式的广告形式。

DCCI 2010年7月22日发布的上半年中国互联网与互动营销数据认为，网络广告营销规模的驱动主要来自两个方面，一方面是搜索引擎广告规模仍保持较快的增长，另一方面是视频、社区等广告营销价值不断提升。DCCI调查显示：2010上半年，搜索引擎广告营收达49亿元，综合门户广告收入达23.4亿，独立视频网站及播放平台达3.8亿，广告联盟及广告网络达13亿，网络社区达4.2亿。相对2009年上半年，搜索引擎广告增长最快，其次是视频广告。但从长远来看，网络视频与网络社区广告市场的增长最为值得关注。互联网广告营销市场当中，搜索、社区、视频是三大领涨板块。

3. 快速成长背后仍面临规范化挑战

表面来看，网络广告经历了行业初期的疯长和烦恼，内部的整合日趋成熟，平台化运作和多元收入来源已经成型。但是互联网广告也存在着虚假广告盛行，缺乏广告效果评价体系统一标准，互动性优势未能充分利用等问题。腾讯和奇虎360的混战更突显了互联网媒介文化和基本商业伦理道德的缺乏。总的来说，互联网广告的发展除了靠行业自律，相关法律法规及行业标准的出台更显紧迫。

三 反思与展望

（一）2010～2011年媒体广告市场审慎乐观

2011年中国经济的总体运行环境仍存在较大的不确定性，但是作为“十二五”规划的开局之年，仍有诸多利好因素。综合考虑宏观经济发展的有利和不利因素，2011 年将呈现出口较大幅回调、投资小幅回落和消费基本稳定的格局。在投资增长方面，“十二五”开局之年的投资热情、中西部经济发展加快、产业转移和战略性新兴产业发展等因素，将对 2011 年的投资增长起到重要支撑作用。在消费增长方面，2011 年支持消费增长的有利条件仍较多，消费继续保持强劲增长的可能性较大。这主要由于：一是就业势头良好，全国很多地区的劳动力供求关系正发生历史性的变化；二是工资特别是消费增长潜力较大的低端劳动力的工资上涨幅度较高；三是鼓励消费将是长期的政策取向，政策环境也将越来越有利于消费的增长。①

2010 年中国广告业生态调查的数据显示，63.4% 的被访媒体对未来一年的广告市场预期良好，有 8.5% 的被访媒体对未来一年广告市场持不乐观的态度，可见对于 2011 年媒体广告市场的预期整体上是审慎乐观的。

（二）媒体间合纵连横，联动共舞

2010 年，传统媒体之间、传统媒体和新媒体之间的联合已有频繁的动作。2010 年中国广告业生态调查的数据表明，有 64.2% 的被访媒体与其他媒体在广告方面有过合作。传统媒体间的联合，诸如湖南卫视与青海卫视、第一财经与宁夏卫视、江苏卫视与中国教育台、星四军（安徽、江苏、浙江、河南卫视）、贵州台与甘肃广电、合力联盟等，对传统媒体广告资源新一轮整合，建设“卖方市场”。传统媒体与新媒体之间的联合，如央视与华视传媒、航美传媒，湖南卫视与盛大、淘宝网，安徽卫视与优酷、搜狐，双方合作领域开放，在广告资源和节目形态上，形成资源共享、联合购买、联合推广、联合制作、联合招商的合作模式。

2011 年这一趋势随着竞争的加剧以及三网融合的推进，将进一步显现。但目前媒体之间的合作在利益分割、沟通执行上还存在一些问题。媒体之间的联合是大势所趋，这些问题如何在实践中去解决，也是媒体经营者在 2011 年要思考的课题。

---

① 《2011：经济环境、政策与指标》，2010 年 10 月 26 日《第一财经日报》，参见 http：//finance.jrj.com.cn/opinion/2010/10/2601558409126.shtml。

表 1　2010 年中国媒体广告合作的问题

	序号	在与其他媒体合作中遇到的最大困难
利益分割困难	1	各自顾及自身利益,难以实现资源整合效应的最大化
	2	合作双方的运营成本与利润分配,关键是利益分割的问题
	3	游戏规则的松散,往往各自为战
	4	没有诚信
	5	如何客观衡量整合营销的有效性及各自贡献
	6	资源和利益分配
沟通协作困难	1	策划执行不到位,往往导致合作有头无尾
	2	技术基础不同,从业人员的专业不同,相关人员的配合成问题
	3	经营体制不同,成本核算差异较大,工作方式不一致
	4	体制、机制很难融合在一起,自身经营机制约束及限制
	5	价格定位不明确,与其他公司合作存在信任度的问题
其他原因	1	异质媒体的价值评估等,针对广告活动机制的媒体资源衔接,跨平台广告媒体的应用
	2	政策限制
	3	客户的接受程度,客户对新媒体的认可度不高
	4	受众的差异

（三）新空间与新规则

对于新的一年，不可预知的情况很多。国际市场看不到太乐观的复苏，而内需市场会进一步强化。那么下一步的拓展空间在哪里？业界的目光不约而同地投向了三、四线市场。因此，众多国际咨询、品牌传播机构开始了对三、四线市场的信息流探索。尽管真正将巨大的三、四线市场有效撬动起来还需要很多前期准备，但是毋庸置疑，市场的向下拓展必将为企业带来新的市场空间、新的广告物理空间。

另外，2010 年，奇虎 360 和腾讯之间恶性竞争突显了新媒体的文化缺失和良性规则的失语。从受众规模和影响力的角度来看，互联网媒体实际上已经是一个大媒体了，但是自身的文化、操作、制度仍然不成熟。媒介文化要求媒体不能单纯地追求商业利益，还要考虑公共空间和公共利益。新媒体在面对巨大发展空间的同时，急需建构有效促进行业良性健康发展的规则。

B.14

2010 年中国数字内容产业发展报告

赵子忠　徐琦*

2010 年随着一系列政策的出台，我国政府对文化产业的投入力度也逐渐加大，数字内容产业得到积极的扶持，数字影视、数字音乐、数字动画等产业皆有所发展。经过几年的探索，中国的数字内容产业已经有了良好的发展态势，据艾瑞预测，2010 年中国的数字内容产业规模有可能达到 2874.4 亿元。如此庞大的数字娱乐消费市场，将使产业前景更为广阔。

一　政策与管理

（一）国家宏观战略层面

2010 年 1 月 13 日，国务院总理温家宝主持召开国务院常务会议，决定加快推进电信网、广播电视网和互联网三网融合，准许电信和广电两大行业互相进入，并首次明确提出了实现的路径和时间表。6 月 30 日，国务院办公厅下发通知公布了第一批三网融合试点地区（城市）名单，名单包括北京、上海、大连等 12 座城市。7 月，广电总局下发了《关于加强三网融合试点地区 IPTV 集成播控平台建设有关问题的通知》，此前让工信部和广电总局一直僵持不下的 IPTV 内容播控权最终归广电所有。广电也正式获准进入电信重要业务领域——通过完整的有线网开展互联网接入、数据传送及 IP 电话业务。

同时，为深入贯彻落实《文化产业振兴规划》和《文化部关于加快文化产业发展的指导意见》，国家有关部门对其中有关内容进行了进一步的指导部署，其中有关数字内容产业发展的政策也在 2010 年得到了更多的关注。

---

* 赵子忠，中国传媒大学新媒体研究院院长；徐琦，中国传媒大学新媒体研究院讲师。

2010年1月29~30日，在文化部召开的全国文化产业工作会议上，文化部党组副书记、副部长欧阳坚在会上做了讲话，其中多处涉及目前数字内容产业的现状、计划与目标："面对新的形势，政府部门应当增强危机感和紧迫感，抓住有利于我国文化产业发展的重要战略机遇，准确把握加快文化产业发展的主要目标和重点战略……演艺、动漫、游戏等行业的发展进入世界先进行列。基本扭转文化产品和服务的进出口逆差状况，显著提高中国文化产品的国际影响力。建成2~3个国家级动漫游戏产业综合示范园区，推动建设具有国际影响力的中华文化主题公园，打造一批具有国际影响力的文化会展、节庆活动，培育一批具有国际竞争力的动漫和网络游戏企业。"①

从该讲话中我们可以看出，首先，2009年出台的《文化产业振兴规划》中涉及的"数字内容"方面的规划，在2010年得到了更加细致的安排。其次，有关"演艺、动漫、游戏等行业的发展进入世界先进行列"的讲话内容，表明国家在未来几年内对于数字内容产业中个别方面的高定位与高期望。再次，在规划向实际操作转化方面，国家也更进一步地明确了具体目标。

然而，我们也应该看到，关于数字内容产业的发展振兴上，国家还没有提出一套完整、独立的方案，只是把数字内容产业的有关方面单独列出，缺乏整体性。

（二）中央各部委相关政策

1. 文化部：为网游和动漫产业保驾护航

2010年6月3日，文化部出台《网络游戏管理暂行办法》。这是我国第一部专门针对网络游戏进行管理和规范的部门规章，首次系统地对网络游戏的娱乐内容、市场主体、经营活动、运营行为、管理监督和法律责任做出明确规定。此外，网名实名注册制度正式实施，文化部还出台了虚拟货币政策为网游企业护航。②

2010年6月9日，文化部下发《关于加强文化产业园区基地管理、促进文化产业健康发展的通知》，要求各级文化行政部门加强文化产业园区、基地管理，促进文化产业健康发展，当前尤其要将动漫产业园区、基地和动漫主题公

① 资料来源：中国文化产业网：《全国文化产业工作会议召开　确定六大重点战》，http：//www.cnci.gov.cn/content/201022/news_ 56185.shtml。

② 资料来源：中华人民共和国文化部：《文化部关于贯彻实施"网络游戏管理暂行办法"的通知》，http：//www.mcprc.gov.cn/xxfb/zwxx/ggtz/201007/t20100730_ 81188.html。

园、文化主题公园作为调控和监管的重点。①

2. 工信部：推进我国3G网络建设

2010年4月，工信部联合相关部委共同下发了《关于推进第三代移动通信网络建设的意见》，要求各级城乡规划、国土资源和投资主管部门在住宅小区、商住楼、办公楼等建设项目的审批中，明确为通信建设配套预留站址资源（包括机房、天面、铁塔、管道、分布系统等）；在地铁、机场、车站、铁路、公路等公共设施项目的审批中统筹考虑通信建设的需求，并保证电信企业的平等进入等；到2011年，3G网络覆盖全国所有地级以上城市及大部分县城、乡镇、主要高速公路和风景区等，3G建设总投资4000亿元，3G基站超过40万个，3G用户达到1.5亿户。② 政府部门的联合支持了我国3G网络建设的迅速发展。

3. 新闻出版总署：出版物分销与网络发行领域的管理力度加强

2010年，国家新闻出版总署关于数字内容方面的政策主要集中在出版物的分销与网络发行领域，对这两方面目前存在的问题，给予了政策性规定。

2010年10月19日，新闻出版总署第一次署务会议和商务部通过了《关于〈中外合作音像制品分销企业管理办法〉的补充规定（二）》，③ 并自2011年1月1日起施行。其中对于从事动画音像制品租赁的服务，给予了明确规定，指出允许香港、澳门永久性居民中的中国公民，依照内地有关法律、法规和行政规章，在内地各省、自治区、直辖市设立个体工商户从事动画音像制品租赁的服务，无须经过外资审批。这个规定有效地弥补了港澳与内地之间在数字内容方面的交流中所存在的漏洞，给港澳与内地在动画音像制品租赁服务的合法性提供了政策支持，同时促进了港澳与内地在数字内容服务方面的健康发展。

此外，《关于〈外商投资图书、报纸、期刊分销企业管理办法〉的补充规定（三）》④ 中明确指出："允许香港、澳门永久性居民中的中国公民依照内地有

① 资料来源：中国文化产业网：《全国文化产业工作会议召开　确定六大重点战》，http：//www.cnci.gov.cn/content/201022/news_ 56185.shtml。

② 资料来源：中国政府网：《文化部办公厅关于"关于推进第三代移动通信网络建设的意见"》，http：//www.gov.cn/zwgk/2010－04/08/content_ 1576056.html。

③ 资料来源：中华人民共和国新闻出版总署：《关于〈中外合作音像制品分销企业管理办法〉的补充规定（二）》，http：//www.gapp.gov.cn/cms/html/21/397/201012/709184.html。

④ 资料来源：中华人民共和国新闻出版总署：《关于〈外商投资图书、报纸、期刊分销企业管理办法〉的补充规定（三）》，http：//www.gapp.gov.cn/cms/html/21/397/201012/709185.html。

关法律、法规和行政规章，在内地各省、自治区、直辖市设立个体工商户，从事漫画图书、动漫电子游戏租赁服务，无须经过外资审批。”这对于漫画图书与动漫电子游戏租赁服务方面给予了明确指导，也表明了在国家有关文化产业发展的宏观政策指导下，广电总局越来越关注我国数字内容相关产业的有序健康发展。

为保护消费者和经营者的合法权益，新闻出版总署于 2010 年 12 月 7 日发出《关于促进出版物网络发行健康发展的通知》,[①] 意在通过规范出版物网络交易行为，打击网络侵权盗版行为，营造诚信守法的网络市场环境，促进出版物网络发行的持续健康发展。其中规定，建立从事出版物发行的网络书店，在网络交易平台内从事出版物发行或者以其他形式通过网络从事出版物发行，均须依照《出版物市场管理规定》和《音像制品批发、零售、出租管理办法》的规定，经新闻出版行政部门批准，取得《出版物经营许可证》和《音像制品经营许可证》，并在自领取许可证后 30 日内办理工商注册登记。这就更进一步明确了网络发行的资格条件，严把了网络发行准入关。

在加强监管的同时，《关于促进出版物网络发行健康发展的通知》还就鼓励支持网络发行健康发展提出了积极的扶植政策，如网络书店的设立不受当地出版物发行网点建设规划的数量限制，适度降低网络零售的资格条件等。

4. 广电总局：为国产电视动画、互联网视听、数字电视提供政策支持

2010 年，广电总局在数字内容方面的政策涵盖了国产动画、互联网视听、数字电视多个领域。

2010 年广电总局对于国产电视动画片的管理，主要采取了以下措施：按月统计全国国产动画片的总数量、总时长，并对动画片的题材进行了分类统计，然后以通知的形式下达给各级广播电视局，以加强对所辖动画制作机构的指导和培训，进一步明确《国产电视动画片制作备案公示管理制度暂行规定》中的要求；同时加强对报备剧目的审查工作，切实履行备案管理职责。通过对全国国产动画片每月制作总数量、总时长和题材的备案公示，加强了对国产动画片的管理，也促进了国产动画片的健康有序发展。

---

① 资料来源：中华人民共和国新闻出版总署：《关于促进出版物网络发行健康发展的通知》，http：//www.gapp.gov.cn/cms/html/21/367/201012/707774.html。

互联网视听方面，广电总局在2010年4月1日发布了《互联网视听节目服务业务分类目录（试行）》，[①] 对我国目前互联网视听节目服务业务的类型进行了详细、全面的分类；也明确指出了这份“试行”分类中“不含IP电视、互联网电视、手机电视业务”。这说明了我国在以上3种电视业务形态方面仍不具备全面、深层的研究。

数字电视方面，2010年9月2日，广电总局向各省、自治区、直辖市广播影视局，新疆生产建设兵团广播电视局，总局机关各司局、直属各单位，中国教育电视台发出《关于进一步促进和规范高清电视发展的通知》[②] 指出：2009年，总局先后下发《关于促进高清电视发展的通知》（广发〔2009〕58号）和《关于促进高清电视发展的补充通知》（广发〔2009〕69号），明确了高清电视发展的原则、措施和要求，批准中央电视台新闻综合频道和北京等8个卫视频道高、标清同播。2009年9月28日，同播的9个高清频道一同开播，同时进入有线电视网络传输，培养了高清电视市场，促进了高清电视节目和影视剧制作，带动了高清电视设备的研发和生产，提高了广播电视的服务水平和竞争力，营造了大力发展高清电视的良好氛围，为高清电视发展奠定了良好基础。同时，也应该看到其中存在的不足之处：一是由于资金投入不足和数字高清节目缺乏的制约，存在有的频道高、标清同时播率和高清节目率并没有达广电总局的要求；二是有的频道高、标清节目标识不规范，存在非高清节目标注“高清”的违规行为，从而影响了用户对高清电视的认知；三是受有线网络数字化改造进展和高清电视宣传推广不足等因素影响，高清频道入网传输率和入户率仍然偏低。为进一步推进高清电视发展，规范高、标清同播工作，该“通知”做了9点规定，更加全面、深层次地对我国高清电视的发展做了明确指示。

二　数字新媒体发展

（一）广电领域

1. 卫星

直播卫星即直接广播卫星（DBS），其作用是通过卫星将视像、图文和声音

---

① 资料来源：国家广播电影电视总局：《互联网视听节目服务业务分类目录（试行）》，http：//www. sarft. gov. cn/articles/2010/04/01/20100401151732480494. html。

② 资料来源：国家广播电影电视总局：《关于进一步促进和规范高清电视发展的通知》。

等进行点对面的广播，直接供广大用户接收，包括个体接收与集体接收。在3月23日的CCBN2010主题报告会上，广电总局副局长张海涛介绍说，我国广播电视村村通工程已完成全国11.7万个已通电行政村“盲村”、10万个50户以上自然村“盲村”村村通建设任务，解决了近1亿人听广播、看电视难的问题，2010年底将全部完成全国71.66万个20户以上自然村“盲村”村村通建设任务。中国直播星运营分为两个阶段，公益性服务阶段从2008年6月9日至2010年底；商业运营阶段于2011年元旦之后开始。直播卫星“村村通”工程是我国“十一五”期间的重点项目之一，主要任务就是推进71.66万个20户以上自然村的“盲村”村村通建设。第二批直播卫星“村村通”项目将惠及我国860多万用户，其中绝大部分是农村用户，涉及21个省（自治区）。截至2010年9月21日，已有15家机顶盒生产厂家共计向各省/自治区发货8948547套。目前，一期村村通系统具备播出47套标清电视、47套立体声广播和数据广播业务的能力，同时提供电子节目指南，并可提供远程软件升级服务。

表1　中国直播卫星运营情况

	服务范围	空间段运营主体	地面段运营主体	内　容	收费方式	机顶盒加密方法
公益运营	农村	中国直播卫星有限公司	广电	48个频道	设备招标收看免费	机卡绑定
商业运营	农村	中国直播卫星有限公司	广电+当地有线运营公司	48+CCTV3、5、6、8+本地电视	设备零售、收看月费制（地面传输节目免费）	通过移动基站数据定位

2. NGB

2010年7月，由NGB总体专家委员会编制的《中国下一代广播电视网（NGB）自主创新战略研究报告》正式发布，首次提出了NGB十年发展规划，同时明确NGB发展分“三步走”：到2015年，广电将建设规模化的、具备NGB主要功能和技术特征的、覆盖全国的运营网络和监管网络，基本形成职责清晰、协调顺畅、决策科学、管理高效的NGB监管体系，全面支持三网融合的全媒体全业务的开展。进而“从功能和性能上达到与电信网平等竞争与合作的水平，取得三网融合实质性进展。”①

① 资料来源：http：//telecom.chinabyte.com/126/11407126.shtml。

该报告指出，NGB 建设的目标，是以自主创新的先进网络技术为基础，用 10 年时间建成覆盖全国 3 亿用户和连接 2 亿家庭的下一代广播电视网，加速形成与电信网公平“竞合”的态势，突破三网融合中的“代差”瓶颈。

在这一整体目标下，第一阶段（2010～2012 年），重点发展支撑三网融合的业务平台，融合广播和交互功能的新型宽带接入技术、家庭物联网络、终端技术、内容保护等关键技术，初步建立基于互动电视业务的跨域业务运营示范区。

第二阶段（2013～2015 年），研究有线无线相结合的 NGB 网络架构，开发基于 NGB 开放业务平台和开放接口的各类三网融合业务应用系统，完善 NGB 标准体系，完成 NGB 全国推广的技术和产业化准备。

第三阶段（2016～2019 年），结合技术、业务和安全管理的最新发展，持续推动 NGB 自主创新工作以及战略性新兴产业的发展，建成覆盖全国 3 亿家庭、有线无线结合、支持物联网功能和业务的下一代广播电视网络，全面推进高效可信的三网融合业务，将 NGB 建成为国家网络文化传播和社会信息服务的主要基础设施，促进文化产业发展和提升国家信息化水平。

国家三网融合战略的适时推出，为广播电视网络的跨越式发展带来了历史性机遇。作为广播电视行业实施三网融合战略的切入点和落脚点，NGB 需在整合各省（市）有线电视网络资源的基础上，组建全国性的网络公司。

3. 3D 电视

2010 年以来，3D 电视犹如旋风席卷彩电市场。目前国内三网融合正在开展，数字电视视频点播节目发展非常迅速。这些都为 3D 电视频道的开播积累了条件。通过工信部、广电总局与科技部的共同政策推动，以 3D 视频点播为出发点，我国的 3D 电视产业在未来将会有长足的发展。

工信部正在致力于推动 3D 设备标准的制定，该部 AVS 标准（数字音视频编解码技术标准）工作组宣布，中国首部 3D 电视编码和解码标准已完成定稿，并上交工信部、国标委等国家相关部委审批。该标准如果出台，将填补我国在 3D 电视标准上的空白。

文化部与广电总局正在推动 3D 产业链的发展，即完善制作、播出、运营整条产业链。目前，广电总局正在进行 3D 电视标准的调研，内容涉及 3D 传播的信息格式、评测方法、压缩存储方式以及采集、编辑、制作等环节。

2010 年 3 月 26 日，北京电视台与索尼（中国）专业系统集团在京签署战略

盘点年度资讯 预测时代前程

社会科学文献出版社

2011年版皮书

权威 · 前沿 · 原创

社会科学文献出版社
SOCIAL SCIENCES ACADEMIC PRESS (CHINA)

法 律 声 明

1. 经济蓝皮书

2011年中国经济形势分析与预测

陈佳贵　李　扬 / 主编　　2010年12月出版　　定价：49.00元

◆　本书为“总理基金项目”，由中国社会科学院学部主席团代主席、经济学部主任陈佳贵及中国社会科学院副院长李扬担任主编，中国社会科学院经济学部副主任刘树成、数量经济与技术经济研究所所长汪同三任副主编，联合了国内权威机构的专家学者共同编写，本书聚焦 2010 年中国经济发展中的热点和难点，并对 2011 年中国经济的发展及走向作出科学的预测。

2. 社会蓝皮书

2011年中国社会形势分析与预测

汝　信　陆学艺　李培林 / 主编　　2011年1月出版　　定价：49.00元

◆　本书为中国社会科学院核心学术品牌之一。本书从社会学的视角来分析 2010 年中国社会发展的热点和难点问题，对未来可能出现的社会热点和发展趋势作出科学的预测，并提出相应的对策建议，其前瞻性的观点代表着中国社会发展的风向标，是关注中国社会问题的各阶层人士必看的年度报告。

3. 文化蓝皮书

2011年中国文化产业发展报告

张晓明　胡惠林　章建刚 / 主编　　2011年6月出版　　49.00元（估）

◆　本书是由中国社会科学院文化研究中心和文化部、上海交通大学国家文化产业创新与发展研究基地合作共同编写的第 9 本中国文化产业年度报告。内容涵盖了我国文化产业分析及政策分析，对 2010 年文化产业发展形势的评估，及对 2011 年发展趋势的预测。

4. 经济信息绿皮书

中国与世界经济发展报告（2011）

王长胜 / 主编　　2011年1月出版　　定价：59.00元

◆　本书由国家信息中心主编，从宏观角度及全球经济一体化的背景剖析 2010 年我国经济发展的定位、战略目标、战略重点、战略对策等深层次问题，并对 2011 年国内外经济发展环境、宏观调控政策的取向、宏观经济发展趋势、产业经济和区域经济热点进行系统分析和预测。

5. 世界经济黄皮书

2011年世界经济形势分析与预测

王洛林　张宇燕 / 主编　　2011年1月出版　　定价：49.00元

◆　本书是由中国社会科学院世界经济与政治研究所精心打造的有关世界经济的年度报告，对2010年的世界经济形势进行回顾与总结，并对2011年世界经济的发展态势作出预测。其延续了历年世界经济黄皮书的风格，是关注国际经济形势的各阶层人士必备的案头书。

6. 国际形势黄皮书

全球政治与安全报告（2011）

李慎明　张宇燕 / 主编　　2011年1月出版　　定价：49.00元

◆　本书是由中国社会科学院世界经济与政治研究所主编的有关全球政治与安全的年度报告。其着眼于国际关系发展的全局，点评2010年令人印象深刻的国际关系发展中的热点事件，剖析其全局性的后果和长期影响，关注时下国际关系发展动向里隐藏的中长期趋势，预测并展望全球政治与安全格局下的国际形势最新动向及对中国发展的影响。

7. 欧洲蓝皮书

欧洲发展报告（2010～2011）

周　弘 / 主编　　2011年3月出版　　定价：69.00元

◆　本书由研究欧洲问题的权威机构中国社会科学院欧洲研究所及中国欧洲学会联合编写，从政治、经济、法治进程、社会文化和国际关系等角度，深度剖析2010年欧洲各国的政治经济发展现状，并对2011年欧洲的经济社会发展趋势进行预测与展望。

8. 亚太蓝皮书

亚太地区发展报告（2011）

李向阳 / 主编　　2011年1月出版　　定价：49.00元

◆　本书由中国社会科学院亚洲太平洋研究所的专家学者编写，从政治、经济、社会、国际关系等角度系统论述2010年亚太地区各国的政治经济发展情况，探讨国际经济新形势下亚太政治经济新格局与我国的对策，并对2011年亚太各国政治经济发展趋势进行预测与展望。

9. 农村经济绿皮书

中国农村经济形势分析与预测（2010～2011）

中国社会科学院农村发展研究所、国家统计局农村社会经济调查司 / 著

2011年4月出版　　定价：49.00元

◆　本书依托于研究中国农村和农村经济问题的两大权威机构，剖析金融危机背景下，2010 年中国农业农村经济发展的特点及粮食总产量、城乡居民收入差等一系列主要指标的变化，对 2011 年中国农业农村经济形势作出展望和预测。

10. 人口与劳动绿皮书

中国人口与劳动问题报告No.12

蔡　昉 / 主编　　2011年7月出版　　49.00元(估)

◆　本书由中国社会科学院人口与劳动经济研究所联合国家统计局、农业部农村经济研究中心、人力资源和社会保障部等权威研究机构的专家学者共同编写，关注中国当前人口的总量与增量情况，在人口学预测的基础上，研究我国就业和劳动力市场形势，力图反映更加广泛的研究成果和观点。

11. 环境绿皮书

中国环境发展报告（2011）

杨东平 / 主编　　2011年4月出版　　定价：59.00元

◆　本书由民间环境保护组织“自然之友”组织编写，汇集了学者、记者、环保人士等众多视角，考察中国的年度环境发展态势，附加经典环境案例分析，用深刻的思考、科学的数据、鲜活的语言分析 2010 年的环境热点事件，展望 2011 年中国环境与发展领域的全局态势，为中国走向可持续发展的历史性转型留下真实写照和民间记录。

12. 旅游绿皮书

2011年中国旅游发展分析与预测

张广瑞　刘德谦　宋　瑞 / 主编　　2011年4月出版　　定价：59.00元

◆　本书由中国社会科学院旅游研究中心组织编写，从 2010 年国内外发展环境入手，深度剖析 2010 年我国旅游业的跌宕起伏以及背后错综复杂的影响因素，聚焦旅游相关行业的运行特征以及政策实施，对旅游发展的热点问题给出颇具见地的分析，并提出促进我国旅游业发展的对策建议。

13. 教育蓝皮书

中国教育发展报告（2011）

杨东平 / 主编　　2011年3月出版　　定价：59.00元

◆　本书由著名教育学家杨东平担任主编，大胆直面当前教育改革中出现的应试教育、“择校热”等社会热点问题以及高校招生腐败、学术腐败、学术失范与学风不正等难点问题，通过对国内多个城市的调查，反映中国教育发展中的改革亮点和难点，并提出有价值的对策和建议。

14. 法治蓝皮书

中国法治发展报告NO.9（2011）

李　林 / 主编　　2011年3月出版　　定价：78.00元

◆　本书由中国社会科学院法学研究所组织编写，对中国年度法治现状和法治进程进行深度分析、评价和预测，回顾总结 2010 年我国法治发展所取得的一系列进步和成就，并展望 2011 年我国的法治发展走向，是对中国年度法治现状和法治进程的客观记述、评价和预测。

15. 就业蓝皮书

2011年中国大学生就业报告

麦可思研究院 / 编著　王伯庆 / 主审　　2011年5月出版　　定价：98.00元

◆　本书是在麦可思人力资源信息管理咨询公司“中国 2009 届大学毕业生求职与工作能力调查”的基础上，由麦可思公司与西南财经大学共同完成的 2010 年度大学生就业暨重点产业人才分析报告。从就业水平、薪资、工作能力、求职等各个方面，分析大学生就业状况，并提出相应的政策建议。

16. 西部蓝皮书

2011年中国西部经济发展报告

姚慧琴　任宗哲 / 主编　　2011年7月出版　　79.00元(估)

◆　本书的编撰单位西北大学中国西部经济发展研究中心，是研究西部经济的权威机构。本书汇集了源自西部本土以及国内研究西部问题的权威专家的第一手资料，对国家实施西部大开发战略进行年度动态跟踪，并对 2011 年西部经济发展进行预测和展望。

17. 城市竞争力蓝皮书

中国城市竞争力报告No.9

倪鹏飞 / 主编　　2011年5月出版　　定价：65.00元

◆　本书由中国社会科学院城市与竞争力研究中心主任倪鹏飞博士主持编写，构建了一套科学的城市竞争力评价指标体系，采用第一手数据材料，对国内重点城市年度竞争力格局变化进行客观分析和综合比较、排名，在组织展开城市居民幸福感调查的基础上，首次将幸福感指数引入竞争力评价中。对研究城市经济及城市竞争力极具参考价值。

18. 中国省域竞争力蓝皮书

中国省域经济综合竞争力发展报告（2009～2010）

李建平　李闽榕　高燕京 / 主编　　2011年3月出版　　定价：298.00元

◆　本书对 2009 ～ 2010 年中国 31 个省级区域和香港、澳门、台湾 3 个地区的经济综合竞争力，进行全面深入、科学的比较分析和评价，深刻揭示不同类型和发展水平的省域经济综合竞争力的特点及其相对差异性，明确各自内部的竞争优势和薄弱环节，追踪研究省域经济综合竞争力的演化轨迹和提升路径。

19. 金融蓝皮书

中国金融发展报告（2011）

李　扬　王国刚 / 主编　　2011年6月出版　　79.00元(估)

◆　本书由中国社会科学院副院长李扬担任主编，对过去一年中国金融业总体发展状况进行回顾和分析，聚焦国际及国内金融形势的新变化，对一些主要金融事件进行研讨和评论，解析中国金融政策及银行业、保险业和证券期货业等的发展状况，预测中国金融发展中的最新动态，包括投资基金、保险业发展、住宅金融和金融监管等。

20. 房地产蓝皮书

中国房地产发展报告No.8

潘家华　李景国 / 主编　　2011年5月出版　　定价：59.00元

◆　本书由中国社会科学院城市发展与环境研究中心主编，深度解析2010年中国房地产发展的形势和存在的主要矛盾，并预测2011年中国商品房价格走势及房地产市场的发展大势。

宏观经济类

经济蓝皮书
2011年中国经济形势分析与预测
著(编)者：陈佳贵 李 扬 2010年12月出版 / 定价：49.00元

经济蓝皮书春季号
中国经济前景分析——2011年春季报告
著(编)者：陈佳贵 李 扬 2011年4月出版 / 定价：49.00元

宏观经济蓝皮书
国家经济报告（2011）
著(编)者：李 扬 2011年9月出版 / 估价：69.00元

经济信息绿皮书
中国与世界经济发展报告（2011）
著(编)者：王长胜 2011年1月出版 / 定价：59.00元

宏观经济蓝皮书
中国经济增长报告（2010~2011）
著(编)者：张平 刘霞辉 2011年3月出版 / 定价：49.00元

农村经济绿皮书
中国农村经济形势分析与预测（2010~2011）
著(编)者：中国社会科学院农村发展研究所
国家统计局农村社会经济调查司
2011年4月出版 / 定价：49.00元

人口与劳动绿皮书
中国人口与劳动问题报告No.12
著(编)者：蔡 昉 2011年7月出版 / 估价：49.00元

国家竞争力蓝皮书
中国国家竞争力报告No.2
著(编)者：倪鹏飞 2011年9月出版 / 估价：98.00元

中国省域竞争力蓝皮书
中国省域经济综合竞争力发展报告（2009~2010）
著(编)者：李建平 李闽榕 高燕京
2011年3月出版 / 定价：298.00元

城市竞争力蓝皮书
中国城市竞争力报告No.9
著(编)者：倪鹏飞 2011年5月出版 / 定价：65.00元

产业蓝皮书
2011年中国产业竞争力报告
著(编)者：张其仔 2011年8月出版 / 估价：69.00元

环境竞争力绿皮书
中国省域环境竞争力发展报告（2005~2009）
著(编)者：李建平 李闽榕 王金南
2010年12月出版 / 定价：148.00元

中国总部经济蓝皮书
中国总部经济发展报告（2010~2011）
著(编)者：赵 弘 2010年12月出版 / 定价：59.00元

企业蓝皮书
中国企业竞争力报告（2011）
著(编)者：金 碚 2011年12月出版 / 估价：69.00元

民营经济蓝皮书
中国民营经济发展报告No.8（2010~2011）
著(编)者：黄孟复 2011年10月出版 / 估价：69.00元

发展和改革蓝皮书
中国经济发展和体制改革报告No.4
著(编)者：邹东涛 2011年11月出版 / 估价：98.00元

金融蓝皮书
中国金融发展报告（2011）
著(编)者：李 扬 王国刚 2011年6月出版 / 估价：79.00元

低碳经济蓝皮书
中国低碳经济发展报告（2011）
著(编)者：薛进军 2011年3月出版 / 定价：79.00元

“两化”融合蓝皮书
中国“两化”融合发展报告No.1（2011）
著（编）者：朱金周 2011年6月出版/估价：98.00元

财政蓝皮书
中国公共财政建设报告（2011）
著（编）者：高培勇 张 斌 范建鏋
2011年8月出版/估价：59.00元

低碳发展蓝皮书
中国低碳发展报告（2011）
著（编）者：齐 晔 2011年10月出版/估价：89.00元

社会政法类

社会蓝皮书
2011年中国社会形势分析与预测
著(编)者：汝 信 陆学艺 李培林
2011年1月出版 / 定价：49.00元

公共服务蓝皮书
中国城市基本公共服务力评价（2011）
著（编）者：侯惠勤 辛向阳 等
2011年6月出版/估价：49.00元

人权蓝皮书
中国人权发展报告（2011）
著(编)者：李君如 2011年7月出版 / 估价：68.00元

法治蓝皮书
中国法治发展报告NO.9（2011）
著(编)者：李 林 田 禾 2011年3月出版 / 定价：78.00元

社会舆情蓝皮书
2011中国社会舆情与危机管理报告
著（编）者：谢耘耕 2011年7月出版 / 估价：78.00元

气候变化绿皮书
应对气候变化报告（2011）
著(编)者：王伟光 郑国光
2011年11月出版 / 估价：68.00元

环境绿皮书
中国环境发展报告（2011）
著(编)者：杨东平　2011年4月出版 / 定价：59.00元

生态文明绿皮书
中国省域生态文明建设评价报告（2011）
著(编)者：严　耕　2011年7月出版 / 估价：69.00元

生态城市绿皮书
中国城市生态文明建设评价报告（2011）
著(编)者：李景源　2011年10月出版 / 估价：59.00元

海洋安全蓝皮书
中国海洋安全报告（2011）
著（编）者：姜　安　2011年8月出版/估价：79.00元

教育蓝皮书
中国教育发展报告（2011）
著(编)者：杨东平　2011年3月出版 / 定价：59.00元

医疗卫生绿皮书
中国医疗卫生发展报告（2011）
著（编）者：杜乐勋　张文鸣　2011年10月出版/估价：68.00元

就业蓝皮书
2011年中国大学生就业报告
著(编)者：麦可思研究院　2011年5月出版 / 定价：98.00元

人才蓝皮书
中国人才发展报告（2011）
著(编)者：潘晨光　2011年8月出版 / 估价：79.00元

人口老龄化蓝皮书
中国人口老龄化报告（2011）
著(编)者：田雪原　左学金　王胜今
2011年9月出版 / 估价：58.00元

社会心态蓝皮书
2011年中国社会心态研究报告
著(编)者：王俊秀　杨宜音　2011年5月出版 / 定价：59.00元

青少年蓝皮书
中国未成年人互联网运用报告（2010～2011）
著(编)者：李文革　沈　杰　2011年7月出版 / 估价：59.00元

妇女绿皮书
中国性别平等与妇女发展报告（2010～2011）
著(编)者：谭　琳　2011年12月出版 / 估价：79.00元

妇女发展蓝皮书
中国妇女发展报告 No.4（2011）
著(编)者：王金玲　2011年8月出版 / 估价：59.00元

女性生活蓝皮书
2010～2011年：中国女性生活状况报告
著(编)者：韩湘景　2011年7月出版 / 估价：49.00元

女性教育蓝皮书
中国妇女教育发展报告（2010～2011）
著(编)者：莫文秀　2011年10月出版 / 估价：68.00元

老年蓝皮书
中国老年问题研究报告（2011）
著（编）者：田雪原　2011年10月出版 / 估价：49.00元

科普蓝皮书
中国科普基础设施发展报告（2011）
著(编)者：任福君　2011年8月出版 / 估价：69.00元

科学传播蓝皮书
中国科学传播报告（2010～2011）
著(编)者：詹正茂　靳一　陈晓清
2011年5月出版 / 定价：75.00元

民族蓝皮书
中国民族区域自治发展报告（2010）
著(编)者：郝时远　2011年6月出版 / 估价：59.00元

华侨华人蓝皮书
华侨华人发展报告（2011）
著(编)者：丘　进　2011年7月出版 / 估价：68.00元

宗教蓝皮书
中国宗教报告（2011）
著(编)者：金泽　邱永辉　2011年7月出版 / 估价：59.00元

基金会绿皮书
中国基金会发展民间报告（2011）
著(编)者：徐永光　康晓光　冯　利
2011年7月出版 / 估价：49.00元

社会工作蓝皮书
中国社会工作发展报告（2010～2011）
著(编)者：蒋昆生　戚学森　2011年7月出版 / 估价：59.00元

社会建设蓝皮书
2011年北京社会建设分析报告
著(编)者：陆学艺　张　荆　唐　军
2011年7月出版 / 估价：59.00元

基金会蓝皮书
中国基金会发展报告（2011）
著（编）者：刘忠祥　2011年8月出版 / 估价：59.00元

养老金蓝皮书
中国养老金发展报告（2011）
著(编)者：郑秉文　2011年7月出版 / 估价：59.00元

殡葬绿皮书
中国殡葬事业发展报告（2011）
著(编)者：朱　勇　2011年4月出版 / 定价：59.00元

中国政府创新蓝皮书
(待定)
著(编)者：俞可平　2011年11月出版 / 估价：78.00元

政治参与蓝皮书
中国政治参与报告（2011）
著（编）者：房　宁　2011年5月出版 / 定价：68.00元

危机管理蓝皮书
2011年中国危机管理报告
著(编)者：文学国　范正青　2011年8月出版 / 估价：58.00元

金融蓝皮书
中国金融法治报告（2011）
著(编)者：胡　滨　2011年7月出版 / 估价：59.00元

慈善蓝皮书
中国慈善发展报告（2011）
著(编)者：杨　团　2011年4月出版 / 定价：69.00元

民间组织蓝皮书
中国民间组织报告（2010～2011）
著(编)者：黄晓勇　2011年2月出版 / 定价：59.00元

企业公民蓝皮书
中国企业公民报告（2011）
著(编)者：邹东涛 2011年8月出版 / 估价：58.00元

企业社会责任蓝皮书
中国企业社会责任研究报告（2011）
著(编)者：陈佳贵 黄群慧等 2011年10月出版/估价：55.00元

汽车社会蓝皮书
中国汽车社会发展报告（2011）
著（编）者：翟双合 李江平 2011年6月出版/估价：59.00元

口腔健康蓝皮书
中国口腔健康发展报告（2011）
著（编）者：胡德渝 2011年7月出版 / 估价：59.00元

北京蓝皮书
北京社会发展报告（2010～2011）
著(编)者：戴建中 2011年4月出版 / 定价：59.00元

北京蓝皮书
中国社区发展报告（2010）
著(编)者：于燕燕 2011年4月出版 / 定价：49.00元

北京蓝皮书
北京公共服务发展报告（2010～2011）
著(编)者：张 耘 2011年3月出版 / 定价：59.00元

北京人才蓝皮书
北京人才发展报告（2010～2011）
著(编)者：张志伟 闫 成 杨河清
2011年5月出版 / 定价：69.00元

北京律师蓝皮书
北京律师发展报告（2011）
著(编)者：王 隽 2011年8月出版 / 估价：59.00元

上海蓝皮书
上海社会发展报告（2011）
著(编)者：卢汉龙 周海旺 2011年1月出版/定价：59.00元

上海蓝皮书
上海资源环境发展报告（2011）
著(编)者：周冯琦 2011年1月出版 / 定价：59.00元

上海社会保障绿皮书
上海社会保障改革与发展报告（2010～2011）
著(编)者：汪 泓 2011年7月出版 / 估价：65.00元

河南蓝皮书
2011年河南社会形势分析与预测
著(编)者：林宪斋 刘道兴 2011年1月出版 / 定价：59.00元

陕西蓝皮书
陕西社会发展报告（2011）
著(编)者：杨尚勤 石英 江波
2011年4月出版 / 定价：59.00元

陕西蓝皮书
陕西人力资源和社会保障发展报告（2011）
著(编)者：杨尚勤 鬲向前 2011年7月出版 / 估价：49.00元

贵州蓝皮书
贵州社会发展报告（2011）
著（编）者：王兴骥 2011年9月出版 / 估价：49.00元

广州蓝皮书
中国广州社会形势分析与预测（2011）
著(编)者：易佐永 崔仁泉 2011年6月出版 / 估价：49.00元

广州蓝皮书
中国广州城市建设发展报告（2011）
著(编)者：董 皞 李俊夫 2011年6月出版 / 估价：49.00元

广州蓝皮书
中国广州科技与信息化发展报告（2011）
著(编)者：庾建设 谢学宁 2011年6月出版 / 估价：59.00元

深圳蓝皮书
深圳社会发展报告（2011）
著(编)者：乐 正 祖玉琴 2011年7月出版 / 估价：69.00元

深圳蓝皮书
深圳劳动关系发展报告（2011）
著(编)者：汤庭芬 2011年5月出版 / 定价：59.00元

湖南蓝皮书
2011年湖南法治发展报告
著（编）者：梁志峰 2011年6月出版/估价：59.00元

湖南蓝皮书
2011年湖南“两型社会”建设报告
著（编）者：梁志峰 2011年6月出版/估价：59.00元

文化传媒类

文化蓝皮书
2011年中国文化产业发展报告
著(编)者：张晓明 胡惠林 章建刚
2011年6月出版 / 估价：49.00元

文化蓝皮书
中国文化消费需求景气评价报告（2011）
著(编)者：王亚南 2011年7月出版 / 估价：59.00元

文化遗产蓝皮书
中国文化遗产事业发展报告（2011）
著(编)者：刘世锦 2011年3月出版 / 定价：69.00元

文化软实力蓝皮书
中国文化软实力研究报告（2011）
著(编)者：张国祚 2011年1月出版 / 定价：79.00元

传媒蓝皮书
2011年：中国传媒产业发展报告
著(编)者：崔保国 2011年4月出版 / 定价：69.00元

全球传媒蓝皮书
全球传媒产业发展报告（2011）
著(编)者：胡正荣 2011年7月出版 / 估价：59.00元

文化创新蓝皮书
中国文化创新报告（2011）
著（编）者：冯天瑜 韩永进 傅才武
2011年7月出版/估价：59.00元

广电蓝皮书
中国广播电影电视发展报告（2011）
著（编）者：国家广播电影电视总局发展研究中心
2011年6月出版/定价：88.00元

新媒体蓝皮书
中国新媒体发展报告（2011）
著(编)者：尹韵公 2011年7月出版/估价：69.00元

视听新媒体蓝皮书
中国视听新媒体发展报告（2011）
著(编)者：庞井君 2011年3月出版/定价：80.00元

动漫蓝皮书
中国动漫产业发展报告（2011）
著(编)者：卢 斌 郑玉明 牛兴侦
2011年5月出版/定价：69.00元

纪录片蓝皮书
中国纪录片发展报告
著（编）者：何苏六 谷川建司 等
2011年9月出版/估价：59.00元

广告主蓝皮书
中国广告主营销推广趋势报告No.4
著(编)者：黄升民 2011年9月出版/估价：68.00元

文学蓝皮书
中国文情报告（2010~2011）
著(编)者：白 烨 2011年5月出版/定价：49.00元

北京蓝皮书
北京文化发展报告（2010～2011）
著(编)者：李建盛 2011年5月出版/定价：59.00元

上海蓝皮书
上海文化发展报告（2011）
著(编)者：叶 辛 蒯大申 2011年1月出版/定价：59.00元

河南蓝皮书
河南文化发展报告（2011）
著(编)者：张 锐 谷建全 2011年1月出版/定价：49.00元

陕西蓝皮书
陕西文化发展报告（2011）
著(编)者：杨尚勤 石 英 王长寿
2011年3月出版/定价：55.00元

广州蓝皮书
中国广州文化发展报告（2011）
著(编)者：王晓玲 2011年6月出版/估价：59.00元

郑州蓝皮书
2011年郑州文化发展报告
著(编)者：丁世显 2011年9月出版/估价：49.00元

区域发展类

区域蓝皮书
中国区域经济发展报告（2010～2011）
著(编)者：戚本超 景体华 2011年5月出版/定价：59.00元

城乡统筹蓝皮书
中国城乡统筹发展报告（2011）
著(编)者：程志强 潘晨光 2011年3月出版/定价：59.00元

城乡一体化蓝皮书
中国城乡一体化发展报告（2011）
著(编)者：汝 信 傅崇兰 2011年7月出版/估价：59.00元

城市蓝皮书
中国城市发展报告No.4
著(编)者：潘家华 魏后凯 2011年7月出版/估价：78.00元

中小城市绿皮书
中国中小城市发展报告（2011）
著(编)者：中国城市经济学会中小城市经济发展委员会
《中国中小城市发展报告》编纂委员会
2011年11月出版/估价：59.00元

金融蓝皮书
中国金融生态发展报告（2011）
著(编)者：刘煜辉 2011年11月出版/估价：49.00元

边疆发展蓝皮书
当代中国边疆社会经济发展与边疆研究前沿报告（2011）
著(编)者：厉 声 2011年7月出版/估价：59.00元

长三角蓝皮书
2011年科学发展长三角
著(编)者：宋林飞 2011年8月出版/估价：59.00元

西部蓝皮书
2011年中国西部经济发展报告
著(编)者：姚慧琴 任宗哲 2011年7月出版/估价：79.00元

中部蓝皮书
中国中部地区发展报告（2011）
著(编)者：汪玉奇 2010年10月出版/定价：69.00元

东北蓝皮书
2011年中国东北地区发展报告
著(编)者：鲍振东 曹晓峰 2011年8月出版/估价：69.00元

港澳珠三角蓝皮书
粤港澳区域合作与发展报告（2010～2011）
著(编)者：梁庆寅 陈广汉 2011年6月出版/定价：59.00元

环渤海蓝皮书
环渤海区域经济发展报告（2011）
著(编)者：周立群 2011年7月出版/估价：59.00元

关中天水经济区蓝皮书
中国关中-天水经济区发展报告（2011）
著(编)者：李忠民 2011年1月出版/定价：59.00元

中国省会经济圈蓝皮书
合肥经济圈经济社会发展报告No.3（2010~2011）
著(编)者：董昭礼 盛志刚 王开玉
2011年3月出版/定价：79.00元

长株潭城市群蓝皮书
长株潭城市群发展报告（2011）
著(编)者：张 萍 2011年8月出版/估价：69.00元

海峡经济区蓝皮书
海峡经济区发展报告（2010）：平潭综合实验区
著(编)者：李闽榕　王秉安　2011年4月出版 / 定价：35.00元

中原蓝皮书
中原经济区发展报告（2011）
著(编)者：刘怀廉　欧继中　2011年3月出版 / 定价：68.00元

海峡西岸蓝皮书
海峡西岸经济区发展报告（2010）
著(编)者：张志南　李闽榕　2011年6月出版 / 定价：68.00元

武汉城市圈蓝皮书
武汉城市圈经济社会发展报告(2010～2011)
著(编)者：肖安民　2011年6月出版 / 估价：69.00元

武汉城市圈蓝皮书
武汉城市圈房地产发展报告(2010~2011)
著(编)者：王　涛　2011年6月出版 / 估价：69.00元

北部湾蓝皮书
泛北部湾合作发展报告(2011)
著(编)者：古小松　2011年6月出版 / 估价：65.00元

广西北部湾经济区蓝皮书
广西北部湾经济区开放开发报告(2011)
著(编)者：北部湾(广西)经济区规划建设管理委员会办公室
广西社会科学院、广西北部湾发展研究院
2011年7月出版 / 估价：89.00元

大湄公河次区域蓝皮书
大湄公河次区域合作发展报告(2010～2011)
著(编)者：刘　稚　2011年4月出版 / 定价：69.00元

澳门蓝皮书
澳门经济社会发展报告(2010～2011)
著(编)者：郝雨凡　吴志良　2011年4月出版 / 定价：69.00元

北京蓝皮书
北京经济发展报告(2010～2011)
著(编)者：梅　松　2011年4月出版 / 定价：59.00元

北京蓝皮书
北京城乡发展报告(2010～2011)
著(编)者：黄　序　2011年4月出版 / 定价：59.00元

上海蓝皮书
上海经济发展报告(2011)
著(编)者：沈开艳　2011年1月出版 / 定价：59.00元

河南经济蓝皮书
2011年河南经济形势分析与预测
著(编)者：刘永奇　2011年3月出版 / 定价：78.00元

河南蓝皮书
河南经济发展报告(2011)
著(编)者：张　锐　谷建全　2011年1月出版 / 定价：49.00元

河南蓝皮书
河南城市发展报告(2011)
著(编)者：林宪斋　喻新安　王建国
2011年1月出版 / 定价：49.00元

山西蓝皮书
山西资源型经济转型发展报告(2011)
著(编)者：李志强　容和平　2011年4月出版 / 定价：55.00元

黑龙江蓝皮书
黑龙江社会发展报告(2011)
著(编)者：艾书琴　2011年1月出版 / 定价：65.00元

黑龙江蓝皮书
黑龙江经济发展报告(2011)
著(编)者：曲　伟　2011年1月出版 / 定价：69.00元

黑龙江产业蓝皮书
黑龙江产业发展报告（2011）
著(编)者：于　渤　2011年7月出版/估价：59.00元

陕西蓝皮书
陕西经济发展报告(2011)
著(编)者：杨尚勤　石　英　裴成荣
2011年3月出版 / 定价：59.00元

陕西蓝皮书
榆林经济社会发展报告(2011)
著(编)者：胡志强　杨尚勤　石　英
2011年8月出版 / 估价：69.00元

辽宁蓝皮书
2011年辽宁经济社会形势分析与预测
著(编)者：曹晓峰　张　晶　张卓民
2011年1月出版 / 定价：69.00元

广州蓝皮书
中国广州经济发展报告(2011)
著(编)者：李江涛　刘江华　2011年6月出版 / 估价：59.00元

广州蓝皮书
中国广州农村发展报告(2011)
著(编)者：李江涛　汤锦华　2011年7月出版 / 估价：49.00元

广州蓝皮书
2011年中国广州经济形势分析与预测
著(编)者：庾建设　李兆宏　王旭东
2011年6月出版 / 估价：59.00元

经济特区蓝皮书
中国经济特区发展报告(2011)
著(编)者：钟　坚　2011年7月出版 / 估价：85.00元

深圳蓝皮书
深圳经济发展报告(2011)
著(编)者：吴　忠　2011年4月出版 / 定价：59.00元

武汉蓝皮书
武汉经济社会发展报告(2011)
著(编)者：刘志辉　2011年6月出版 / 估价：49.00元

温州蓝皮书
2011年温州经济社会形势分析与预测
著(编)者：金　浩　王春光　胡瑞怀
2011年3月出版 / 定价：69.00元

扬州蓝皮书
扬州经济社会发展报告(2010)
著(编)者：张爱军　董　雷　2011年1月出版 / 定价：79.00元

湖南蓝皮书
2011年湖南产业发展报告
著(编)者：梁志峰　2011年6月出版/估价：59.00元

湖南蓝皮书
2011年湖南经济展望
著（编）者：梁志峰　2011年6月出版/估价：59.00元

行业报告类

服务业蓝皮书
中国服务业发展报告No.9
著(编)者：荆林波　史　丹　夏杰长
2011年3月出版 / 定价：59.00元

住房绿皮书
中国住房发展报告（2010～2011）
著(编)者：倪鹏飞　2011年1月出版 / 定价：59.00元

房地产蓝皮书
中国房地产发展报告No.8
著(编)者：潘家华　李景国　2011年5月出版 / 定价：59.00元

汽车蓝皮书
中国汽车产业发展报告（2011）
著(编)者：国务院发展研究中心产业经济研究部
中国汽车工程学会 大众汽车集团(中国)
2011年7月出版 / 估价：59.00元

商业蓝皮书
中国商业发展报告(2010～2011)
著(编)者：荆林波　林景华　2011年5月出版 / 定价：49.00元

会展经济蓝皮书
中国会展经济发展报告（2011）
著(编)者：王方华　过聚荣　2011年7月出版 / 估价：55.00元

旅游绿皮书
2011年中国旅游发展分析与预测
著(编)者：张广瑞　刘德谦　宋　瑞
2011年4月出版 / 定价：59.00元

中国旅游安全蓝皮书
(待定)
著(编)者：郑向敏　2011年7月出版 / 估价：59.00元

休闲绿皮书
2011年中国休闲发展报告
著(编)者：刘德谦　高舜礼　宋 瑞
2011年4月出版 / 定价：75.00元

信息化蓝皮书
中国信息化形势分析与预测（2011）
著(编)者：周宏仁　2011年8月出版 / 估价：98.00元

电子政务蓝皮书
中国电子政务发展报告（2011）
著(编)者：洪　毅　王长胜　2011年6月出版 / 估价：59.00元

电子商务服务业蓝皮书
中国电子商务服务业发展报告（2011）
著(编)者：荆林波　2011年9月出版 / 估价：49.00元

软件产业蓝皮书
中国软件产业发展报告（2011）
著(编)者：李　颖　毕开春　黄　鹏　陈新河
2011年7月出版/估价：59.00元

金融蓝皮书
中国银行业风险管理报告（2011）
著(编)者：王　力　2011年7月出版 / 估价：59.00元

金融蓝皮书
中国商业银行竞争力报告（2011）
著(编)者：王松奇　2011年11月出版 / 估价：49.00元

服务外包蓝皮书
中国服务外包发展报告（2010～2011）
著(编)者：王　力　刘春生　黄育华
2011年11月出版 / 估价：59.00元

金融中心蓝皮书
中国金融中心发展报告（2011）
著(编)者：王　力　2011年7月出版 / 估价：49.00元

企业蓝皮书
“中华老字号”发展报告（2011）
著(编)者：张继焦　2011年7月出版/估价：49.00元

商会蓝皮书
中国商会发展报告（2011）
著(编)者：黄孟复　2011年7月出版 / 估价：49.00元

中国商品市场蓝皮书
中国商品市场竞争力报告（2011）
著(编)者：商品市场竞争力报告课题组
2011年7月出版 / 估价：59.00元

资本市场蓝皮书
中国场外交易市场发展报告（2010～2011）
著(编)者：高　峦　2011年1月出版 / 定价：59.00元

产权市场蓝皮书
中国产权市场发展报告（2010～2011）
著(编)者：曹和平　2011年10月出版 / 估价：59.00元

私募市场蓝皮书
中国私募股权市场发展报告（2011）
著(编)者：曹和平　2011年10月出版 / 估价：59.00元

中国农业竞争力蓝皮书
中国省域农业竞争力发展报告（2010～2011）
著(编)者：郑传芳　2011年8月出版 / 估价：89.00元

中国林业竞争力蓝皮书
中国省域林业竞争力发展报告（2010～2011）
著(编)者：郑传芳　2011年9月出版 / 估价：139.00元

珠三角流通业蓝皮书
珠三角流通业发展报告（2010～2011）
著(编)者：王先庆　2011年6月出版 / 估价：59.00元

食品药品蓝皮书
食品药品安全与监管政策研究报告（2011）
著(编)者：唐民皓　2011年5月出版 / 定价：59.00元

餐饮产业蓝皮书
中国餐饮产业发展报告（2011）
著(编)者：杨　柳　2011年7月出版 / 估价：59.00元

交通运输蓝皮书
中国交通运输业发展报告（2011）
著(编)者：崔民选　王军生　2011年6月出版 / 估价：59.00元

体育蓝皮书
中国体育产业发展报告（2011）
著(编)者：江和平　张海潮　2011年12月出版 / 估价：69.00元

茶叶产业蓝皮书
中国茶叶产业研究报告（2011）
著(编)者：荆林波　2011年8月出版 / 估价：59.00元

茶业蓝皮书
中国茶产业研究报告(2011)
著(编)者：杨江帆　2011年11月出版 / 估价：49.00元

能源蓝皮书
中国能源发展报告(2011)
著（编）者：崔民选　2011年7月出版 / 估价：69.00元

煤炭蓝皮书
中国煤炭工业发展报告(2011)
著（编）者：岳福斌　2011年11月出版 / 估价：50.00元

测绘蓝皮书
中国测绘发展研究报告(2011)
著(编)者：徐德明　2011年12月出版 / 估价：58.00元

物联网蓝皮书
中国物联网发展报告(2011)
著(编)者：黄桂田　龚六堂　张全升
2011年5月出版 / 定价：59.00元

产业安全蓝皮书
中国产业安全报告(2010～2011)
著(编)者：李孟刚　2011年6月出版 / 估价：59.00元

广州蓝皮书
中国广州创意产业发展报告(2011)
著(编)者：王晓玲　2011年9月出版/估价：49.00元

广州蓝皮书
中国广州汽车产业发展报告(2011)
著(编)者：李江涛　朱名宏
2011年9月出版 / 估价：49.00元

深圳蓝皮书
深圳与香港文化创意产业发展报告(2011)
著(编)者：乐　正　2011年8月出版 / 估价：55.00元

国际问题类

世界经济黄皮书
2011年世界经济形势分析与预测
著(编)者：王洛林　张宇燕　2011年1月出版 / 定价：49.00元

国际形势黄皮书
全球政治与安全报告（2011）
著(编)者：李慎明　张宇燕　2011年1月出版 / 定价：49.00元

世界社会主义黄皮书
世界社会主义跟踪研究报告(2010～2011)
著(编)者：李慎明　2011年3月出版 / 定价：79.00元

欧洲蓝皮书
欧洲发展报告(2010～2011)
著(编)者：周　弘　沈雁南　2011年3月出版 / 定价：69.00元

亚太蓝皮书
亚太地区发展报告（2011）
著(编)者：李向阳　2011年1月出版 / 定价：49.00元

拉美黄皮书
拉丁美洲和加勒比发展报告(2010～2011)
著(编)者：吴白乙　2011年4月出版 / 定价：79.00元

中东非洲黄皮书
中东非洲发展报告NO.13(2010～2011)
著(编)者：杨　光　2011年6月出版 / 估价：49.00元

俄罗斯东欧中亚黄皮书
俄罗斯东欧中亚国家发展报告(2011)
著(编)者：吴恩远　2011年9月出版 / 估价：59.00元

上海合作组织黄皮书
上海合作组织发展报告(2011)
著(编)者：吴恩远　2011年6月出版 / 估价：49.00元

新兴经济体蓝皮书
金砖国家经济社会发展报告（2011）
著（编）者：林跃勤　周　文　2011年4月出版/定价：89.00元

美国蓝皮书
美国问题研究报告(2011)
著(编)者：黄　平　倪　峰　2011年6月出版 / 定价：69.00元

日本蓝皮书
日本发展报告(2011)
著(编)者：李　薇　2011年4月出版 / 定价：49.00元

日本经济蓝皮书
日本经济与中日经贸关系发展报告(2011)
著(编)者：王洛林　张季风　2011年5月出版 / 定价：79.00元

韩国蓝皮书
韩国发展报告(2011)
著(编)者：牛林杰　刘宝全　2011年6月出版 / 估价：59.00元

越南蓝皮书
越南国情报告(2011)
著(编)者：古小松　2011年9月出版 / 估价：49.00元

皮书数据库

www.pishu.com.cn

皮书数据库二期全新上线

• 皮书数据库（SSDB）是社会科学文献出版社整合现有皮书资源开发的在线数字产品，全面收录“皮书系列”的内容资源，并以此为基础整合大量相关资讯构建而成。

• 皮书数据库现有中国经济发展数据库、中国社会发展数据库、世界经济与国际政治数据库等子库，覆盖经济、社会、文化等多个行业、领域，现有报告30000多篇，总字数超过5亿字，并以每年4000多篇的速度不断更新累积。2009年7月，皮书数据库荣获“2008～2009年中国数字出版知名品牌”。

• 2011年3月，皮书数据库二期正式上线，开发了更加灵活便捷的检索系统，可以实现精确查找和模糊匹配，并与纸书发行基本同步，可为读者提供更加广泛的资讯服务。

更多信息请登录

中国皮书网
http://www.pishu.cn

中国皮书网的BLOG [编辑]
http://blog.sina.com.cn/pishu

中国皮书网
http://www.pishu.cn

皮书微博
http://weibo.com/pishu

皮书博客
http://blog.sina.com.cn/pishu

请到各地书店皮书专架 / 专柜购买，也可办理邮购

咨询 / 邮购电话： 010-59367028　59367070　　**邮　　箱：** duzhe@ssap.cn

邮购地址： 北京市西城区北三环中路甲29号院3号楼华龙大厦13层读者服务中心

邮　　编： 100029

银行户名： 社会科学文献出版社发行部

开户银行： 中国工商银行北京北太平庄支行

账　　号： 0200010009200367306

网上书店： 010-59367070　qq：1265056568

网　　址： www.ssap.com.cn　　www.pishu.cn

合作备忘录，相关内容包括索尼将为北京电视台即将开始的 3D 试水提供从制作、传输到家庭终端的全链条设备、技术及全方位支持。杭州华数也在 2010 年开展了 3D 高清机顶盒的发放工作，华数目前已经在加紧试验 3D 影视的运营业务，预计年底可为用户提供 3D 影视内容点播服务。

此外，虽然现在各大电视设备商集体发力，松下、三星、索尼等外资品牌纷纷推出 3D 电视产品，TCL、长虹、创维、康佳等国内彩电制造商也纷纷发布 3D 电视战略，但是，在国内 3D 片源缺乏、带宽不够的情况下，3D 电视的大规模增长仍需时日。

如今，国内对于 3D 电视内容建设的政策是推出一些 3D 点播频道作为试点。例如，在 SMG 体系内，新媒体业务板块旗下的文广互动电视目前主要承担 3D 内容制作这一环，先在基于点播应用的新媒体业务中试水，再利用电视台频道进行大范围的资源推广。

总之，国内 3D 电视正处在初期调研阶段，标准制定尚需时日。而内容制作上，没有统一的标准，也没有一个成型的 3D 内容播控平台，各大电视台、内容生产商都在相互观望，导致虽然终端的发展风风火火，但是节目内容很不“给力”，3D 电视频道的建设目前看来依旧艰难。

（二）移动媒体

1. 3G 技术的商用继续推广

2010 年我国 3G 网络建设持续推进，目前三大运营商 3G 用户规模均超千万。

中国移动是国内电信运营商中最早启动 3G 建设且投资最大的，其中期业绩显示，截至 2010 年 6 月底，该公司投入使用的 TD 基站数达 11.5 万个，网络覆盖全国 238 个城市，实现了具备不同的覆盖能力和业务场景的 2G、3G 以及 WLAN 的协调发展。

中国联通方面，截至 2010 年 6 月 30 日，其 3G 基站和载扇数量分别达到 15.3 万个和 44.2 万个，同比增长率分别为 127.8% 和 92.7%，3G 网络县城覆盖率达到 95%。截至 2010 年 10 月底，中国联通 3G 用户数达 1165.6 万。受 3G 业务拉动，联通的移动业务实现快速增长。2010 年上半年，3G 用户累计净增 481.8 万户，用户总数达到 756.0 万户，其中手机用户占比达 91.9%，实现通信服务收入人民币 39.7 亿元。3G 用户规模和业务收入规模均实现较快增长。

中国电信拥有全球最大的 EV - DO（3G）移动网络，EV - DO 基站超过 10 万个，覆盖 342 个城市、2000 多个县和 60% 的乡镇。通过 CDMA2000 网络部署，中国电信在全国率先实现了 3G 无线网络覆盖。

2. CMMB

在三网融合之后，CMMB 大力发展，给现有的媒体格局加入一些新的变量。在 2010 年，CMMB 已经建成了全球最大的移动多媒体网络，覆盖了全国 31 个省、自治区和 331 个地级以上的城市。2011 年，中广传播将继续进行在全国范围的 CMMB 网络深度优化覆盖。根据 2010 年中广传播发布的 5 年规划，5 年后 CMMB 网络将覆盖全国所有的地级市和县级市，同时还将覆盖 1000 个以上的县及主要的高速公路。

目前，CMMB 与中国移动合作，成功推出 TD + CMMB 的 G3 手机。2010 年 9 月，中国移动抛出了 600 万部 TD 手机招标大单，12 款最终胜出的 TD 手机均标配 CMMB 手机电视功能。CMMB 终端接收无线广播电视信号，完全清晰流畅、无任何流量、具备高到达率，已经在全国覆盖了包括所有地级以上城市的 330 多个城市。CMMB 的诞生，能使用户通过手持移动终端以更快的速度、更低的成本观看最新的动态信息，开辟了一条不受时间和空间限制的全新信息传播渠道。

此外，作为 CMMB 运营商的中广传播，于 2010 年推出了“睛彩视界”的系列业务，包括睛彩电视、睛彩广播、睛彩财经、睛彩导航、睛彩阅读，为用户提供移动收看电视、“富媒体”广播、移动金融信息、移动交通信息、移动阅读体验等服务，充分发挥了 CMMB 屏幕小、表现形式丰富、信息传达立体化的优势，体现了其在电视、广播、娱乐、资讯等各类节目形态与内容方面的无限张力。

CMMB 发展是一个积累的过程，是一个量变引发质变的过程。亚运会直播、不断深化的网络基础建设等都是在为它进行量的积累。未来爆发式的增长必定会令 CMMB 对媒体格局产生深远的影响。作为 CMMB 运营商的中广传播，正欲打造的媒体平台，将不仅继承电视媒体的相关特性，更兼具广播媒体的便携性、平面媒体的权威性以及网络媒体的互动性等诸多优势。

（三）互联网

1. 基础情况

《2010 年中国互联网络发展状况统计报告》指出，截至 2010 年 6 月，我国

IPv4 地址达到2.5 亿。目前，我国 IPv6 地址达到 395 块/32，较2009 年底增长 332 块/32，半年增幅 7.7%，在全球排名第 13 位。我国域名总数下降为 1121 万，其中，.cn 域名 725 万，在域名总数中的占比从 80% 降至 64.7%，网站数量下降到 279 万，.cn 下网站占网站整体的 73.7%。与此同时，.com 域名增加 53.5 万，比重从 16.6% 提升至 29.6%。目前 cn 域名中，.cn 结尾的二级域名比例仍然最高，占到 cn 域名总数的63.2%，其次是.com.cn 域名，为29%。截至2010 年6 月，中国的网站数，即域名注册者在中国境内的网站数（包括在境内接入和境外接入）减少到279 万个，降幅13.7%。预计全球 IPv4 地址最快将在 2011 年 8 月耗尽，向 IPv6 地址过渡是大势所趋，中国进行大规模 IPv6 网络部署势在必行。

表2　2009~2010 年 6 月中国互联网基础资源对比

	2009 年 12 月	2010 年 6 月	半年增长量	半年增长率(%)
IPv4(个)	232446464	250452480	18006016	7.7
域名(个)	16818401	11205585	-5612816	-33.4
其中 CN 域名(个)	13459133	7246686	-6212447	-46.2
网站(个)	3231838	2787480	-444358	-13.7
其中 CN 下网站(个)	2501308	2054735	-446573	-17.9
国际出口带宽(Mbps)	86636720	99821745	131850	15.2

注：图表数据来源《2010 年中国互联网络发展状况统计报告》。

2. 带宽情况

截至2010 年6 月，在使用电脑上网的群体中，宽带网民规模为 36381 万，宽带普及率已经达到98.1%。工信部数据显示，2010 年1~5 月，基础电信企业互联网宽带接入用户净增979.2 万户，达到11301.7 万户，而互联网拨号用户减少了 168.8 万户。

3. 用户规模

《2010 年中国互联网络发展状况统计报告》指出，宽带基础服务覆盖率的不断扩大，带动了宽带用户规模的增长，截至 2010 年 6 月，我国网民规模继续增加，已达到4.2 亿，突破了4 亿关口，较2009 年底增加3600 万人；互联网普及率攀升至31.8%，较2009 年底提高2.9 个百分点。其中，虽然我国宽带网民的绝对规模在增长，但其在总体网民中的比例却有所下降，这主要是只使用手机上网的群体规模增速过快所致。截至 2010 年 6 月，只使用手机上网的网民规模增加到4914万，较2009年底增长1842万人，占整体网民的比重提高到11.7%。

4. 业务应用情况

2010年，我国网民的互联网应用表现出商务化程度迅速提高、娱乐化倾向继续保持、沟通和信息工具价值加深的特点。2010年上半年，大部分网络应用在网民中更加普及，各类网络应用的用户规模持续扩大。其中，商务类应用表现尤其突出，网络购物、网上支付和网上银行的使用率分别为33.8%、30.5%和29.1%，半年用户规模增幅分别为31.4%、36.2%和29.9%，增速在各类应用中排名前三，远远超过其他网络应用。社交网站、网络文学和搜索引擎用户增长也较快。

交流沟通类应用的使用率有增有减。社交网站、即时通信使用率增长较快，半年用户规模分别增长19.6%和11.7%。电子邮件和博客应用的用户绝对规模虽然在增加，但使用率却略微下降。

网络娱乐应用继续发展，其中网络音乐使用率仍居应用首位。网络视频结束近1年来的下降，使用率首次上升，达到63.2%。网络文学和网络游戏用户规模增长较快，半年增幅分别为15.7%和11.9%。

表3　2009年12月~2010年6月各类网络应用使用率及排名变化

类型	应用	2009年12月使用率(%)	2010年6月使用率(%)	用户增长率(%)	2010年6月排名
网络娱乐	网络音乐	83.7	83.5	8.0	1
	网络游戏	68.9	70.5	11.9	5
	网络视频	62.6	63.2	10.4	6
	网络文学	42.3	44.8	15.7	10
信息获取	网络新闻	80.1	78.5	7.2	2
	搜索引擎	73.3	76.3	13.9	3
交流沟通	即时通信	70.9	72.4	11.7	4
	博客应用	57.7	55.1	4.5	8
	电子邮件	56.8	56.5	8.9	7
	社交网站	45.8	50.1	19.6	9
	论坛/BBS	30.5	31.5	13.1	12
商务交易	网络购物	28.1	33.8	31.4	11
	网上银行	24.5	29.1	29.9	14
	网上支付	24.5	30.5	36.2	13
	网络炒股	14.8	15.0	11.0	15
	旅行预订	7.9	8.6	19.4	16

三　数字内容产业细分行业发展态势

（一）数字影视

2010年，我国数字电影呈现快速发展的态势。根据广电总局办公厅发布的数据，到2010年6月，我国已拥有2679块2K数字银幕，其中1460块支持数字3D立体放映；流动数字电影放映系统数量已超过4万套。

另外，数字电影的快速发展也为数字电影发行提供了宽阔的空间。目前农村流动放映院线达到249条。流动数字放映队40271个，基本实现“一村一月放映一场电影”的预期目标。中档商业影院已在全国50多个中小城市，安装了239台具有自主知识产权的1.3K数字放映电影设备，累计制作完成1.3K影片发行版199部。高端城市商业影院银幕数已超过2400块。全国运营的2K数字电影放映设备达到1938台，约占城市总银幕数的42%。

同时，我国的数字电影在技术上开始与国际接轨。广电总局下发了中小城市1.3K数字电影技术标准，并且修订和发布了数字电影发行母版、数字源处理等一系列数字电影技术标准。据国务院办公厅2010年2月《关于促进电影产业繁荣发展的指导意见》，2009~2012年我国基本能够完成地级市数字影院建设改造任务，以及部分县级市数字影院建设改造任务。到2015年底，建成覆盖城乡的电影数字化发行放映网络。

（二）数字音乐

2010年中国手机音乐收入规模继续扩大，市场增速有所放缓。易观国际10月发布数据显示，2010年第3季度中国无线音乐收入已达74.13亿，同比增长14.3%，环比增长4.58%。从市场格局来看，三大运营商依旧占据主要地位，合计占总量的96.27%，其中中国移动、中国联通和中国电信分别占比75.38%、14.83%和6.06%。而剩下的无线音乐CP/SP的收入份额不足4%。

具体来看，中国移动手机音乐发展已处于成熟阶段。与之展开合作的CP超过400家，其中EMI、环球、华纳、索尼四大唱片公司均与之结成紧密联盟。目前其手机音乐有几种主要类型：基于中央音乐平台的彩铃、振铃、音乐随身听和歌曲下载等全网业务、省公司与SP开展的彩铃业务以及移动梦网与SP开展的振铃合作业务。2010年其业务重点转变为提升歌曲下载、彩铃、无线音乐俱乐部等规模产品信息费收入等方面，并开始逐渐尝试版权升级、门户媒体化等业务扩展。

中国联通方面，其手机音乐还处于成长阶段。目前与之合作的CP包括金牌大风、滚石、华纳音乐等，总数超过50余家。中国联通2009年手机音乐实现收入29.5亿元，炫铃用户渗透率达到35.5%。2009年9月中国联通在广东设立了集团的中央音乐平台基地，相关曲库内容达到23万首。目前中国联通手机音乐涵盖了炫铃、多媒体炫铃、振铃、整曲、MV、音乐俱乐部等多种形式。

在三大运营商中，中国电信手机音乐目前市场份额最小。2010年初中国电信发布的数据显示，截至2009年12月，该公司的七彩铃音业务收入4.7亿元，累计完成收入43.8亿元，中央音源订购次数1860万次，音乐下载次数374万次。

（三）电脑动画

2010年无论是原创动画片还是电脑动画加工都出现了空前的繁荣，在数量和质量上都上了一个新的台阶。8月26日国家动漫产业信息服务平台暨国家动漫产业网正式上线投入运行，中国的电脑动画市场迎来了飞速发展期。

广电总局公布的数据显示，2010年前11个月我国累计备案公示的动画片数量达到570部，共566992分钟，生产数量比2009年增长77%。其中2010年江苏省备案并进行拍摄制作的动画片分钟数达110889分钟，约占全国动画片总生产量的五分之一，位居全国第一。①

动画电影方面，广电总局数据显示，截至2010年12月20日，备案公示拍摄制作的动画电影共有71部，其中北京市投拍的动画电影达23部，占全国总量的32%。② 2010年公映的国产动画电影为11部，比2009年的7部有所增加。2010年广东原创动画电影《喜羊羊与灰太狼之虎虎生威》的票房达到1.27亿，在中国动画电影市场票房榜上排名第三，刷新了2009年系列电影第一部《喜羊

① 数据来源：《广电总局关于2010年1~11月全国国产动画片制作备案公示的通知》。

② 数据来源：《广电总局电影局关于2010年1~12月全国电影剧本（梗概）备案、立项公示的通知》。

羊与灰太狼之牛气冲天》8000 万元的票房成绩，并在 2011 年春节期间即将上映该系列电影第三部《喜羊羊与灰太狼之兔年顶呱呱》，力图打造一个国产动画品牌。除了喜羊羊获得可观的票房成绩以外，2010 年上映的其余 10 部国产动画电影的票房均未超过 2000 万元。其中由浙江省杭州市投拍的动画电影《梦回金沙城》耗时 5 年，斥资 8000 万制作而成，票房仅 100 多万，成绩惨淡。虽然票房与质量很难达到一个完美的平衡，但值得一提的是，该片入围第 83 届奥斯卡最佳动画长片奖项，表明我国的动画创作水平已经达到一定水准。这在我国的动画产业发展史上具有里程碑式的意义。

动画的出口成为我国影视出口新的突破口。2009 年动画片及动画电影的出口量占影视节目总出口量的一半以上；2010 年动画的出口量大幅上扬，市场有所扩大，且首次出口西欧，标志着中国动画正逐步进入世界动漫的主流市场。

（四）数字游戏

数字游戏指的是所有以数字技术手段设计开发并以数字化设备为平台实施的游戏，包括 PC 游戏、电视游戏、手机游戏和街机游戏等。其中 PC 游戏分为单机游戏和网络游戏。目前网络游戏又分为大型多人在线游戏、多人在线游戏、平台游戏、网页游戏和社交游戏。

网络游戏在数字游戏中占据市场份额最大。艾瑞数据显示，2010 年前 3 个季度中国的网络游戏市场规模已达到 235.5 亿，预计 2010 年中国全年网游的市场规模会达到 300 亿左右，将比 2009 年的 256 亿增加近 20%。

2010 年网页游戏表现也非常抢眼，艾瑞数据显示，2009 年时中国的网页游戏市场规模仅为 9 亿元，而 2010 年已经突破 20 亿关口达到 22.8 亿元，用户也有了大幅增长——用户规模达 2520 万人，比 2009 年的 1550 万人，增长了 62.6%。

2010 年国产网游已自成格局，面对来自各国的大制作的挑战，国产网游以精品化、品牌化逐渐占领中国网游市场。本着精准营销的理念，国产网游正逐步走出同质化竞争的困局。以《三国杀 OL》为代表的桌游类网游在 2010 年有着不俗的表现，社交类游戏延续 2009 年的良好势头在 2010 年继续红火。随着网游市场逐渐细分，网络游戏类型的逐渐立体化，2010 年网络游戏的市场格局有所变动，2010 年第三季度腾讯占中国网络游戏运营商市场份额的 27.1%，位居第一；

紧随其后的是网易占 15.6%；盛大占 14.8% 位居第三。[①] 2009 年腾讯一家独大的态势有所缓和，数字游戏市场进而转向市场细分。

市场的细分使得国内网游市场的竞争更为激烈，大型运营商积极寻找对策进行海外布局。2010 年 7 月腾讯联手基金公司 Capstone 在韩国控股七家游戏公司，总额达到 184 亿韩元（约 1 亿元人民币）。2010 年 9 月盛大游戏以 9500 万美元全资收购其代理运营的热门大型网游《龙之谷》的韩国游戏开发商 Eyedentity Games。盛大游戏正计划将游戏扩展到 iPhone、Android 等平台。

2010 年随着 3G 网络的推广和智能手机的发展，手机游戏市场也得到发展。手机游戏已经突破了以往纸牌、竞速赛车等简单的单机游戏模式，大量的角色扮演网游的加入丰富了手机游戏市场。

2010 年《网络游戏管理暂行办法》出台并正式执行，中国网络游戏市场正在走向规范化，且网络游戏知识产权保护受到关注。

（五）移动内容

2010 年，中国移动媒体发展整体上还处在 2G 和 3G 的技术转型期，基于 2G 平台的移动媒体业务已经基本成熟，基于 3G 平台的移动媒体业务才刚刚起步。

工信部发布的数据显示，截至 2010 年 9 月，中国手机用户数量高达 8.3 亿元。CNNIC 的《中国互联网发展研究报告》的数据显示，截至 2010 年 6 月手机网民数已达到 2.77 亿。

2010 年我国手机音乐、手机报等移动业务发展较为成熟，手机阅读普遍被视为当前的发展重点，而手机视频、手机动漫、手机游戏等业务尚处于拓展和成长阶段，现阶段用户规模和实际收入并不高。移动媒体业务发展总体上还处于启动和成长阶段。

智能手机为代表的终端极大地推动了移动媒体的发展。由于拥有更大的屏幕尺寸和更优的性能表现，智能手机能更好地支撑丰富的移动媒体业务。2010 年终端厂商借助其自身技术优势积极搭建技术平台，挑战并逐渐改变着传统的以运营商主导的局面，有望成为移动内容领域的控制者和主导者，推动着移动内容产

---

① 数据来源：艾瑞 2010 年第三季度网络游戏核心数据的发布中《2010Q3 中国网络游戏运营商市场份额分布》。

业的发展。

2010 年苹果推出 iPhone 4 后全球热卖，其 App Store 推出 20 多万个移动程序，带来了更高的公众参与性。操作系统方面，谷歌开放 Android 平台引来摩托罗拉、三星、LG 等陆续推出 Android 智能手机，微软推出 Phone7……智能手机的发展推动了应用商店的发展，而应用商店目前正在成为移动媒体业务推广的主流平台。

2010 年数字内容产业的良好发展、国家出台的一系列政策，都给数字内容产业创造了良好的发展环境。数字媒体方面，直播星的发展为以后的全面商用奠定了良好的基础，NGB 有了明确的发展路线和目标，3D 电视伴随着 3D 电影的火热迎来了高潮，3G 技术继续发展，CMMB 与广电合作的 TD + CMMB 在 2010 有不错的发展态势。数字内容产业方面，如数字音乐、数字动画等，质和量均上了一个台阶，但在今后的发展过程中仍需强调质的保证。相信 2011 的数字内容产业将会出现更为新兴的元素。

B.15

2010年中国文物艺术品市场发展报告

林日葵*

2010年中国文物艺术品市场，在要素调整与全球步入“后金融危机”时期的背景下，开始释放出更多回暖的信息，使人们感到文物艺术品市场收藏与投资的时机又到来了，从而增强了对市场发展前景的信心。总体而言，2010年中国文物艺术品市场的发展形势，是伴随着艺术市场的调整与国内经济的好转而不断演进的。

一　2010年中国文物艺术品市场发展解读

（一）中国文物艺术品市场发展态势

2010年的我国文物艺术品市场，呈现出这样的基本态势：一方面是在金融危机之后，我国文物艺术品市场经过一段时间的调整与整合，市场的供求与消费能力迅速增强。特别是香港与北京的呼应，推动了亚洲艺术品市场复苏与整合发展的步伐，逐步成为世界艺术品市场发展的一个新的亮点。另一方面是随着我国文物艺术品市场的发展，特别是在市场经济和资本市场的推动下，艺术品资本在不断壮大与积累的基础上，正在朝着健康的方向发展。这也预示着一个新的艺术品收藏与投资高潮即将到来。

1. 画廊业

经过2009年“后金融危机”困难的洗礼，2010年随着艺术品市场的回暖，特别是古代书画精品、当代大家齐白石、张大千等人作品价格的不断攀升，画廊业的经营也开始出现起色。另外，一些青年新锐艺术家的作品已成为画廊业一个

* 林日葵，浙江工商大学艺术经济学研究所所长。

新的增长亮点，因为他们代表着新一代人的思想，新一代人的精神，新一代人的文化，因而引起了市场的关注。

但是画廊的生意也没有想象中那么好，原因是多方面的：一是有的名家不讲诚信频频毁约。一位广东画廊老板指出，艺术家们不愿意分钱给别人挣，追求利益最大化。造成这种局面，诚信缺乏是关键！有的画家已与画廊签下合约，规定了在某段时间内给画廊的画价，但由于画价在市场上不断飙升，有些艺术家就不讲诚信，在成名之后毁约。画廊可谓举步维艰！二是许多当代画家定价虚高，不如拍卖市场上的书画作品价格实在。特别是一些当代艺术家的作品未经岁月考验，虚高的画价背离了市场价值，存在价格泡沫，在价格大跌后，让部分刚入市的投资者损失惨重。这些负面的影响，使一些画廊生意一落千丈。虚高画价犹如“空中楼阁”，这个问题值得深刻反思！

2. 古玩市场

2010 年古玩市场从低谷走向“牛市”，主要是由于许多企业与机构开始；还有一个原因是改革开放 30 多年来，为了满足广大古玩和艺术品爱好者的需求，有关部门加强了古玩艺术品交易市场的严格管理和疏导，致使各交易市场和商店的经营越来越规范，因而为各种古玩和艺术品的买卖、收藏提供了很好的基础。

但是，我国古玩市场的制假、售假、鉴假，已然形成了一个完整的“产业链”。这与古玩鉴定行业的混乱不无关系。如今的鉴宝，多数是一些商业行为，估价越高，收费越高。有的“义务鉴宝”行家，在古玩交易现场轮番出现，向藏家主动“推荐”宝物。有的人还是“证书专家”，只要给钱就开证书，无论真品还是赝品。又由于相关法律法规空缺，还引发了鉴定资质认证混乱、鉴定行为缺乏规范、鉴定者不需要为误鉴行为负责等问题。

3. 拍卖市场

2010 年春季以来，中国艺术品拍卖市场延续了 2009 年秋拍的良好势头，香港苏富比创下近 20 亿港元的成绩。接着，中国嘉德春拍又天价迭出。其中张大千巨幅绢画《爱痕湖》以 1.008 亿元成交，这是中国近现代书画作品单幅首次突破亿元大关，成为中国近现代书画市场价格新的里程碑。而保利春拍黄庭坚书法《砥柱铭》成交价又高达 4.368 亿元，这个价格大大刷新了中国艺术品成交的纪录。短时间内里程碑式的纪录连连，令人眼花缭乱。这使如何正确看待当下的中国文物艺术品市场，成为一个新的问题。

中国文物艺术品市场从“回暖”到“复苏”，再从“天价”到“火爆”的发展，是波浪式向前推进的。根据雅昌艺术市场监测中心整理的2010年1～6月间141家拍卖公司的628场拍卖专场数据来看，2010年初由于楼市股市低迷，寻求新投资点的流动性资金（即“热钱”），使市场的多项指标再创新高。例如，拍卖成交总额从上一季的156.46亿元，上升至201.41亿元，创造了中国文物艺术品拍卖成交总额的新纪录。

2010年春拍不但出现4件过亿拍品，而且在过亿拍品的背后是精品主导市场的现象。这一现象也与流动性资金涌入有非常大的关系。为了实现保值增值利益最大化，许多入场买家瞄准了艺术精品，致使精品市场出现买气旺盛、竞争激烈的景象。而高价精品成为春季拍卖市场的重要支撑，也成为推高成交总额的主力军。与之相比，中低端艺术市场中的作品虽有一定升值幅度，但买气不足，流拍率相对较高。

2010年春拍中不断崛起的中国买家购买实力，令国内外各大拍卖行摩拳擦掌。中国书画市场成交总额近105亿，市场份额由2009年秋的49%增至52.09%。港澳台地区以较好的市场积累在海外市场复苏支撑下，以76%的占有率在这一品类市场中占主导地位。拍卖热使中国艺术品市场发生了一些变化，但中国书画市场供求格局未发生根本变化。

4. 艺术博览会

2010年北京、上海、广州、杭州等地都先后举办了艺术博览会，对我国艺术市场的发展与繁荣起了积极推动作用。

2010年4月29日～5月2日在北京全国农业展览馆举行的“艺术北京2010·当代艺术博览会”，是北京一年一度最具规模的大型国际性艺术博览会，以展示当代艺术作品为主。参展单位来自中国内地、中国台湾、中国香港、日本、韩国、印度、中东等全亚洲各地重要的画廊，此外，亦有来自欧美的当代艺术代理。2010年的“艺术北京”已经迈入第五个年头。当下全球金融风暴已经退潮，艺术品市场焕发了新的活力。经过这场洗礼之后，中国艺术品市场是否已经进入正轨？艺术市场的未来发展趋势怎样？“艺术北京”作为亚洲范围内重要的博览会，作为年度画廊、艺术家、收藏家的重要年会，从画廊的参展情况以及买家对艺术品的热情来看，形势比较乐观。

第十三届北京国际艺术博览会2010年8月19～23日，在中国国际贸易中心

展厅隆重召开，大约30多家国际艺术画廊踊跃报名参展。本次展会注重当代与经典结合，为满足不同藏家的鉴赏需要，还特别推出德国哈格曼画廊的多幅油画作品，又一次在京城掀起德国油画收藏之风。

亚洲规模最大的艺术品交易盛会——2010第十四届上海艺术博览会于9月8~12日在世贸商城举行，并交出了一张漂亮的成绩单：为期5天的艺博会观众达到了5万人次，比去年增加了约5000人次；现场成交量接近7000万元人民币，比去年增加了2000万元。本届盛会始终以最新的视野面向全球，全方位不断地服务于中国和世界艺术界专业人士、艺术投资收藏家、艺术爱好者等，成为了艺术机构及画廊展现、推介艺术佳作的桥梁。

2010（第三届）杭州艺术博览会于4月27日~5月3日在杭州和平国际会展中心举行，由杭州市文化创意产业办公室、市文广新局共同主办。本届艺术博览会以“机构参展、风格当代、面向高端”的办展理念，给广大观众呈上了一场奢华的艺术盛宴。

第十五届广州国际艺术博览会于2010年12月9~13日在广州白云国际会议中心举行，以“发现、回归、岭南”为主题，继续突出广州艺博会的交易功能、发现价值和岭南特色文化，扶持并鼓励具有潜力的中青年艺术家参与，为来自全球的优质展商、中青年艺术家和买家提供了一个开放、高效的交易和展示平台。

（二）中国文物艺术品市场发展的特点

1. 投机、投资资金进入艺术品市场

2010年因股市和楼市不景气，“热钱”开始进入艺术品市场。除了私企老板的介入，金融机构及银行也正在大张旗鼓地涉入艺术品投资市场。兴业银行与北京歌华文化创意产业基金及德美艺嘉共同创立了德美艺嘉艺术基金，面向全球发行艺术投资理财产品；建设银行与保利文化合作，推出“盛世宝藏2号保利艺术品投资”产品；而民生银行在2010年初面向私人银行客户推出的“非凡资产管理·艺术品投资计划2号”，募集资金按照一定比例标准投资于中国近现代书画、中国当代艺术品和少量的古代书画作品。通过金融机构的产品服务，分散的社会资金也已有能力介入相对高端的艺术品投资，从而为火暴的拍卖市场推波助澜。

雅昌艺术市场监测中心刚刚发布的《2010年春季中国艺术品拍卖市场报告》

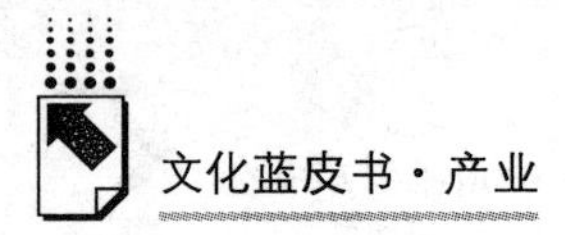

显示：2010 年 1～6 月全国 141 家主要的文物艺术品拍卖公司的拍品，达到 162580 件，比 2009 年秋季增加 18840 件，且高端价位拍品数量明显增长。相关现象与“热钱”的涌入有非常大的关系。

2. 中国文物艺术品拍卖价格创新高

从 2010 年的春拍情况看，新的成交纪录不断诞生：4 月 8 日，香港苏富比春拍落幕，估价 13 亿港元的逾 2400 件拍品总成交额接近 20 亿港元，创香港苏富比历年来最高总成交额纪录；6 月 5 日，北京保利 5 周年春季拍卖会落幕，4000 余件拍品的总成交额达到 33 亿元；6 月 6 日，北京匡时春拍落槌，1200 余件拍品的成交总额达 10.9 亿元，创匡时历年单季最高总成交额纪录。

在短短的两年时间内，中国书画市场完成了由 2008 年春拍的低迷，向 2009 年春拍复苏、2010 年春拍狂飙的“两连跳”。2010 年春季以来，中国艺术品拍卖市场延续了 2009 年秋拍的良好势头，香港苏富比创下近 20 亿港元的成绩；接着，嘉德春拍又天价迭出。

3. 齐白石的书画作品非常走红

齐白石是 20 世纪中国最伟大的艺术大师，其作品价值在各个时期都名列前茅，尤其是近几年来在文物与艺术品拍卖市场上屡创新高：

特点一是高价位成交额的作品众多。2009 年全国八大拍卖公司推出的齐白石的作品仅单件成交额超过 100 万元的就有 106 件，超过 500 万元的有 12 件，超过 1000 万元的有 5 件，齐白石的《可惜无声》册以 9520 万元成交，直逼亿元大关。2010 年春季拍卖会中贸圣佳推出的《齐白石绘画专场》48 件作品，成交 39 件，成交率 81%，成交额 5289.8 万元，单件成交额超过 100 万元的有 16 件，其中《双喜图》以 649.6 万元成交；《无量寿佛》以 649.6 万元成交。2010 年春季拍卖会超过 1000 万元的有：北京匡时推出的齐白石《海棠秋虫》以 1075.2 万元成交；北京保利推出的齐白石《花果二十九开册》以 3360 万元成交；北京保利推出的齐白石《报道平安》以 1176 万元成交；北京翰海推出的齐白石《花卉四屏》以 5100 万元成交。

特点二是成交价都在底价基础上大幅度提升。2010 年春季拍卖会，北京华辰公司推出的齐白石《鸡冠花图》，参考价为 68 万～88 万元，以高出底价 5 倍的 336 万元成交；齐白石的《花卉禽鸟册》十开，参考价为 580 万～680 万元，以高出底价 1.5 倍的 896 万元成交；齐白石的《山水》，以高出底价 15 倍的 1344 万元成交。

第三个特点是高价位成交的作品，大多曾被出版著录或名人收藏、名人鉴

定、名人题跋。如 2010 年春季拍卖会中贸圣佳公司推出的夏衍先生收藏过的 5 件齐白石的作品，全部成交：《重阳生日》底价为 180 万元，以 616 万元成交；《滕王阁山水》底价为 120 万元，以 229.6 万元成交；《樱桃篮子》底价为 90 万元，以 123.2 万元成交；《藤萝小鸟》底价为 150 万元，以 336.0 万元成交；《樱桃点点》底价为 40 万元，以 61.6 万元成交。

4. 艺术品市场“牛市”背后隐危机

自 2009 年秋拍中国古代书画创造出“亿元时代”后，不少老买家认为“市场不可能就这么一下子上去了”，期望 2010 年春拍会有所调整，以便在中低价位建仓。但是，从香港苏富比和中国嘉德春拍行情来看，2010 年的艺术品拍卖市场仍将继续走“牛”。

在当前楼市调控新政出台，股市大幅下跌的情况下，艺术品市场一枝独秀的现象确实引人注目。据悉，已有部分温州炒房团和山西煤老板的资金进入了艺术品拍卖市场。而这些大资金所挑选的大都是精品中的精品。2010 年春拍的狂飙发展的整个过程，证明艺术品市场牛气十足。不过已经有业内人士担心，在这个眼花缭乱的过程背后，潜藏着新的危机。他们担心几年前在当代艺术品领域生发的泡沫，正在向传统书画和古玩杂项领域弥漫。

事实上也确有这样的迹象，如 2010 春拍的那枚 9586 万港元的“太上皇帝”白玉圆玺，在 2007 年时只拍了约 4625 万港元。两年半身价翻了一倍。藏家为何这么快就出手？这里面有没有刻意炒作的成分？难怪有人说，过去只是房价飙升看不懂，现在轮到中国艺术品市场看不懂了。曾有一位资深拍卖界人士说过，中国书画“破亿”是早晚的事，但近期连连“破亿”却值得警惕，说明近期有大量的投机资本正在涌向这个领域。当我们看到当前艺术品拍卖市场牛气十足时，更应该警惕它的泡沫，特别是要想到泡沫破灭之后对于整个市场的巨大杀伤力。

二　2010 年中国文物艺术品市场存在的问题及对策建议

（一）2010 年中国文物艺术品市场存在的主要问题

1. 竞争无序，诚信“打折”

近几年，由于艺术品拍卖行火爆兴起，画廊受到了不小的冲击，很难承担起代理、宣传艺术家的职责。于是，无序的竞争成为圈子里的潜规则。有的画廊不甘遭受关门垮台的命运，不得不与一些不道德的拍卖行联手，导演造假、假拍和拍假的丑剧。因此，竞争无序的局面在恶性循环中愈演愈烈，让原本是二级市场的拍卖行成了一级市场，而原本应该是一级市场的画廊却沦为投机倒把的二道贩子。有的书画家不讲诚信频毁约，追求利益最大化。有的画廊欠缺专业眼光，处境异常艰苦。还有的画廊所卖书画价格虚高。大师不是价格虚高成就的，而是历经时间考验才能成就的，艺术家们不应对名利本身看得过重，不应以追求利益最大化为创作目的。

2. 交易混乱，偷税漏税现象严重

国内画廊体系的不健全，直接导致的后果就是画家可不经过画廊而直接送作品至拍卖行。这种局面的出现，直接阻碍了我国当代画廊的健康发展。不少画家送到画廊里的画多是质量不高的作品；很多艺术家撇开画廊，直接把作品送给拍卖会或与收藏家及艺术商人私下交易，而交易的基点就是眼前的更多的金钱利益；更有的画家从先前的与大中城市的画廊合作，逐步转变为与小城市甚至城镇、乡村等偏僻地区的权势者及藏家私下交易。私下交易的猖獗不仅会引发偷税漏税及走私等问题，还会破坏市场秩序和游戏规则，致使交易秩序混乱。

时下，决定艺术品价位的更多是画家自己而非画廊。这样一来，艺术品的创作者变成了经营者，而经营者尤其是画廊却成为创作者的仆人。拍卖行也面临着征画难的窘状，有时候为了征集到作品，竟然不得不巴结画家，使画家成了艺术品市场中最大的受益者。艺术品市场利益关系在个人与中介机构混乱的交易秩序中出现了严重失衡，直接阻碍了艺术品市场的中介机构画廊的健康发展。

3. 价格涨速离奇，市场有人为“炒作”

有的人在炒房、炒股、炒金之后，又开始加入爆炒艺术品的队伍。自2009年中国书画突破了亿元的心理界线后，2010年春拍的中国书画珍宝也齐力向亿元冲刺。保利春拍诞生3件亿元中国书画拍品。其中黄庭坚的《砥柱铭》以4.368亿元成交，成为世界上最贵的中国艺术品。王蒙的《秋山萧寺图》拍出了1.366亿元，钱维城的《雁荡图》拍出了1.299亿元的天价。

这种大跃进式的上扬，已经违背市场的规律，在艺术价值之外也掺杂了市场炒作行为。在西方，艺术品拍到亿元用了几十年时间，而我国才用了十几年。有人用炒楼、炒股的方法来炒作艺术品，风险是很大的。例如，20世纪80年代，

在日本经济泡沫破灭的前夜，艺术收藏品被疯狂炒作，1990年前后，日本购买世界名画的资金达到33亿美元，日本购买书画艺术品的资金占当时世界艺术品市场的比重高达33%。但随着经济泡沫的破灭，当时银行里书画堆积如山，出售价不足购入价的1/5。吴冠中曾说，市场的“心电图”不准确，卖得高的，不见得作品是好的，很多是“炒作”出来的。

（二）发展中国文物艺术品市场的对策建议

1. 制定与完善“代理人制度”，是画廊发展的方向

被西方画廊奉行的“代理人制度”，即画廊与艺术家签订合作合同，约定在某一较长的时间段内，以优惠的价格购得该艺术家创作的一定量作品，而该艺术家的所有生活开支，及作品的市场推广、包装宣传等各项工作全部交给代理人负责，艺术家本人只管专注于其艺术创作。双方合作以诚信为准则，具有一定的法律效力和普遍的社会约束力。目前我国画廊业的“代理人制度”还不健全，一些画廊只是直接从艺术家那里低价收购作品再高价转手卖出。这样，画廊没有定价能力，画家定价不实、虚高，投资者不知道应该如何买画，也不知道怎样卖画。如果画廊不改变这种代销、挣差价的生存状况，必然要退出市场。

2. 国家应出台公共艺术政策，并加大监管力度

在国家推动文化大发展、大繁荣的新时期，在艺术品市场这个新兴的行业中，国家如何关注其市场主体的主要组成部分——画廊业，如何使之在越来越强的国际化特质与所在地域本土化特质不可避免的冲突中发展壮大，是一个重要的课题。从发展的过程来说，这种内外竞争的格局是中国艺术品市场自身发展的结果，也是大环境的催生物，因此，提高认识、加强国家在画廊业发展过程的公共艺术政策力度尤为关键。

那么，国家公共艺术政策力度应如何加强呢？一是要设立旨在扶植重点艺术创作工作的政策性艺术创作基金；二是要实行建立在诚信基础上的画廊代理制，即一个画家从未成名到成名的过程都由画廊代理，在此基础上实现画家、画廊双赢；三是举办政府支持的艺术展会，参展作品被视为是一种学术认定，学术和人格好的策展人将受到艺术圈同仁的尊重；四是要艺术市场多方整合，具体做法是约请国内著名批评家、艺术家和策展人，组成学术委员会，推出由名牌独立策展人策划的主题展，并组织大众传媒对艺术进行报道，这就是整合了政府、媒体、企业和公众资源而形成的具有主题性、实验性和探索性的艺术运作。

3. 中国文物艺术品拍卖，要逐步实现国际化

目前我国内地艺术品拍卖市场还处于初级阶段，而且受制于拍品进出口政策、制度等方面的制约，因此文物艺术品拍卖在相当一段时间内还无法国际化。但是，我国文物艺术品的价格应该与国际接轨，实现国际化。有的人看到2009年秋拍和2010有几件中国古书画过亿元之后，就觉得是泡沫了，其实不然。毕加索和梵高都有成交价过1亿美元的作品。近年来，内地好几家拍卖公司的总成交额已赶超香港苏富比和香港佳士得，而不少顶级艺术品也都集中到北京来拍卖。一些内地拍卖公司也开始走出去，在香港、澳门等地举办预展和拍卖会。这些举措为中国文物艺术品拍卖的国际化奠定了基础。我们认为，国际化首先应该是指拍品的国际化和藏家的国际化。可以说，现在国际化这扇大门已渐渐打开。目前对于文物艺术品国际交流还有一些政策和制度上的限制，但通过多年的发展，我国文物艺术品市场已经取得了很大的进步。相信将来不管是艺术品“出”还是“进”的渠道都将越来越完善，中国文物艺术品拍卖国际化是艺术品市场发展的一种趋势。

三　2011年中国文物艺术品市场发展展望

（一）北京作为亚洲艺术交流重地的影响力，逐步显现“赶超”趋势

中国改革开放30多年来，北京作为亚洲艺术交流的重地，其地位、作用、影响正在超过香港和东京等地。从艺术发展与交流来看，19世纪末与20世纪初是法国艺术的“红火期”，20世纪美洲的当代艺术在国际上影响很大，到了21世纪以中国为首的亚洲当代艺术已成为关注的热点。现在北京每年都有举办一些展会来验证作品，寻找市场信息。有的人认为，在整个亚洲，北京的当代艺术与艺术家都是最高端的。因此，东南亚一带的收藏家对北京艺术家非常看好。另外，近几年来国内艺术市场发展越来越完善，具有越来越大的吸引力。所以，国外一些著名的画廊，以专业的眼光，有的从十几年前就开始选择了北京。北京也已成为中国的一个名副其实的艺术品拍卖中心，每年国内约有80%的艺术拍卖和超亿元的中国书画作品都是在北京成交的。国外有的画廊还希望能与更多出色

的艺术家和评论家合作，为收藏家提供交流的平台。看来北京的自然环境和社会环境，既能引进东南亚的艺术作品、收藏家，又有条件把中国艺术家推广到东南亚市场去。这样，北京作为亚洲一个最大的艺术交流重地的功能和作用，正逐步显现。

（二）建立、健全收藏与投资体系，成为艺术品市场发展的迫切要求

在欧美的许多国家中，衡量一位艺术家的身价的标准，不是看他获过什么奖，而是看与他签约的画廊到底是哪一家。在中国，私下交易、违约自售、纠纷不断的现象十分普遍，因此要借助西方国家画廊的分工思维，建立健全艺术家、画廊、拍卖行、会展等功能明确、条理清晰的链式关系，形成有中国特色的艺术品收藏和投资体系。这样，画家与画廊的关系才会像“鱼和水”。

此外，艺术市场要有进入与退出的机制，国外的画廊既可以进入中国，也可以退出中国，这是艺术市场的法则。内地画廊既要规范操作，也要诚信经营，这样的体系才能适应艺术市场的发展。

（三）传统中国书画与文物，仍将引领风骚

2010年春拍，自海外征集回流的重要书画纷纷以千万元、亿元价位成交。香港苏富比中国书画拍卖会的总成交额高达4.2亿港元，超越总估价近1倍，为香港苏富比历年来中国书画拍卖的最高总成交额，其中有6幅画作的成交价突破千万港元。在嘉德古代书画专场中，清宫旧藏、著录于《石渠宝笈》的宋代绘画珍品《宋人摹郭忠恕四猎骑图》以7952万元成交。翰海古代书画专场，海外回流重要作品、仇英《浮峦暖翠图》以7280万元成交。北京匡时有3件古代书法打破个人作品拍卖纪录，其中乾隆帝行书《洪咨夔春秋说论隐公作伪事》经过50多轮竞价，以5712万元成交。

本土市场追捧本土文化的艺术精品是必然的逻辑。作为中国文化艺术的精品，传统中国书画与文物引领风骚的局面在今后不会有太大改变，因为经济的发展，对艺术市场的发展与繁荣会起到积极促进作用。特别是有民族情感与本国文化特色精品的价格，还会水涨船高。

（四）中国书画市场供求格局，未发生根本变化

未来中国书画市场供给的市场化程度会越来越高，透明度也会越来越高。但是中国书画市场供求格局不会发生根本性的变化：一是从总体上来说，市场供大于求，作品的供给量大规模增长，此格局在一定时间内不会改变。二是从供求关系上来看，中低端从业人数激增，而高端艺术家缺失，造成作品市场结构性失衡——艺术精品鲜见，行活及涂鸦之作充斥市场。三是从供给渠道来看，画廊和拍卖行迅速扩张，各式各样的展览、展销、拍卖及网上营销等，使艺术品的供给几乎雷同于其他商品叫卖，渠道的多样化已经演变成过度化甚至无序与混乱。四是从政策导向与标准化来看，国家相关部门与行业协会将继续出台一些监管措施，但艺术市场的缺失，使中国书画市场供给承受着巨大压力的现象仍会存在。

B.16
积聚嬗变的能量：2009 ~ 2010 年中国期刊产业报告

宋革新*

2010 年 12 月 30 日，新闻出版总署宣布，除先期已经完成转企的出版社、保留事业性质的公益性出版社外，148 家中央各部门各单位出版社，全面完成了转企任务。至此，包括地方出版社、高校出版社、中央各部门各单位出版社在内的所有经营性出版社已全部完成转企。出版社是我国期刊业的生产主体。我国目前有社办、社版期刊 1000 余种，① 虽然只占期刊总数的 10% 左右，但其产值和市场化程度却是最高的。所以，出版社的企业化意味着我国期刊生产主体的企业化。

另外，近年来“用工荒”成为充斥于各媒体的关键词，英国渣打银行经济学家斯蒂芬·格林对此进行的学理解释为：2011 ~ 2015 年，中国每年将只会新增 300 万劳动力；而在过去的几十年里，这个数字一直都在 1000 万以上。工作人口是期刊消费者的主体，我国劳动力数量、结构的变迁，无疑意味着期刊消费者的演变。

可见，无论是期刊业的生产者还是消费者，其结构都在调整，都在积聚嬗变的能量。人类的许多重大变动往往是在不知不觉中渗入社会的。对于表面平稳的 2009 ~ 2010 年的中国期刊产业来说，情形也是如此。

一 2009 ~ 2010 年中国期刊产业发展概况：纸质形态品种增长、规模萎缩，电子形态出版和经营扩张迅猛、垄断初现

（一）出版规模：纸质期刊种数增幅较大，但单位印数萎缩；电子期刊膨胀迅猛

新闻出版总署公布的《2009 年全国新闻出版业基本情况》显示，2009 年全

---

* 宋革新，中国社会科学院文化研究中心博士后，中国轻工业出版社编辑。

① 参见 http：//www. 3stonebook. com/older/zx/zx101. html。

国共出版期刊9851种，比上年增长3.16%，而2008年、2007年所出版期刊的种数与上年相比，前者增幅仅为0.86%，后者完全没有增长！纸质期刊种数年度增幅的这种明显变化，意味着2009年以来，我国期刊业的准入政策已有了一定的调整，从总体上基本不批新号，转变为有限制、有区别地准入。

但是，市场并没有随政策的意愿而起舞，就在国家的期刊行业准入政策开始松动之际，传统纸质期刊的平均期印数已开始整体性地萎缩——除哲学、社会科学类小幅增加2.19%外，其他6个类别均有不同程度的萎缩，全行业整体性萎缩1.85%（见表1）。此外，特别需要引起注意的是，反映单位生产规模的平均每种期印数的萎缩（与2008年相比，全行业7个类别，除画刊类与上年持平外，其他6个类别的平均每种期印数，均有不同程度的萎缩），也已经清晰地表明了传统纸质期刊的颓势并未因国家行业准入政策的调整而改变。

表1　2009年全国期刊出版基本情况摘要

	2009年情况				与上年相比变化情况			
	种数（种）	平均期印数(平均每种期印数)（万册）	总印数（万册）	总印张（千印张）	种数（%）	平均期印数（%）	总印数（%）	总印张（%）
合计	9851	16457	315300	16624000	3.16	-1.85	1.53	5.23
综合	485	1967(4.06)	45240	1942992	1.25	-2.19	1.17	-5.67
哲学、社会科学	2456	6019(2.45)	109569	5821954	5	2.19	5.9	13.16
自然科学、技术	4926	3131(0.64)	46228	3139032	2.75	-5.66	-4.03	-0.39
文化、教育	1204	2774(2.3)	57738	3186813	2.47	-1.77	4.19	14.72
文学、艺术	631	1400(2.22)	29864	1570497	2.94	-9.03	-10.06	-11.36
少儿读物	98	1034(10.55)	24127	697293	0	-1.71	4.52	4.48
画刊	51	132(2.59)	2484	265508	0	0	2.14	17.86

资料来源：新闻出版总署公布的《2009年全国新闻出版业基本情况》。

新兴电子形态期刊包括3类：一是纸质期刊出版后，经电子化，放到互联网平台上收费发行的网络期刊全文数据库，如中国知网、万方数据、维普资讯等；二是已无相应纸质形态、只以电子形态在互联网上运作的E-Only期刊，其中有传统期刊单位经营的《时尚MAN》《瑞丽Pretty》等，有新媒体单位经营的《游牧民族》《9see》等，还有已采用多媒体技术的《WOW！ZINE·物志》等；三是手机杂志，或以“连续传播”方式在手机上发布各类资讯，或将纸质期刊内

容集成到手机平台上收费发行，其运营商有12580生活播报、乐活志、VIVA等。

这3个类别的电子期刊，在2009～2010年间，规模膨胀得都非常迅猛。

《中国期刊年鉴（2009年卷）》称，仅就主要网络期刊全文数据库网站统计，其期刊文献的年度总访问次数（包括检索、浏览、下载）多达60亿次，同比增长约75%。从单个此类网站的情况来看，据“龙源期刊”2009年度所发布的合作期刊网上传播数据显示，其国内阅读Top100期刊的访问量，超过了1616.4万次，而2006年此访问量仅为460万次，4年间增长了351%。①

自2010年以iPad为代表的平板电脑、电子阅读器热卖以来，曾遭遇发展瓶颈的E-Only期刊，取得了戏剧性增长。国内立足于移动互联网阅读平台的“读览天下”的总裁陈迟指出：2010年初，该平台每个月下载量才30多万本，可到了2010年底，这个数据已经达到200多万本了；下载量月增速达50%！2010年8月“读览天下”iPad版客户端上线不到半个月，下载量就超过20000次，其中各类电子期刊的下载量更是高达60万本，平均每个客户端下载了近30本。②

至于手机杂志，《2009年中国手机媒体价值研究报告》称，2010年我国手机杂志用户约9000万；而《2010年信息传媒行业风险分析报告》称，2009年我国手机杂志用户规模为6400万；可见，手机杂志用户年度增长率达40.6%！

（二）出版结构：纸质期刊中月刊是市场主角，品种结构市场敏感度低；电子期刊内容具数据库特征，品种结构垄断初现

就纸质期刊而言，根据有关机构发布的“2010年9月杂志广告投放TOP20媒体”（见表2），③ 目前在市场上占主导地位的纸质期刊出版周期类型是月刊。

从传统纸质期刊的种类看，2009年哲学、社会科学类种数比上年增加了5%，文学、艺术类种数增加了2.94%，自然科学、技术类种数增加2.75%，分别是国家投放新“刊号”最多的3个类别；而少儿读物类、画刊类，种数竟没有增加。由于新投放“刊号”资源并不是以市场机制来配置的，所以长期以来困扰我国期刊业的结构性问题——面向普通读者的消费类期刊比重偏低，非但没

① 参见http：//www.chuban.cc/gj/rdjj/qkph/fayan/200911/t20091124_ 58980.html。

② 参见http：//www.chinadaily.com.cn/hqcj/zxqxb/2011－01－17/content_ 1585820.html。

③ 参见http：//www.emarketing.net.cn/magazine/adetail.jsp？aid＝1654。

表 2　2010 年 9 月杂志广告投放 TOP20 媒体

排名	期刊名称	出版周期	排名	期刊名称	出版周期
1	时尚伊人	月刊	11	优家画报	半月刊
2	世界时装之苑	月刊	12	中国之翼	月刊
3	服饰与美容	月刊	13	东方航空	月刊
4	瑞丽服饰美容	月刊	14	智族	月刊
5	瑞丽伊人风尚	月刊	15	时装	月刊
6	时尚芭莎	月刊	16	财富(中文)	半月刊
7	嘉人	月刊	17	财经	月刊
8	悦己	月刊	18	三联生活周刊	周刊
9	时尚先生	月刊	19	伊周	周刊
10	南方航空	月刊	20	时尚家居	月刊

资料来源：CTR 媒介智讯。

有改善，反而更加失衡了：2009 年我国消费类期刊（包括综合类，文化、教育类，文学、艺术类，少儿读物类，画刊类）合计 2469 种，只占期刊总量的 25.06%，比 2008 年的 25.30% 反而下降了 0.24%。而在充分市场化的发达国家的期刊市场，消费类期刊均为主角，例如，2002 年美国消费类期刊占其期刊总量的 50.89%，德国是 38.39%，英国是 37.54%；① 日本 2003 年的这一数字是 57.76%。②

面向普通读者的消费类期刊比重低，是缺乏市场配置资源机制的结果，并因此造成整个期刊业的市场敏感度低，应对基于市场机制的国际竞争的能力低下。

就电子期刊而言，其中的网络期刊全文数据库、部分手机杂志，实质上是纸质期刊内容的电子化，所以其内容的添新频率，也以月份为主。但是，其内容已电子化，具备了数据库可海量下载的特征。例如，“中国知网”的“中国学术期刊网络出版总库”，截至 2010 年 10 月，收录了国内学术期刊 7686 种，包括创刊至今出版的学术期刊 4600 余种，全文文献总量 3000 多万篇。其 1 个月的添新量，在文献总量中所占比例甚微，从而使 1 个月这样的短时间段，不再像纸质期刊那样，成为区别其内容的决定性变量。

① 资料来源：FIPP/ZENITHOPTIMEDIA WORLD MAGAZINE TRENDS 2003/2004。
② 资料来源：FIPP/ZENITHOPTIMEDIA WORLD MAGAZINE TRENDS 2004/2005。

电子期刊是在市场环境下兴起的，其市场敏感度整体来说比纸质期刊要好，但由于相关领域的市场进入门槛相当高，所以电子期刊中比较成熟的网络期刊全文数据库、手机杂志领域，也像我国其他信息相关领域一样，目前都已被有限的几家运营商所垄断——网络期刊全文数据库被中国知网、万方数据、维普资讯、龙源期刊4家垄断；手机杂志被12580生活播报、乐活志、VIVA3家垄断。

（三）经营状况：纸质期刊第一、第二次售卖不同幅度下滑；电子期刊“钱途”无量

新闻出版总署公布的《2009年全国新闻出版业基本情况》显示，2009年我国新华书店系统、出版社自办发行单位，销售纸质期刊1.84亿册，比上年下降39.47%；发行（第一次售卖）收入21.73亿元，比上年下降16.05%。《2010年度中国传媒产业发展报告》显示，2009年纸质期刊全部发行收入为166.3亿元，较上年的167.1亿元，下降了4.8%。纸质期刊第一次售卖的下降幅度，令人触目惊心。《2010年度中国传媒产业发展报告》还显示，2009年纸质期刊广告（第二次售卖）经营总额为30.37亿元，较上年的31.02亿元下降2.1%。可见，纸质期刊的第二次售卖情况，也不容乐观。

与纸质期刊惨淡的经营状况相比，电子期刊却“钱途”无量，如《2010年中国数字出版产业年度报告》显示，2009年我国网络期刊全文数据库销售收入为6亿元；《中国期刊年鉴（2009年卷）》显示，2008年我国网络期刊全文数据库销售收入为3.6亿元。这意味着其年度增长幅度达75.4%！再如，《2009年中国手机媒体价值研究报告》称，在手机用户最常订阅的手机信息类型中，以新闻、资讯信息为主的手机杂志比例最高，达64.6%！2009年最后一季度，手机杂志广告比上一季度增长42.4%；2010年第一季度，同比增幅仍达30.3%。[①]

（四）读者状况：纸质期刊阅读下滑、接触稳定、分众明显；电子期刊接受度已较高

《中国期刊年鉴（2009年卷）》这样描述了我国期刊读者的状况：一是国民纸质期刊阅读率、平均阅读量出现了下滑态势，2008年，18～70岁的识字人口，

---

① 参见http：//www.zazhi001.cn/News/Detail/38303.html。

阅读过纸质期刊的人占一半（50.1%），比上年有所下降；二是成年人中经常阅读纸质期刊人口趋于稳定，未成年人的纸质期刊接触率高于成年人，18~70岁的成年人中，有37.5%在过去1周中阅读过纸质期刊（自2001年以来该数据一直保持在40%左右），其中9~13岁、14~17岁两个年龄段的这一指标分别为50.2%、50.9%，高出成年人10个百分点以上；三是不同人群的纸质期刊阅读情况差异相当大（见表3），具体来说，中青年（30~59岁）、学历较高（高中以上）、收入较高（3001元以上）的城市人口，纸质期刊阅读率较高、阅读量较大；四是在网络上阅读电子期刊等习惯，已逐渐在受众中形成。在我国14~70岁的网民中，有15.7%的人会在上网时阅读电子期刊，且半数左右的人，平均每周至少在网上读1次电子期刊。

表3　我国各类人群期刊阅读情况

人口特征	类别	阅读率(%)	阅读量(期/年)
性别	男	49.3	16.69
	女	51.1	15.82
年龄(岁)	18~29	66.0	15.58
	30~39	52.9	16.34
	40~49	38.5	18.46
	50~59	31.0	16.68
	60~70	29.2	14.28
户口类型	城市	62.3	18.89
	农村	41.2	13.37
学历	小学以下	14.9	10.16
	初中	42.7	13.03
	高中及中专	64.6	16.76
	大专	75.6	19.66
	大学本科	84.0	22.93
	硕士及以上	80.4	31.89
收入(元)	无收入	55.3	14.24
	500以下	29.6	11.45
	501~1000	43.3	14.47
	1001~2000	59.3	17.63
	2001~3000	64.1	19.45
	3001~5000	71.1	22.37
	5001~8000	82.7	18.85
	8001~1万	56.6	62.22
	1万以上	57.7	40.91
	拒绝回答	51.6	17.75

资料来源：《中国期刊年鉴（2009年卷）》。

（五）进出口情况：纸质期刊逆差扩大，呼唤政策体系调整；电子期刊海外拓展见效，有助于国家软实力建构

新闻出版总署的统计表明，2009 年，我国纸质期刊出口 43741 种次、211.65 万册、351.13 万美元，与上年相比，种次下降 5.11%，册数增长 129.94%，金额增长 60.98%；同年，纸质期刊进口 54163 种次、448.09 万册、13661.47 万美元，与上年相比，种次增长 0.75%，数量下降 0.17%，金额增长 2.79%。当年期刊进出口逆差为 13310.34 万美元，与上年相比，增幅为 1.82%。纸质期刊进出口逆差连年增长，说明我国期刊业的国际竞争力并没有朝走强的态势发展。这也反映出，我国目前期刊业的政策体系很有调整的必要。

同时，据《中国期刊年鉴（2009 年卷）》介绍，电子期刊中的网络期刊全文数据库运营商“中国知网”，凭借其“中国学术期刊网络出版总库”，已把用户拓展到了 43 个国家、地区的 560 个著名高校、科研机构、政府与党派组织、公共图书馆、企业、医疗机构，其用户量年度同比增长 21%，已成为美国、西欧、日本等发达区域，研究中国问题的首选资源。另一个网络期刊全文数据库运营商“万方数据”，则把其“数字化期刊群”，与博、硕士学位论文捆绑发行，在北美、台湾等地区的中小型高校、医院等机构中获得了较多应用。总之，网络期刊全文数据库作为我国电子期刊中的成熟形态，已为构建国家软实力作出了贡献。

二　2009～2010 年中国期刊业特征和趋势：期刊电子化已成为必然趋向，原有生产、经营模式亟待革新

（一）伴随着消费者成为“屏幕时代人”，期刊向电子平台延伸已成为不可逆转的趋势

2009 年 5 月，在伦敦举行的 FIPP 世界期刊大会上，几乎所有的专题都与数字化技术有关。《第 26 次中国互联网络发展状况统计报告》称，截至 2010 年 6 月底，我国网民规模达到了 4.2 亿，较 2009 年底增加 3600 万人，互联网普及率攀升至 31.8%；手机网民规模为 2.77 亿，半年新增手机网民 4334 万。网民上网时间继续增加，人均周上网时间达 19.8 小时。随着 4 亿多人口以极高的速度成

为“屏幕时代人”（Screen-Agers），中国期刊产业如果想在今后5～10年内生存并发展，就必须积极向互联网、手机等电子平台延伸产业链，并重构赢利模式。

（二）建立、强调“数据库”理念，是期刊编辑应对变革的起点

其实，“数据库”并不神秘、复杂，纸质文摘期刊的编辑、运作，就运用了“数据库”的理念。在中国期刊市场上，有文摘期刊200种左右，占期刊种数的2%，其中既有发行量常年数一数二的《读者》杂志，也有新近成功的《特别关注》《格言》《意林》《37°女人》等，可见“数据库”在我国期刊业中的运用模式及其力量，早已形成。当期刊由传统纸质形态，不可逆转地向电子形态延伸之际，“数据库”由模式上升为理念，自有其原因：

首先，这是由期刊的特质——针对特定人群，为之量身定制“精准”阅读体验，为广告商提供“精准”广告受体——所决定的。只有以“数据库”的海量信息为素材，时时进行换位思考，替自己的读者、客户着想，才可能编辑出比其他媒体更“精准”的图文，从而形成比其他媒体更“精准”的广告受体群。

其次，这是“媒体过剩时代”的成本压力所决定的。面对其他传统媒体和“新媒体”的激烈竞争，中国期刊业因相对弱小——新闻出版总署的专题调研报告显示，目前我国期刊广告只占广告市场总份额的5%左右，而法国期刊广告占20%，美国期刊广告占15%，日本期刊广告也占12%，所以，整个行业目前最需要考虑的是如何做更多的事情，而不是招更多的人。这就意味着：期刊编辑必须突破纸质平台的局限。而“数据库”是目前成熟电子期刊的一个共同本质特征。有了“数据库”理念，也就在一定程度上把握了优化、突破纸质平台的钥匙。

再次，期刊编辑岗位的重要性提升，而岗位专业门槛降低、工作成本降低，是期刊编辑进入“数据库”时代的结果，也是促使期刊生产、经营组织变革的一个动因。“内容”是期刊业得以生存的杀手锏之一，但“数据库”的广泛运用使期刊内容生产的专业门槛降低了。这样，传统上作为“把关者”的编辑，不仅需要向“作者”延伸，而且需要向发行、营销职能延伸。“我们以后不再招聘编辑，而要招聘编辑战略家。”出自美国一位期刊主编的此语，概括了这种发展趋势。

（三）期刊广告现在和未来的努力方向，都是中高端客户

从有关机构发布的“2010年9月杂志广告投放TOP10品牌”（依次为：雅诗兰黛、兰蔻、香奈儿、欧莱雅、克丽斯汀迪奥、娇兰、倩碧、薇姿、娇韵诗、古琦）来看，[①]相关品牌全部为中高档化妆品及高级珠宝、成衣、箱包等奢侈品；该机构同时发布的“2010年9月杂志广告投放TOP10行业”（依次为：化妆品/浴室用品、交通、衣着、个人用品、娱乐及休闲、电脑及办公自动化产品、家居用品、商业及服务性行业、家用电器、食品），也是汇集了众多中高档大牌消费品的行业。期刊广告成为“中高档消费品展览馆”，这是因为中高端广告客户，从维系、强化其品牌的考虑出发，需要与其中高档形象相匹配的广告媒体。放眼报纸、期刊、广播、电视、网络、手机等各媒体，毫无疑问，装帧精美的彩色期刊，在体现中高档用品（尤其是高档奢侈品）的生产企业形象方面，具有明显的比较优势。所以，期刊行业不仅目前主要吸引了中高端广告客户，在以后向电子平台延伸的过程中，也必须注意保持、发扬其中高档形象，以继续吸引中高端广告客户。否则，就将失去其在广告市场的生存之本。

（四）期刊发行与推广，即第一次售卖和第三次售卖，联系日趋紧密，很快有合流可能

纸质期刊在向网络、手机等电子平台延伸的过程中，在哪儿、向谁收费，成了一个有待选择的问题。各期刊需要根据自己的定位、特点，对此做出回答。例如，越来越多的B2B类期刊，开始加大第一次售卖的“免费”量，通过扩大发行争取到更多的读者，以此举办培训、论坛或在网络上提供一对一专家咨询（均属“卖品牌资源”的第三次售卖），从而获取更多利润。

期刊发行除了赢利，还负担着联系读者的重任，而后者在时下是越来越重要，并已与品牌营销高度融合。例如，2010年7月，儿童消费品开发与零售商“博士蛙”，举行了“1字万金，10万现金征集广告语”的活动。此活动通过手机杂志运营商“12580生活播报”刊出后，短短1周内，就收到近23万条风格各异的广告语；接着，“博士蛙”又将征集来的广告语的最终选择权，通过

---

① 参见http：//www.emarketing.net.cn/magazine/adetail.jsp？aid＝1654。

"12580 生活播报" 交给了大众。结果，经 3100 万票选，最终得出了广告语。在这个活动中，媒体与受众互动的速度、规模，震惊了广告商！此后，品牌广告商纷至沓来，进一步成就了"12580 生活播报"这个目前国内领先的手机杂志品牌。

（五）产业链上的新关键词："iPad"、"MPR"、"扎堆上市"

2010 年 12 月 10 日，国内手机杂志运营商 VIVA 无线新媒体，精心制作的 VIVA 畅读 iPad 客户端登录 App Store，由此，各类知名杂志得以以一种全新方式和 iPad 用户见面。截至 2010 年底，大概有 200 多家主流期刊的电子版，已在 App Store 正式上线，其中包括《周末画报》、《读者》、《财经》、《中国国家地理》、《第一财经周刊》、《中国企业家》等一线期刊。

MPR，是一种依靠特殊的二维码为关联，将多媒体数字技术与纸质印刷出版物相结合（Multimedia Print），通过阅读器（Reader），将出版物对应的电子媒体文件表达出来的技术。MPR 的首要功能，是让出版物"开口说话"。此技术应用于期刊业，将会产生"有声"期刊这一新品种。

知音传媒集团、读者出版集团、家庭期刊集团、漫友文化、瑞丽集团等我国领先的期刊集团，在 2010 年扎堆规划上市的消息此起彼伏。姿态各异的筹备上市的期刊集团们，应需谨记：2004 年在香港成功挂牌上市的"北青传媒"，曾因"收入结构单一"，而遭遇股市动荡的滑铁卢；而努力"扎堆上市"的众期刊集团中，"收入结构单一"的恐不在少数。

三　当下中国期刊产业的核心问题与政策建议

我国文化产业占世界文化市场的比重不足 4%（除日本以外的中国及其他亚太国家共占 4%），而美国占 43%，欧盟占 34%，日本占 10%；[①] 在整个世界期刊市场中，中文期刊（含内地、香港、台湾）所占份额仅为 2%。[②] 在全球化背景下，包括期刊产业在内的我国文化产业是典型的弱势产业，必须谋求像我国制

---

① 参见 http：//fzwb. ynet. com/article. jsp？oid = 76781987。

② 参见 http：//www. cpa-online. org. cn/web/tpwz. aspx？artid = 000320&cateid = A。

造业那样的跨越式发展，否则必将长期处于无国际竞争力的落后状态，拖累、迟滞整个国家产业升级。这是包括期刊产业在内的我国文化产业的核心问题，及相应政策体系的逻辑起点。

诚然，在2009～2010年间，我国期刊产业政策已进行了一定程度的调整，如前述“刊号”年度增幅，就由此前的0%和0.86%，增加到了3.16%。但这3.16%只意味着302种新刊，期刊总数由9549变成了9851。可2300万人口的台湾地区，目前就有6600多种期刊。① 按2009年的“提速”状态估算，我国内地期刊发行密度，何时才能赶上台湾地区呢？

此外，2009～2010年，与期刊产业发展密切相关的文化体制改革，也确实迈出了步伐，如前述148家中央各部门各单位出版社转企任务的完成等。但在一个每年的新进入者只占3.16%、且准入资源并不由市场力量进行配置的“市场”里，“要素”的增加显然是难有显著进展的；而没有“要素”增加所形成的动力和压力，既有的“要素”即使进入市场，也难以获得改善——这是前苏联东欧国家的市场化改革实践已经证明了的！所以，全国500多家出版社是转企了，但作为进入市场的既有“要素”，其素质改善并不会必然发生。

很明显，目前的产业政策，难以适应期刊产业乃至文化产业“跨越式发展”的要求。而对于一个经历了30多年改革开放，在实践中已探索出了产业发展成功经验的国家来说，把相关成功经验推广到自己的期刊乃至整个文化产业中，应该是一种必然的选择。

（一）战略：把改革开放30年来，我国所获“增量改革、局部试错、沟通内外、注重‘旗帜’”的产业发展成功经验，推广到期刊乃至整个文化产业中

增量改革，即着眼于“做大蛋糕”，扩大可供在各个利益集团间进行分配的份额，使改革尽可能具有“帕累托改进”的性质，从而有利于解决稳定与速度相协调的难题；局部试错，即改革措施从较小范围内的试验开始，在取得成果并进行总结的基础上，再加以逐步推广，也就是“摸着石头过河”；沟通内外，即在国际大循环中寻找比较优势，并以相关优势为中心，构建阶段性的发展战略，

① 祝兴平：《台湾地区期刊出版产业经营状况与市场格局》，《中国出版》2009年第12期。

如我国改革开放初期，凭借劳动力价格的比较优势，大力发展“三来一补”劳动密集型加工工业，一举奠定了经济特区、沿海开放城市的市场化工业基础；注重“旗帜”，即为改革提供意识形态、价值观支持——30年间，先后推出了邓小平理论、“三个代表”重要思想、科学发展观等。

把上述产业发展成功经验，创造性地推广到期刊乃至整个文化产业中，必将有助于实现期刊乃至整个文化产业的“跨越式发展”。

（二）战术之一：在非时政期刊领域，对“增量改革”进行“局部试错”

对时政类、非时政类期刊进行区别管理，是我国期刊行业适应现实国情与体制的一种制度选择。

在非时政期刊领域，参照香港等地区的做法，把目前新刊准入的行政审批制，改为登记制，可在现有“存量”之外，利用市场的力量，短时间内迅速形成“增量”，从而在非时政期刊市场内，形成一个有效竞争的环境。这样，此后再对“存量”进行产权等改革时，所造成的冲击，就基本可以被“增量”消化了。

在非时政类期刊这一文化产业的局部，先试行“增量改革”，也相当于是在“局部试错”。待取得成果，并进行务实总结后，再把相关经验和模式，逐步推广到更多的期刊乃至文化产业领域。

（三）战术之二：寻找我国期刊业在世界华语文化圈的比较优势，努力沟通内外两个市场

在世界华语文化圈内，从宏观要素比较的角度来看，内地期刊业在市场基础规模（内地人口13亿、台湾2300万、香港700万、新加坡480万、澳门50万）、从业人员规模、产业资本规模上，都已有显著的优势；在技术、装备水平上，与其他华人聚集区的期刊业相比，也没有明显的差距。

但寻找比较优势，并把相关优势转化为市场，需要有经验、懂市场的期刊人，也就是说，微观要素会起重要作用。这一点，可以从台湾地区的《空中英语教室》和《阶梯英语》两本期刊，准确切入内地英语学习市场，并迅速做大的事例，得到明证。因为从宏观要素分析、市场进入难度等表面态势看，台湾地

区期刊进入内地市场难有优势可言；但是，台湾期刊人就是在英语学习期刊这个非常细分的领域，敏锐地寻找到了比较优势，并把相关优势成功地转化为了市场。

可见，内地期刊业要在世界华语文化圈寻求比较优势，并推动市场实现，需要一批有经验、懂市场的期刊人的出现。而我国的期刊业政策体系，应把尽快培养、推出这样一批期刊人，作为近期的政策目标。

（四）战术之三：将“共享和谐世界”的价值观，作为发展期刊乃至整个文化产业的意识形态支撑

追求中高端广告的期刊，其目标读者自然是能消费得起相应商品的人群。《中国期刊年鉴（2009 年卷）》显示，目前在我国期刊广告市场上，占前 5 位的类别，分别是女性时尚类、财经类、机动车类、航机类、运动/健康/保健类，且这 5 类期刊，占据全部期刊广告市场的 70% 以上份额。很明显，这 5 类期刊都“物欲滚滚”。而单刊广告额排在前 5 位的期刊（见表 2），全部与资本主义国家的相应期刊有版权合作，其体现消费社会享乐本位价值观的现象，也是大量存在的。

其实，从价值观层面看，资本主义价值观继“生产社会”阶段的效率本位主义、“消费社会”阶段的享乐本位主义之后，现已发展到了“后物质主义”的第三个阶段，即在发达资本主义国家集团内以自由、民主为本位，对其他国家以推行自由、民主价值观之名，行掠夺、霸权本位之实。这是一种颇具欺骗性的双重价值观。一切文化产品，都是某种价值观的生产和再生产。中国期刊乃至整个文化产业，要想取得跨越式发展，就必须拥有比发达资本主义国家的“后物质主义”价值观更具吸引力和传播力的价值观，以此为产业发展有力的支撑。而“共享和谐世界”的价值观，因聚合了中国传统和现代社会的智慧，为这种支撑提供了可能性。

区域报告

Regional Report

B.17

“十二五”时期天津滨海新区文化产业战略选择与模式创新

王　琳*

天津滨海新区作为继深圳经济特区、浦东新区之后带动区域发展的新经济增长极，肩负着重大历史使命。按照党中央和国务院的要求，应积极推进滨海新区综合配套改革试验，不断提高滨海新区的创新能力、服务能力和国际竞争力，使滨海新区在带动天津城市发展、推进京津冀和环渤海区域经济振兴、促进东中西互动和全国经济协调发展中，发挥出更大的作用。因此，加快“十二五”时期滨海新区文化产业的发展步伐、推动滨海新区创新等问题，成为我们研究的重点。

一　对“十二五”时期滨海新区文化产业创新环境的研究

（一）对国际经济形势与中国举措的考察及结论

“十二五”时期的滨海新区文化产业发展处于极其复杂的国际、国内环境

* 王琳，天津社会科学院研究员，南开大学滨海研究院文化创意产业研究中心副主任。

中。2010～2011年初，世界各国政府通力合作应对金融危机，积极探索国家创新战略，以走出金融危机的阴霾，获得持续发展的能力。世界各国将文化产业作为应对金融危机、扩大国际贸易的手段之一，美国、英国、日本、韩国仍是文化产业出口大国。美国的芯片、大片（电影）、薯片战略使其经济获益匪浅，iphone 4 和 ipad 风靡全球，仅《阿凡达》全球票房就超过16亿美元，美国出口中国的24部电影吸金达到了40.4亿元人民币；在英国，创意设计和艺术表演业依旧快速发展，将以2012年伦敦奥运会为发展的重大契机；"日风"、"韩流"电视剧依然未停下大举进军中国市场的脚步，而印度、新加坡、泰国的影视产业也联手冲进中国市场。这一切表明，世界文化产业依旧在逆势发展。

在金融危机背景下，国务院于2009年出台了《文化产业振兴规划》，以此作为保增长、调结构、促发展的国家创新战略之一。文化产业被赋予了重大历史使命。2010年，国务院又发布《关于金融支持文化产业振兴和发展繁荣的指导意见》，政策支持从政府到银行，再到民间，形成了强劲的体系，使金融助力文化产业发展有了政策支撑。至2011年初，中国初步形成了文化产业大发展的局面，北京、上海、广东等地居于全国领先位置，长三角、珠三角、环渤海三大文化产业带逐渐成型，西南、西北、中部、东北等具有鲜明地域和民族特色的文化产业群正在发力。2010年，在全球金融危机持续加深的背景下，中国文化产业逆势上扬。2009～2010年，新闻出版产业突破万亿元大关，电影产量和票房双双创历史新高，电视剧第一生产国的地位继续巩固，舞台演出市场收入同比增长近60%，网络游戏销售收入增长30%，深圳文博会总成交额达880.69亿元，中国文化产业初步展现出"朝阳产业"的迷人气象。

在国际、国内大力发展文化产业的背景下，回溯2008年3月国务院批复的《天津滨海新区综合配套改革试验总体方案》提出，要"建设国家级滨海新区文化产业示范园区，整合开发天津市，乃至环渤海地区文化资源，使之成为新兴文化产业发展的策源地和示范区"。中央的要求及上述历史使命都昭示着"十二五"时期的滨海新区应当大力发展文化产业，以此突出文化产业引领发展的重大作用。因此，"十二五"时期的滨海新区文化产业发展规划中，必须思考如何建设成为"国家级文化产业示范园区"和"新兴文化产业的策源地和示范区"，必须思考如何将文化产业作为支柱产业来培育。

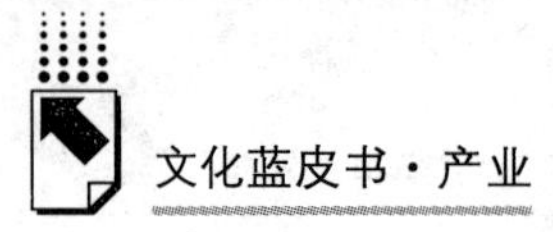

（二）对国际城市文化创新运动的考察及结论

非常值得关注的是近年来世界范围内的城市文化创新运动。2000 年至今的十多年间，众多发达城市的文化创新战略逐步形成了四种模式，即以创意产业为基础的创新型文化城市、以内容产业和科技产业引领的知识型文化城市、以保存民族文化传统和文化多元性的文艺复兴城市、以艺术发展带动文化消费的休闲娱乐型文化城市，分别以英国的伦敦和曼彻斯特、西班牙的巴塞罗那、亚洲的新加坡、中国的香港等为代表。这些战略的特点之一，是把文化产业、创意产业、内容产业作为更新城市战略的新动力，同时将此作为从工业制造型城市向文化创新型城市过渡的开端，提出了著名的“城市即文化，文化即城市”的理念。

这些城市的经验给我们以巨大启发，使我们在研究“十二五”时期滨海新区文化产业战略时必须思考：近年，滨海新区工业发展一直快于第三产业，因而，必须启动从生产型向创新型城市转型的历程，大力发展现代服务业。那么，文化产业究竟怎样成为现代服务业发展的突破口？究竟如何更新文化产业自身结构？应当采取何种途径创新？

（三）对国际文化产业发展趋势的考察及结论

国际文化产业在近年出现了文化创意与科技创新合流发展、文化内容跨区域合作、数字新媒体等技术引领发展、产业链向上下游延伸、文化产品制作国际化、文化消费爆发式增长、国际文化市场分割等众多趋势。国际文化贸易硝烟四起，美国不仅占据着国际影视制作和播映市场的大部分份额，还管理着互联网网址分配系统的核心部分，控制着国际信息基础设施的市场，包括国际电话网、地下光缆系统、卫星或无线电传输和拥有大批计算机服务器的互联网本身，以及全球信息高速公路传输的“内容”；日本的动漫画占据了世界市场的 60% 份额，占据了欧洲市场 80%、中国市场 85% 以上份额；韩国则通过制作精良的“肥皂沫”电视剧将“韩流文化”播向世界各地。这都使我们感到世界文化产业竞争依旧硝烟弥漫。

滨海新区的文化产业究竟怎样进行产业定位？在产业链上占据何种优势地位？怎样参与国际竞争？对此均应进行深入思考。

（四）对国内文化产业区域分工的考察及结论

近年，中国国内文化产业飞速发展。从直辖市来看，北京定位为"世界文化创意城市"，上海定位为"国际创意城市"，2010年，两城市文化（创意）产业增加值超千亿，均已成为支柱产业。从经济特区发展看，深圳和上海浦东两个经济特区的文化产业已获得长足发展。2009年深圳文化产业的增加值已接近700亿元，占GDP比重为7%，已成为当地经济的支柱产业，同时，深圳搭建了"中国（深圳）国际文化产业博览会"大型交易平台；经过20多年的开发建设，上海浦东新区已成为文化产业发展的高地，2009年，浦东新区文化（创意）产业增加值达到313.7亿元，占地区生产总值的7.8%，上海文化产权交易所、联通信息服务中心等落户外高桥，新华社金融信息服务平台落户陆家嘴金融贸易区，浦东国际高新科技文化产业园区等项目进入实质性推进阶段。现实表明，两特区文化产业基础雄厚。从地域上看，滨海新区之北有国际软件服务外包基地——大连，东部直面渤海圈的文化产业强国日韩，西有文化产业中心城市——北京，南有国家级动漫示范基地——杭州、中国文化产权交易中心——上海浦东。这一切均对滨海新区形成了"犄角竞争"之势，构成了极大挑战。故而，必须深入思考滨海新区文化产业如何定位区域角色等问题。

基于上述形势分析，"十二五"时期滨海新区文化产业必须走创新发展之路。

二　对"十二五"时期滨海新区文化产业创新路径的研究

依据迈克尔·波特的竞争优势理论、区域经济增长理论以及文化社会学等诸理论，"十二五"时期滨海新区文化产业的发展应当遵循发挥比较优势思路，在充分把握现状、判断发展阶段、摸清问题的基础之上，调动政府、市场、企业、资源和机遇的综合积极因素，走出一条特色发展之路、错位发展之路。

（一）滨海新区文化产业的发展阶段、总体水平和存在的问题

1. 发展阶段和发展水平的总体判断

滨海新区文化产业肇始于20世纪90年代中后期，产业发展初期为文化体制改革推动，可以经营的文化单位走向市场，产业模式为政府主导推动型。21世

纪初，以文化娱乐、广播影视、新闻出版、文化旅游发展为标志，新兴网络服务等逐步兴起为推动力，文化产业市场化程度进一步加深，文化资源的重组使其总体规模逐步扩大。2005年至十七大，文化产业被纳入国家软实力范畴，得到政府政策的大力支持，进入了完善产业链、产业价值提升的快速成长阶段。2007年至今，科技创新引跑文化产业的国际趋势成为发展的新动力，文化创意异军突起，产业要素进一步集中，产业集群初步形成。

经过20多年发展，滨海新区初步形成了新闻出版、创意设计、软件服务、休闲娱乐等具有一定竞争力的文化产业体系。截至2010年底，新区已聚集了近4000家文化企业和经营单位，吸引了3.2万余文化产业从业人员，创造了约200亿元的文化产值，构建了创造年均增长38.5%的“滨海速度”的软件产业，形成了集中度较高的创意设计、动漫游戏和休闲旅游产业集群。

2010年，滨海新区政府设立1000万元的文化产业扶植基金，用以对文化企业的奖励、补贴与扶植；同年，滨海文物产权交易所开业运营；在文化部主办的第四批国家级文化产业示范基地评选中，天津滨海高新区的神界漫画、猛犸科技两公司成功入选；与此同时，滨海新区文化产业园区迅猛发展，国家级动漫产业示范基地、中国天津3D影视创意园落户滨海中新生态城，国家影视网络动漫实验园、国家影视网络动漫研究院落户滨海高新区。

总体说来，滨海文化产业目前处于粗放型、初期到中期的快速发展阶段。

2. 存在的问题

目前，滨海新区文化产业存在规模较小、产业链不甚完整、结构松散、模式陈旧、产出效益小、拉动作用有限、区域辐射力较差、国际化程度欠缺、政策执行不到位等问题，融资渠道不畅、人才聚集程度不够等因素也羁绊了发展的步伐。

滨海新区在“十二五”时期，首先要解决如下三大问题：如何实现文化产业跨越式发展，使之成为国民经济的支柱产业和推动现代服务业大发展的突破口？如何在新时期更加科学地定位产业布局和空间布局，从而快速扩张产业规模，增强国际竞争力和区域辐射力？如何发挥“先行先试”优势，于“十二五”末期将滨海新区建设成为国家级文化产业示范园区、新兴文化产业策源地、环渤海地区文化产业中心城市？要解决上述问题，“十二五”时期的滨海文化产业必须走发挥优势、突出特色、错位发展之路。

（二）“十二五”时期滨海新区文化产业发展路径研究

1. 关于发挥综合优势的思考

第一，发挥特殊区位带来的优势。滨海新区地处环渤海经济带和京津冀城市群的交会点，直面东北亚和正在崛起的亚太经济圈，是中国北方连接亚欧大陆桥的东部起点，其优势在于，面向海外的区位优势可聚拢和开发海内外文化资源、优先学习借鉴日韩经验、引进和输出国内外文化产品，并为滨海新区文化产业融入国际舞台提供便利条件。

第二，发挥经济基础优势。滨海新区纳入国家发展战略后，积累了雄厚的经济实力。2010 年，滨海新区全年生产总值突破 5000 亿元，增长 25% 以上；工业总产值 10603.5 亿元，增长 33.2%；财政收入 1006 亿元，增长 36.9%，地方财政收入增长了 36.8%；全社会固定资产投资增长了 34%；外贸出口增长了 24%；实际利用外资增长了 22.2%，实际利用内资增长了 28.9%。①

第三，发挥综合改革成果的优势。2010 年，滨海新区按照“一核双港、九区支撑”的空间发展战略，在九大产业功能区选取十个片区进行重点突破，创新推出“十大战役”开发模式；建立了“指挥部 + 管委会 + 平台公司”三位一体的管理构架，形成了统一指挥、高效运转、强力推进的工作机制；同时，在股权投资基金、融资租赁、离岸金融、科技金融等方面实现了突破，基本完成综合配套改革 3 年实施计划。强大的经济基础为打破文化产业发展的资金瓶颈、推进文化科技研发提供了资金来源，为文化产业结构升级换代提供了创意和技术市场空间。

2. 关于特色发展路径的思考

走特色发展之路必须拥有特色资源。首先，滨海新区拥有魅力独特的文化资源，其特色文化资源可分为近代工业文化、近代海防军事文化、现代大工业文化和海洋文化四类资源体系。该区域聚集着 A320 空客、大火箭、千万吨乙烯等现代大工业体系，坐落着北洋水师大沽船坞遗址、开滦矿务局塘沽码头等工业遗存，还拥有大沽口炮台、飞镲、版画刻字艺术等国家级物质与非物质文化遗产，以及航母军事主题公园、邮轮母港、官港生态游乐园、“天河号”大型高速计算

① 本文引用的滨海新区文化产业数据根据相关主题座谈会调研纪要整理而得。

机等现代文化基础设施，还有正在建设中的国家海洋馆、游艇俱乐部等高端文化项目，这些都为新区布局工业创意设计、新媒体技术、高端娱乐等特色文化资源体系提供了强力支撑。

其次，滨海新区拥有特色政策资源。作为国家综合配套改革试验区，滨海新区被赋予了“先行先试”的特殊政策，由此形成了体制机制创新力度较大的创业环境。目前，滨海新区管理资源重组，体制改革取得重大突破；正在实施的“十大战役”有“七大战役”与文化产业有关，中新生态城国家动漫产业综合示范园、于家堡金融商务区、响螺湾国际商务区等项目为布局新区文化创意产业空间结构奠定了基础。这一切为滨海新区文化产业走“先行先试”的特色发展、创新发展之路提供了优越的环境条件。

3. 关于错位发展路径的思考

前已阐述了滨海新区目前处于国内沿海区域“犄角竞争”的核心，因此，文化产业必须走错位发展之路。滨海新区域内具有现代化特征明显的大工业体系，文化产业应向一、二、三产业的上、下游拓展空间；滨海新区的科技创新和转化能力位于国内前沿，因此，文化创新与科技创新对接发展是其主要方向之一；滨海新区有成就斐然的金融创新成果，各类股权投资基金和创业风险投资基金达到355家，融资租赁业务规模占全国20%以上，因此文化创新与金融创新对接成为国内融资基地也是其重点方向；滨海新区还具有丰富的历史文化和海洋文化资源，特色文化旅游应成为对国民经济作出新贡献的产业之一；滨海新区面向环渤海大经济圈的日韩两国，因此，借助北京的超级文化创意产业优势，嫁接国际文化产业市场，充分发挥引进和输出文化产品的功能，是错位发展路径应有之意。

三　“十二五”时期滨海新区文化产业的战略选择及模式创新

确定“十二五”时期滨海新区文化产业发展战略的创新点，其主要依据是空间扩散理论和增长极理论，核心是通过更新模式、调整结构、突破瓶颈等一系列体制、机制创新，科学进行产业布局和空间布局，以政策体系保障其规模化发展、跨越式发展，在“十二五”末期，实现“建设成为国家级滨海新区文化产业示范基地，成为新兴文化产业发展的策源地和示范区”的目标。

（一）创新发展模式，助推文化产业科学发展

“十二五”时期的滨海新区文化产业发展应借助“先行先试”的政策优势和国家战略的政策平台，大胆创新产业发展模式，促使之向高端化、高新化、高质化的增长方式转变。

一是在发展方式上，以“低碳”和“生态绿色环保”为主，以保护文化生态、不以损害环境为代价、可持续性强、与后代人共享为原则，重构产业发展模式。

二是在发展格局上，遵循市场导向原则、高成长原则、产业关联原则、技术进步原则、综合效益原则，鼓励与国际前沿趋势对接，与产业升级运动对接，与数字化、网络化、移动化等新科技和新载体对接，使之成为科技领先的新兴文化产业策源地，逐步形成“政府主导，多元主体，资源整合，国际接轨”的发展格局。

三是在更新营销模式上，构建“文化＋创意＋高科技＋商业策划”的新型模式，走出独特的“滨海发展之路”。

四是在政策构建上，与体制机制创新、金融创新对接，在争取中央政策落地、增强行业监管、加大风险控制、突破发展瓶颈诸方面进一步体现创新。

五是在发展的策略上，鼓励跨区域跨行业合作，选择在竞争中合作的道路，依托京津冀，服务环渤海，面向东北亚，尤其重视与北京的对接，构建“京津文化产业带”，增强区域辐射力和竞争力。

（二）更新产业结构，助推文化产业规模发展

“十二五”期间，滨海新区文化产业要率先推进结构重组，更新产业布局和空间布局。在未来5年内，重点布局新兴文化产业和特色文化产业两大部类产业，在空间上，构建“滨海开放型特色文化产业带”。

新兴文化产业部类：一是优先发展创意设计业，定位于高端工业设计、城市视觉设计、工业科技产品设计、建筑设计、工程设计、时尚设计、大型文化项目设计；二是重点发展软件研发服务业，包括软件服务外包集群、网络信息安全软件集群、IC设计企业集群、信息集成系统软件集群，培育科技项目运行和文化信息管理软件设计；三是大力发展数字内容和动漫游戏业，包括动漫画、益智网

络游戏、手机出版物、数字报纸、互联网期刊、电子图书、在线音乐、动漫衍生品，并构建动漫产品交易平台；四是重点推进数字新媒体业，优先发展移动多媒体和网络媒体等流媒体数据传输，以及电视互联网、移动互联网、物联网等数字媒体应用技术；五是重点培育文化金融服务业，大力推进文化产权交易，积极发展风险投资基金、公募基金和私募基金等文化金融创新产品，大力推进融资担保业务，推广滨海高新区“海泰担保”模式。

特色文化创意产业部类：一是优先发展文化休闲旅游，构建近代历史文化游、现代大工业游、休闲旅游、生态旅游、体验旅游、海洋旅游等综合体系，建成“滨海文化休闲与生态旅游带”和“文化旅游装备制造业基地”；二是重点发展广告和会展业，包括发展互联网广告和流媒体广告等现代广告，开展文化、商业、金融、旅游、工业等展览，大力发展广告和会展中介组织，构建咨询、市场调查、信息发布、风险评估等配套系统；三是积极发展演艺和高端娱乐产业，引进国际上成功的“红磨坊”、“拉斯维加斯”综合演艺模式，打造高雅与通俗相结合、回座率高、大众参与程度高的新兴演艺模式，同时，适应当代文化消费大趋势，大力发展高尔夫、文化美食、游艇、户外运动等高端娱乐业。

计划经过2011～2015年的5年培育，滨海文化产业在空间上形成“一区多园”格局，包括中新生态城、响螺湾中心商务区、于家堡金融区、北部文化旅游休闲区、滨海高新区，形成“五星文化高地”；“十二五”时期内，滨海新区应初步建成文化创意与研发基地、文化产品开发与制造基地、国际性文化产业传播交流平台，在产业链条上占据优势位置，整体上形成结构优化、科技领先、富有活力、带动作用明显、辐射力较为广泛的产业体系。争取到2015年底，文化产业增加值占GDP比重达5%，年均增速达35%，核心层和外围层比重达70%以上，成为“十二五”滨海新区现代服务业跨越式发展的突破口、滨海新区国民经济的重点产业，实现中央提出的“建成国家级文化产业示范园区和新兴文化产业的策源地”目标，并努力将滨海新区建成为环渤海区域文化产业中心城市区域。

（三）重构产业政策体系，突破发展瓶颈，保障文化创意产业跨越式发展

为在“十二五”时期推动滨海新区文化产业实现跨越式发展，产业政策体

系必须与发展目标、发展模式、产业结构等诸项创新同步。

1. 以体制机制创新作为产业跨越式发展的动力

第一，实施政府引导发展政策。尽快成立“滨海新区文化产业发展领导小组”，主要审定发展规划和制定政策措施、推进文化管理体制改革和产业整合、组织文化精品工程的实施、推动国内外文化交流合作等；领导小组下设办公室，对发展中的问题进行调查研究，提出解决方案、实施各项政策等，并进行产业统计、监测发展等日常工作。为规划统筹布局，实现科学发展，应尽快出台《关于大力发展滨海新区文化产业的实施意见》、《支持滨海新区文化产业发展的金融政策》、《关于民营资本准入滨海文化产业领域政策》、《关于深化滨海新区文化体制改革意见》等一系列规划和文件，支持新区文化产业走科学发展道路。同时，成立文化产业推进机构，以此作为链接政府与企业、民间、市场的桥梁；继续构建“指挥部+管委会+平台公司”三位一体的管理构架，以及“文化+创意+高科技+商业策划”的营销模式。

第二，积极推进滨海新区文化体制改革向纵深发展。逐步探索滨海新区文化、广电、新闻出版、文化旅游联合办公的大部改革机制；纵深推进滨海新区经营性文化事业单位体制改革，以现代企业制度提升文化企业管理水平，加大产出效率；大力推进滨海新区国有文化企业的股份制改造，强化对国有文化资本的监管；全面开放文化产业投资领域，降低准入门槛，允许国有、民营、外资等多种资本进入政策允许的文化产业领域；率先推行制播分离制度、艺术创作工作室制、文化项目领衔制；在重组的滨海新区文化企业内，推行人事、分配和社会保障制度改革，激发滨海新区文化产业发展的活力和创造力。

第三，推进滨海新区文化资产和文化资源重组。应打破区域、部门、行业和所有制界限，对原有体制下的软件设计、广播电视、出版印刷等优势文化资源进行整合，组建“滨海文化产业综合集团”，通过联合、兼并、收购、重组等手段壮大产业实力，聚集国际各业领军人才、良性项目、优秀资本、先进技术等产业要素，使之发展成为品质优良的文化产业集团。

第四，增强滨海新区的文化集聚与辐射功能。应积极建设国际文化交流中心，广泛聚集海内外新兴文化业态，使滨海新区成为世界优秀文化的展示场、国际文化产品的集散地和创意文化的研发制作基地。

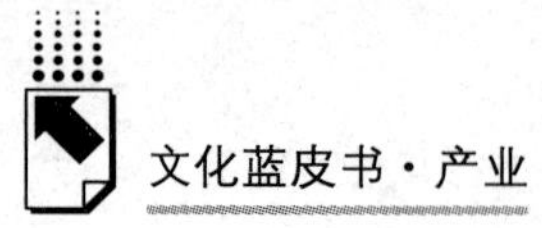

2. 以金融服务创新作为破解发展瓶颈的突破口

资金短缺一直是文化产业发展的短板，滨海新区应在突破资金瓶颈上有所作为。一是设立“文化产业发展专项基金”，逐年加大投入，由地区财政注资引导，并设立专门机构管理基金，实行市场化运作，通过股权投资等方式，推动资源重组和结构调整；二是组建“滨海文化产业投资集团”，发挥国有资本在产业发展中的导向作用；三是出台民营文化企业税收政策，采用免税、减税、贴息、补助、奖励等方式支持民营文化企业发展；四是出台并购融资与无形资产抵押政策，支持开展对滨海新区文化产业上、下游的供应链融资，促进产业链整合；五是建立“无形资产评估体系”，为银行等金融机构处置文化类无形资产提供保障；六是建立“文化产业交易平台”和“市场交易中介平台”，对重点文化企业进行重组，积极创造条件推动文化企业走资本市场融资之路，加速实现滨海文化产业的资本聚集；七是大力推进文化担保业务，构建政策性担保、商业性担保以及互助性担保体系，助力中小文化企业腾飞。

3. 以人才政策的创新作为推进产业发展的抓手

首先，建立“滨海新区文化人才库”和“专家库”，凝聚文化产业创新发展的领军人物，通过政策倾斜杠杆，着力做好文化创意、文化经营、文化经纪、文化金融等高级人才的引进，构建“滨海新区文化产业人才高地”；其次，在高校增设与文化产业对接的新型专业，如文化产业管理、文化金融、文化产业政策、文化创意等专业，加强文化人才培养；再次，建立以职业培训为特点的“滨海新区文化产业实训基地”，使之成为文化创意人才的孵化器；最后，广泛开展环渤海区域内的文化产业交流与合作，针对文化产业发展的热点和难点，举办以文化策划与管理、文化市场与营销等为内容的高端讲座，重点培养懂经营善管理、熟悉国内外市场、具有创新能力的复合型经营管理人才。

B.18

西安文化产业的宏观分析和战略思考

王作权　马鸿斌*

党的十七届五中全会通过的《中共中央关于制定国民经济和社会发展第十二个五年规划建议》第一次提出要“推动文化产业成为国民经济支柱性产业”。这是继2009年9月国务院颁布《文化产业振兴规划》将文化产业上升为国家战略性产业之后，我国在文化建设理论上的又一次重大突破，对“十二五”时期乃至今后相当长的一个时期我国文化产业发展具有里程碑的重大意义。目前，西安和全国一样又站在了一个新的起点。这是两个五年规划的交替点，也是重要战略机遇期的关节点。在这个关节点上，从转变经济发展方式和建设国际化大都市的战略高度，认真回顾总结“十一五”时期西安文化产业的实践，科学谋划“十二五”时期西安文化产业的发展，是西安市宣传文化工作者面临的一项现实而迫切的重大课题。

一　“十一五”时期西安文化产业发展宏观分析

“十一五”期间，特别是2008年以来，改革助推文化产业“逆势增长”，使中国文化产业显示出旺盛的生命力。文化产业在“保增长、调结构”中，以其反向调节的功能，在经济低迷时发挥了积极的、不可替代的作用，对服务业乃至整个经济也产生了重要的拉动作用。西安市市委、市政府，始终坚持“一手抓改革、一手抓发展；一手抓公益性文化事业、一手抓经营性文化产业”，努力化解金融危机对文化产业发展产生的不利影响，使文化产业发展步入全面提速快车道，提前完成“十一五”时期文化产业规划目标。

---

* 王作权；马鸿斌，中共西安市委宣传部。

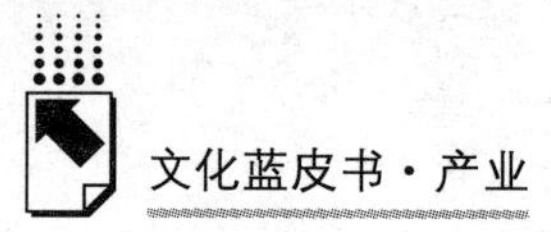

1. 把握发展趋势，做出科学决策，文化产业被确定为五大主导产业之一

2005年底，市委、市政府在对国际国内文化及文化产业发展趋势进行认真分析、深入研究的基础上，结合西安实际，审慎论证，科学决策，提出将高新技术产业、装备制造业、现代服务业、旅游业、文化产业确定为西安市率先发展的五大主导产业。“十一五”时期全市文化产业发展的实践证明，市委、市政府的决策非常正确，既符合中央近年来关于加快发展文化产业的一系列精神，又突出了西安城市发展的特色。

2. 制定出台政策规划，确定发展思路，为全市“十一五”时期加快发展文化产业提供了有力的政策保障

2006年6月，市委、市政府出台了《西安市加快发展文化产业实施方案》（市发〔2006〕9号），明确了全市“十一五”时期加快发展文化产业的指导思想、发展目标、总体布局、发展重点、主要措施，提出了“确保每年文化产业的增长幅度达到18%以上，到2010年，全市文化产业创造的增加值达到142.3亿元以上”的具体目标。2007年1月，市委、市政府出台了《关于深化文化体制改革和加快发展文化产业的实施意见》（市发〔2007〕2号），进一步明确了全市加快文化产业发展的基本思路：即以市场为导向，以资本为纽带，以项目为载体，重点实施资本推动、板块推动和项目推动战略；着眼增量，带动存量，打破现有运行体制，实现跨部门、跨行业、跨地域的资源整合；构建曲江、高新、经开、浐灞、临潼景区、秦岭北麓、城墙景区七个文化产业板块。创建新的发展平台，培育新的文化产业增长点，创新发展模式，实现特色发展。这些纲领性文件的出台为全市“十一五”时期文化产业发展勾画了科学而美好的蓝图，为文化产业快速发展提供了有力的政策保障。

3. 加大政府投入，设立文化产业发展专项资金，文化产业重点项目示范效应逐步显现

在全国15个副省级城市中西安市是最早设立文化产业发展专项资金的城市之一。2006年西安市设立了每年2000万元的文化产业发展专项资金，市文产办和市财政局制定出台了《西安市文化产业发展专项资金管理暂行办法》。2007～2010年，专项资金先后投入7237.5万元扶持了第四届西部文博会、关中民俗艺术博物院古民居、大唐西市国际会客厅、西安广电世纪园、碑林动漫服务平台等56个重点文化产业项目，涉及出版发行、影视制作、创意设计等九大门类，发

挥了示范引导作用，辐射带动了一批文化产业项目的快速发展。全市设立专项资金扶持文化产业重点项目的做法，得到省委省政府的充分肯定，并在全省推广。2010年1月13日，《中国文化报》刊发了题为《文化产业发展专项资金的“西安用法”》的专门报道。

4. 以改革为动力，以经营性文化单位转企改制为突破口，大力培育文化市场主体

2003年6月，西安被中央确定为全国文化体制改革9个综合试点地区之一以来，制定出台了《西安市文化体制改革综合试点工作实施方案》、《西安市深化文化体制改革总体方案》、《西安市文化体制改革中经营性文化事业单位转制为企业的规定》、《西安市文化体制改革中支持文化企业发展的规定》等一系列配套政策，在人员安置、统筹社保等方面进行了突破和创新，为改革的顺利推进提供了政策保证。2004～2010年9月，西安市先后完成了西安市新华书店、西安市电影公司、西安秦腔剧院、西安话剧院、西安歌舞剧院、西安儿童艺术剧院、西安市豫剧团、西安说唱艺术团、西安出版社和区县剧团、电影公司的转企改制工作，市电台、市电视台制播分离、西安日报社发行体制改革和区县文化馆、图书馆、广播电视台内部机制改革相继完成，标志着全市文化体制改革任务全面完成，市场主体进一步壮大。2009年8月，在南京召开的全国文化体制改革经验交流会上，西安秦腔剧院股份有限公司被中央授予“全国文化体制改革先进企业”称号。该公司创排的秦腔现代戏《柳河湾的新娘》荣获全国第十一届精神文明建设“五个一工程”大奖。

5. 民营文化企业迅猛发展，亮点纷呈，已成为全市文化产业发展的生力军

2008年，西安非公有制经济增加值总量达到1042.96亿元，同比增长17.1%，占GDP比重为47.6%；非公有制经济对全市经济增长的贡献率达54.3%，拉动全市经济增长8.5个百分点。目前，西安文化企业中90%为民营文化企业，民营文化企业已成为文化产业发展的生力军。特别是在打造“影视陕军”品牌的征程中，西安影视企业亮点纷呈、星光灿烂：电影《图雅的婚事》荣获第57届柏林国际电影节“金熊奖”，《隐形的翅膀》荣获国家第十一届精神文明建设“五个一工程”大奖，在国内外引起重大反响，续写了中国西部电影的辉煌。电视剧《激情燃烧的岁月》、《热血兵团》在全国各级电视台反复热播，并囊括了“飞天奖”、“金鹰奖”和“五个一工程”奖等国家级重要奖项。电视连续剧《特殊使命》、《大秦帝国》分别荣获第27届“飞天奖”和第25届金鹰奖。2008年10月，2010年12月，民营文化企业西安关中民俗艺术博物院、大唐西市分别被国家文化部命名为“国家级文化产业示范基地”。

6. 七大板块各具特色，快速发展，辐射带动作用进一步彰显

曲江新区精心打造国家级文化产业示范区，发展壮大文化旅游、影视、演艺、会展等优势文化产业，建成了大唐芙蓉园、大唐不夜城、法门寺文化景区等一批重大文化产业项目，创造了闻名全国的“文化+旅游+城市”的文化产业发展“曲江模式”。2006年5月，曲江文化产业投资集团成为国家级文化产业示范基地；2007年8月，曲江新区成为首批国家级文化产业示范园区；2008年5月，曲江新区又荣获首届中国文化产业创新奖。2008年10月，国家级的第四届中国西部（西安）文化产业博览会在曲江国际会展中心成功举办，且西部文博会永久落户西安。2009年底，入区文化企业达600余家，实现文化产业年产值20亿，列西部第一。高新区大力发展网络运营、游戏开发、动漫制作等高附加值的文化创意产业，2009年底入区创意企业达到2015家，其中动漫、游戏、影视制作企业140家，从业人员近万人，聚集了西安85%的动漫、游戏、影视制作企业。文化部认定的国家级动漫企业5家，重点文化产品出口企业两家。2009年，园区创意产业营业总收入突破100亿元，其中动漫游戏总产值达6亿元，出口额1000万美元。经开区印刷包装产业基地累计合同投资总额29.9亿元，预计项目建成后销售收入34.73亿元，新增税收2.11亿元。自2005年以来，该基地连续四年被列入省、市重点建设项目，入区企业52家，已有人民日报社西安印务中心、陕西双健包装有限公司、西安江南彩印有限公司等15家龙头企业建成投产，一个继珠三角、长三角、环渤海印包中心之后的中国第四大印包中心迅速崛起。浐灞生态区依托生态、文化、旅游等资源，充分发挥欧亚经济论坛、2011世界园艺博览会在国内外的影响力，以广运潭生态工程、世博园、国家湿地公园等建设项目为龙头，大力发展生态旅游、文化休闲、金融商务等产业，着力打造传统与现代、生态与产业相融合的文化产业示范区。城墙景区、临潼景区、秦岭北麓等板块不断加快文化产业项目建设步伐，使西安文化产业进入了大发展的最好历史机遇期。

7. 领导高度重视，相关部门通力合作，健全完善了西安文化产业统计指标体系

在市委、市政府的高度重视下，西安市成立了全市文化产业统计监测工作领导小组，制定了《西安市文化产业统计监测工作实施方案》、《西安市文化产业统计报表制度》；解决了统计监测工作所需经费，并建立了长效机制，将其列入每年市财政预算；召开全市工作会议，按照国家文化及相关产业分类标准，安排部署了文产统计监测工作。《西安文化产业发展报告》（文化产业蓝皮书）、《西安文化产业统计概览》已连续出版三年，为市委、市政府决策提供了科学依据。中宣部改革办、文化部文化产业司和省委宣传部、省文化厅的领导对《西安文化产业发展报告》和《西安文化产业统计概览》给予高度评价，在全国文化产业业内产生良好的反响。

8. 文化产业持续提速，“十一五”规划目标提前完成，成为全省文化产业发展的中心和引擎

据西安市统计局公布的最新数据显示，2009 年全市文化产业增加值达到 151.02 亿元，提前完成“十一五”规划目标，总量比 2004 年增加 97.32 亿元；按现价计算，比上年增长 18.5%，增幅高出全市生产总值增速（同口径）1 个百分点；文化产业增加值占全市 GDP 的比重为 5.54%，占第三产业增加值的比重为 10.34%，分别比上年提高 0.04 和 0.01 个百分点，比 2004 年提高 1.34 个百分点。2009 年底，全市文化产业法人单位约 4887 个，法人企业和单位从业人员 18.36 万人，分别比 2004 年增长 155.9% 和 340%；文化产业单位从业人员占全部单位从业人员的比重为 6.6%；文化产业法人单位总资产 316 亿元，比 2004 年增长 76.4%。另据 2008 年全省文化产业统计监测结果显示，西安市企业和单位文化产业增加值、企业和单位数、年末从业人数和总资产分别占到全省的 69.1%、43.8%、54.8% 和 77.4%，西安市已经成为陕西省文化产业发展的主要力量。

二 “十二五”时期西安文化产业发展战略思考

目前，中国已成为世界第二大经济体，文化强国已上升为国家战略，文化软实力成为推动中华民族伟大复兴的战略着眼点。“十二五”时期文化将成为城市发展的核心要素，西安要把文化资源、文化底蕴转化为现实的文化竞争力，就要认真贯彻落实《中共中央关于制定国民经济和社会发展第十二个五年规划建议》、国家《文化产业振兴规划》和《关中—天水经济区发展规划》精神，按照市委十一届八次全会提出的以加快科学发展、实现率先发展为主题，以加快经济发展方式转变为主线，以实施《关中—天水经济区发展规划》为重点，以建设国际化大都市为目标的要求来谋篇布局，进一步解放和发展文化生产力，迎接“十二五”期间文化产业大发展大繁荣的春天。

1. 制定出台《西安市“十二五”期间文化产业发展规划》

建议成立课题组，按照国务院《文化产业振兴规划》和《关中—天水经济区发展规划》的总体部署，深入调研，尽快制定出台一个产业发展思路清晰、指导思想明确、总体布局合理、重点任务突出、政策保障有力的针对性、操作性较强的发展规划，为全市“十二五”期间文化产业大发展大繁荣奠定坚实基础。

2. 进一步培育壮大文化市场主体，着力打造一批龙头文化企业

文化企业是最重要的文化市场主体，培育壮大文化企业是发展文化产业的关键所在。“十二五”期间西安市要认真做好转企改制单位建立现代企业制度、完善法人治理结构的工作。鼓励成长性好、竞争力强的国有文化企业，开展跨行业、跨地区、跨所有制的兼并重组，迅速做大做强。曲江、高新、经开、浐灞要加大招商引企力度，迅速增加文化企业的数量和质量，实现板块园区的集聚扩张，提高规模化、集约化程度。上述四区已着手制定“十二五”发展规划。高新区已组建聚集区联盟，为聚集区业主提供服务平台；曲江文化产业集团将强势介入影视传媒行业，控股和并购2～3家高增长的入区文化企业，使之成为集团发展新的利润增长点，同时着手组建运营曲江出版传媒集团，拓展文化产业发展新领域；经开区印刷包装基地已经开始二次扩张，正在积极申报国家级示范基地称号；浐灞生态区加大力度，陕西出版集团等重量级的文化大企业落户区内。市委市政府应进一步加大扶持力度，努力把曲江文化产业投资（集团）公司、西安文化发展（集团）公司、西安印刷包装基地有限公司、五洲文化传播有限公司、大唐西市、关中民俗艺术博物院、中国唐苑等打造成为全市龙头文化企业，使其成为文化市场的主导力量和文化产业的战略投资者。

3. 出台地方性配套政策，加快全市文化产业园区基地建设步伐

“十二五”期间市相关部门要密切配合，尽快制定出台《园区和基地认定管理办法》，认真做好市级园区、基地申报认定工作，扎实推动园区和基地的建设与管理。对现有园区、基地进行改造提升，积极与上级有关部门联系沟通，做好申报工作，力争将高新区唐延路文化创意产业带、浐灞世园集团、经开区印包基

地、大唐西市、中国唐苑、纺织城艺术创意街区建成国家级文化产业示范园区（基地）。全市要尽快建立文化产业发展调控引导机制，认真处理好加快发展与调控引导的关系，使全市文化产业园区基地的建设发展达到统筹规划，突出重点，彰显特色，异质发展，避免一哄而上重复建设，实现差异化协调发展的要求，成为引领西部、示范全国的样板。

4. 积极推动银企合作，努力拓展文化产业融资渠道

在加强西安市与国家开发银行良好合作的基础上，要进一步拓展融资渠道，与国家级其他金融机构建立合作，充分运用金融杠杆，形成资金乘数效应，吸引更多资金投资西安，特别是利用好每年为西安带来上百亿元开发性金融支持的开元城市发展（西安）基金，推动西安文化旅游产业、城市基础设施等领域的快速发展。为了拓宽文化产业融资渠道，探索银企合作新路，近期西安市文产办与人民银行西安分行营业管理部对西安市的商业银行支持文化产业的情况进行调研，形成了《关于金融支持西安市文化产业发展的专题调研报告》，对加强合作形成共识；下一步将共同研究制定金融支持文化产业发展的相关措施，与银行等金融机构建立长期合作关系。同时，积极开展“西安文化产业发展银企合作”活动，为文化企业与金融机构合作牵线搭桥，为文化企业特别是中小企业解决融资难的问题。要为资质优良的文化企业上市创造有利条件，力促曲江文化产业集团完成旅游集团资本市场上市、会展集团和西安电广传媒等企业创业板上市融资。

5. 改造提升传统文化产业，大力发展新兴文化产业

据统计数据表明，2009 年西安市“核心层”实现增加值 63.57 亿元，“外围层”实现增加值 46.30 亿元，“相关层”实现增加值 41.15 亿元，三个层次增加值占总量的比重分别为 42.1%、30.7%、27.2%。其中，以网络文化、旅游文化、娱乐文化、广告和会展文化服务为代表的新兴文化产业发展迅速，2004～2009 年西安新兴文化产业所占比重已由 23.9% 提高到 30.7%，年均提高 1.4 个百分点，其中，2009 年较上年提高 1.7 个百分点，高于平均数。三层次增加值之比由 2004 年的 48.4∶23.9∶27.7 转变为 2009 年的 42.1∶30.7∶27.2。目前，传统文化产业的发展虽占主导地位，但新兴文化产业存在很大的发展空间。所以，西安市在“十二五”期间要加快文化产业结构调整步伐，积极利用高新技术改造传统文化产业，大力发展文化创意、手机电视、网络电视、数字出版、动漫游戏、文化会展等战略性新兴文化产业，催生新的文化业态，拓展文化发展的新领域。

6. 提高文化产品质量和服务水平，不断满足人民群众的健康有益的文化消费需求

国际经验表明，一个国家当人均 GDP 达到 3000 美元以上时，文化消费将会出现跳跃式的“井喷”，并且保持长期的增长势头。2009 年西安市人均 GDP 已达 4737 多美元，文化消费需求旺盛，市场增长潜力大。“十二五”期间全市文化产业要达到“扩消费”的目的，需要从三个方面进行努力。一是要提高文化产品的质量和文化服务的水平，文化产品要丰富多彩，质量上乘，使人民群众喜闻乐见，文化服务的水平要不断提高，人民群众积极参与，愿意花钱，并得到健康有益的精神文化享受。二是要构建和培育统一开放竞争有序的现代文化市场体系，满足人民群众多样化、多层次、多方面的文化需求。三是加强引导，培育文化消费习惯。要抓紧研究出台扩大文化需求、刺激文化消费的具体措施办法。

7. 进一步做好文化产业发展专项资金的管理使用工作，加大扶持力度，适当增加专项资金数额，充分发挥重点项目的示范带动作用

认真总结近年来西安市文化产业发展专项资金管理使用实践经验，在保持现有扶持方式的基础上，进一步探索新的方式。同时按照《西安市加快发展文化产业实施方案》中关于“以后根据文化产业发展情况逐年递增”的规定，并借鉴杭州、沈阳等副省级城市的做法，建议将全市文产专项资金数额由每年 2000 万元增加到每年 5000 万元以上，加大对重点项目的扶持力度，在目前一年扶持 10 个项目左右的基础上，力争每年扶持 20～30 个重点项目。

8. 抓好人才培养，把握文化产业发展的未来

文化人才是文化发展的第一资源，西安要占领西部乃至全国文化产业发展高地，人才是关键。目前，西安市文化产业迅速发展的形势与相关人才总量不足和结构失衡的矛盾比较突出，各类创意文化人才、经营管理人才、技术开发人才、市场营销人才，尤其是既懂文化又懂经营的复合型高级人才短缺，严重影响着文化产业的快速、健康、持续发展。为此，建议由西安市政府牵头，组织发改委、教育、科技、人社、文产办等相关部门制定《西安市文化产业人才培养发展中长期规划》，明确人才培养发展的目标、原则、职责、途径，充分发挥政府相关部门、高校、职业技术学校的作用，逐步形成布局合理、管理有序、特色鲜明、效益显著的人才培养体系，为全市“十二五”时期文化产业大发展大繁荣提供强有力的人才保障。

国际文化产业

Foreign Cultural Industries

B.19

从文化产业到创意产业*

——阿多诺之后的英国文化产业理论综述

贾斯汀·奥康纳

本文将回顾从“文化工业”到“文化产业”，并最终到“创意产业”的发展历程。其主题是文化与经济学之间的张力。“文化商品”市场有着久远的历史，“艺术家”早已对它习以为常。到了20世纪，随着印刷术（古腾堡引领的数字化潮流）的发展，文化商品的生产得以提速，而资本化的气息却越来越浓。商品生产并不等同于资本主义；前者有古老的历史，而后者是500年前才在欧洲兴起的。资本主义是以损害所有其他价值为代价

* 本文摘自英国利兹大学表演与文化产业学院奥康纳2007年为英国“创意伙伴联盟”项目撰写的一份可作教材使用的文献综述，原题为“文化和创意产业：文献综述”。它对自阿多诺、霍克海默提出文化工业概念以来的英国文化产业理论史作了简要而系统的回顾。原文尽管简要也行文8万余字。根据蓝皮书的体例和篇幅限制，这里放过对阿多诺的早期理论、“创意城市”及较为具体的创意产业概念分析部分，截取原文的第二、三部分刊登，以飨中国读者。文题及各部分标题系摘编者所加，文字略有删改。英文原件可以在下列网址找到：www.creative-partnerships.com/literaturereviews，读者可据此查询原文的参考文献。

下借由无限积累的准则才生机勃勃地发展起来的，而“艺术”或“文化”一直在制约或反抗这个准则。但与此同时，商品已经越来越多地受资本规律的支配。

本文（略过阿多诺）将分两个部分进行讨论。首先将介绍20世纪70年代一些研究者的观点，即认为文化商品取得经济上成功的核心在于其文化魅力，因而无法对其进行刻板的规划或预测。人们想要购买的是那些真正能够吸引他们的商品。这种针对文化产业的新看法带来的是新的文化政策，大伦敦议会的战略就是一个典型的例子。其次，关于呼吁结束大规模的批量生产和增加文化消费的新经济的论文，我们将作一个综述。这种新型的生产方式最突出的特点是企业小型化、网络化、敢于承担风险、富有创造力以及不断地改革，并以此将文化产业塑造成新兴经济的典范和未来经济增长的核心。

1　文化产业：政治经济与文化政治

1.1　新文化批判

阿多诺有关文化工业的论述与战后对大众化、工业化或“美国化”的文化的担忧，以及围绕着保护欧洲传统文化不受以上威胁的文化政策所展开的辩论有着共鸣之处。阿多诺的重要贡献是提出了一套关于现代主义美学与政治的理论，这是一条非常不同的理论道路。

“反主流文化”和1968年“五月抗议”等一系列活动意味着人们对现有文化等级制度发出了挑战。这一挑战重新掀起了两次世界大战期间现代主义与先锋派的辩论以及他们对政治和艺术表现形式的关注。那时，纳粹和苏联的“现实主义”美学明令禁止提及这些激进的艺术形式。但是，在发现了现代主义和先锋派传统所体现的激进意图之后，战后的民主文化政策也受到了越来越多的挑战。笼统地说，面对资本主义取得的显著成就，左派只能在文化这一块阵地上继续坚持并以新的形式进行反抗。在这种背景下，人们开始越来越多地审视阿多诺提出的文化工业（作为文化崩溃或作为整个体系）问题。一方面，从他的第一篇文章开始，人们对文化工业的受关注度得到了极大的提升；但另一方面，他的相关论述存在着明显的不足。

在英国，质疑阿多诺的主要有两大声音：英国文化研究和政治经济学派。①

1.2 英国文化研究

目前有关英国文化研究的文献数量巨大，但我们还是可以根据本文主题的需要将其分为三个方面或三个阶段。第一阶段的研究针对的是社区中的劳动人民的生活和习俗，其目的是证明在“官方”文化占主导地位的情况下，劳动人民的文化也具有合法性（比如 Hoggart，1957）。这与雷蒙德·威廉姆斯对官方文化的研究是齐头并进的。他们都试图将艺术和文化的概念作为史实记录下来，并为研究提供更多的社会学（进步的）基础，而不是像 T. S. 艾略特和 F. R. 利维斯那样从官方的（保守的）角度来研究文化（Williams，1958；1961）。

威廉姆斯十分清楚社会体制对主流价值观的巩固所起的作用及符号产品与这些价值观的关系。伯明翰当代文化研究中心成立的一些新团体借鉴意大利（特别是葛兰西）和法国（特别是阿尔都塞）的理论将这类研究深入地开展下去。在接受了威廉姆斯的“普通文化”理论之后，他们抛弃了以前那些将商业“大众文化”看做对劳动阶级“生活方式”的威胁的看法，他们没有将新形式的流行文化——以音乐、休闲空间、服装、消费品为中心——看成是被动的消费，而是看作以积极的符号形式去抵抗主流的社会秩序（参见 Hall，1976；Gilroy，1992）。

第三阶段开始于 20 世纪 70 年代。随着撒切尔倡导的新保守主义席卷英国的政治、社会和文化领域，研究人员深化了对符号的控制和反控制的审视。当新的（后）结构主义理论被用来解读流行符号产品之后，这种批评变得更加猛烈。一方面，评论家发现他们放弃了真正的经济分析，转而进行文本分析（Garnham，1990）；另一方面，也是更加令人担心的一方面，他们认为这种强调所带来的是一种更为模糊的文化政治。

1.3 文化的政治经济

政治经济文化学派强烈反对（过分）强调文化实体的意识形态作用，并将

① 由于篇幅所限，本文省略了美国的“文化生产”学派。参见 Peterson，1976，1982，1990；DiMaggio，1977；DiMaggio & Useem，1978；Becker，1984；Hesmondhalgh，2002。

其完全看做“文本”而不是商品。其中在英国，最为重要的工作是由尼古拉斯·伽汉姆完成的，他与格雷厄姆·默多克、詹姆斯·迦南等人合作，共同提出了一种批评政治交流和政策报道的方法（Garnham，1990；Curran & Seaton，1991；Murdoch & Golding，1974；1977）。威廉姆斯部分地受到他们的工作的启发，从70年代末开始也作出了一项重大贡献，他试图将有关政治经济的作品与文化研究的见解结合起来。

“政治经济学派”的发展源自于20世纪60年代和70年代对马克思著作的阅读，特别是在经济基础与上层建筑、经济与文化、资本与国家等问题上，它们似乎被注入了新的泉源。之前有人认为艺术和文化具有“唯物主义”的基础，也就是说它们反映的是经济基础的利益或发展阶段，但在后人看来，这种观点似乎过于简单化了。伽汉姆（1990）和威廉姆斯（1981）认为，上述观点显得既过于“唯物主义”，又显得不够“唯物主义”。之所以过于唯物主义，是因为它将文化完全简化为“资本”或“统治阶级”的需求；之所以不够唯物主义，是因为一旦这样说明之后，就无法验证文化是如何生产、由谁生产以及在什么条件下生产的。政治经济学派的中心论点是，在资本主义条件下，文化日益被当做一种商品来生产，因此，它也受制于这一生产体系的原理和矛盾。

所以该学派也找出了阿多诺的著作中似乎存在的四大不足之处。

1.3.1 文化的使用价值

针对阿多诺提出的整个预设好的文化商品体系，他们提出“使用价值”必须满足人们对价值和精神享受的根本需求。很明显，人们都需要新颖而又与众不同的产品，他们将这些产品视作创意个人或创意团队的劳动成果，因而也能真切地感受到价值和精神享受的存在。所以，在文化商品的核心处存在着交换价值和使用价值之间潜在的张力。虽然文化商品的生产成本很高，但是复制成本却很低廉，所以出售的复制品越多，初期投资的回报率就越高。但是这种重复再生产也是有限度的；人们不会满足于一直购买同样的商品，而是希望购买到新鲜、有个性的商品。因此，文化商品的存架寿命通常都很短，而销售收入必须在商品过季之前得以最大化。

1.3.2 预测与预设

第二个不足是受众的反应根本无法预测和“预设”。事实上，正如许多研究者所说，在商品投放到市场之前，通常都很难预测商品是否能卖得出去！彼得森

（Peterson，1990）在著作中谈到的摇滚音乐就是一个典型的例子。在书籍、电影、音乐和广播里，我们还可以找出一大串例子来证明人们对文化产品的需求具有多变性和不可预见性。总体来说，由于人们需要新颖且有吸引力的产品，再加上产品需求的不可预测性，所以文化产业面临的是一个困难的商业模式——尽管有人还在争论这究竟是不是一个存在问题的（Caves，2000）或根本的（Ryan，1992）商业矛盾。

1.3.3　多元文化产业

阿多诺理论的第三大不足是他提出的文化工业整合概念无法区分不同种类的文化商品，因为它们都受交换价值这一机制的控制。而米热（Miege，1979；1987；1989）所做的分类最为系统。一般来说，可以通过三种不同的方式来实现交换价值。第一，具有文化内涵的实物被当做商品出售给个人，例如书籍、唱片、影片，等等。第二，消费者可以免费收看电视和收听广播（除了当时数量有限的授权用户），而它们从广告和赞助费中获得利润。在这方面，国家通常会采取强有力的干预措施，不允许任何私人涉足这一领域，而是将它作为一种公共服务提供给观众，其运营资金也都来自于税收。不过在大多数国家，公共服务的电（视）台往往又与商业电（视）台混杂在一起。报纸和杂志则介于两者之间，尽管每份报纸或杂志都要收费，但它们的利润主要来源于广告。第三，这部分与公开演出相关，例如音乐、剧院，尤其是电影院，它们依靠限制观众数量并收取入场费的形式创收。因此，（单数的）文化工业概念就得让位于（复数的）文化产业，它的每一个子部门都有不同的方法去实现交换价值，也有不同方式去管理需求和创造性劳动，以及不同层次的资本投资和公司控制权。

1.3.4　独立的艺术家

第四个受到批判的方面是创造性劳动在文化产业中的地位。考虑到18世纪以来开放的自由创作在西方艺术传统中的集中性，正如我们所看到的那样，将艺术家吸收到文化产业是导致文化灾难的一个关键因素。尽管阿多诺预言艺术家会被文化产业完全吸收，但是他还是发现文化产业的许多领域仍然建立在艺术家的自由的基础之上，创作者依旧是“自由的”——只要他们不挨饿。政治经济学派认为这一基础不但顽强地坚持了下来，而且似乎不太可能消失。这背后也有一系列的原因。

随着文化生产者摆脱其资助人转而面向市场开展生产，威廉姆斯（1981）

尝试着从历史的角度来描述文化生产者的地位。文化产品也由艺人直接为市场生产演化到后艺人时代，在这一时代，文化产品是通过市场进行分配的。这一市场中介逐渐变得更富有生产力，市场为了赢利而投资购买劳动力。因此，与市场直接产生联系的是中介而不是艺术家。到了19世纪，过程变得更为复杂，艺术家成为市场中的专业人才，他们越来越多地参与到营销的流程之中，并且通过版权分享销售利润。到下一阶段，他们进而演变为公司的专业人才，大型文化生产商将其直接雇用为全职支薪工人。威廉姆斯认为这种情况在“新媒体”部门（比如电影、广播、电视）最为普遍，因为这些部门的资本化和技术水平比较高。

1.4 从文化产业到文化产业政策

赫斯蒙德夫（Hesmondhalgh，2002；2007a；2007b）强调了“文化工业”这一术语演化为“文化产业”的重要性。到20世纪80年代初期，相关的概念转变就已经为人们理解文化生产背后的复杂结构和多变的动力提供了更加坚实的经验基础。它使人们更多地了解了生产技术与分配的联系、变化中的经济模式、象征性产品和信息产品之间以及文化和通讯系统之间日益密切的联系。同时它也使得文化生产流通与国家的意识形态需求之间的联系和矛盾变得更加清晰。它关注的重点是创造性劳动在整个体系中的模糊地位。但它不仅仅是一个研究议程或一种批判，它的重要性在于它将阿多诺提出的整个体系推向了一种新的文化政治的高度。

鉴于上述情况，很明显，我们再也不能将文化产业仅仅当做真实艺术的附庸，而应该从社会学的角度更加公正地将二者看做符号形式和文本的生产与流通。这同时也暗示了文化产业本身可以纳入文化政策的轨道，但这种纳入是如何实现的呢?

例如，20世纪70年代末，美国根据关税和贸易总协定（GATT）向法国施加新一轮的压力，要求其放宽对文化交易（以及新型文化交易市场的准入权）的管控，但法国开始发现文化产业需要得到保护，并将保护文化产业作为国家文化政策的一部分。在参考了米热等人的观点的基础之上，法国文化部的某些人提出，由于人们消费的文化产品绝大部分都是商业部门生产的，所以不能对其放任自流，而把所有的精力放在（少数派）艺术上面（Girard，1982）。

在法国等地开展的试验是一种文化政策的反思，它抛开了民族国家这一单一概念以及它对更加复杂多样的事物的传承。在一定程度上它也是更加积极、更加民主的对文化政策制定和文化产品生产的参与（Bianchini & Parkinson，1993）。威廉姆斯（1981）发现，技术变得越来越廉价和普及。电子音响制作和混音、录音机、录像机和摄像机、复印、印刷、摄影等技术成果纷纷在改变着文本、图像和声音的生产与流通，商品化和非商品化的活动都得到了大规模的推广。与此同时，20 世纪 20 年代有关大众技术的转换力的争论再一次展开。其活动的层次也与公司控制这一股顽固的力量日益走向对立。这是朋客和后朋客时代爆发出的一种感情，如果没有它，大伦敦议会的文化产业战略史将是不可想象的（Savage，1992；Reynolds，2005；Haslam，2005）。

大伦敦议会在 1979 年和 1986 年期间的工作被看做地方文化产业战略的第一步。但是除此之外，它还为当代民主的文化政策勾勒出了一系列的框架。比安齐尼（Bianchini，1987）阐述了意大利文化政策的影响——复苏的共产党试图涉足在 20 世纪 70 年代的斗争中发展起来的那种更新颖的、更为城市化的、也更激进的文化。这一类文化在 19 世纪 60 年代是没有过的。学界通常认为，伽汉姆在 1983 年为大伦敦议会撰写的论文对它们的活动进行了阐释（Garnham，1990）。

伽汉姆的核心观点是，艺术和市场并不相互对立。市场是一种分配资源和反映选择权的比较有效的方式。公共政策也可以利用市场来分配文化产品和服务，而且它应该满足的是消费者的需求，而不是生产商自己的野心。伽汉姆关注的重点并不是地方经济商品生产战略，而是发展一种以受过良好教育的消费者的需求为基础的民主文化政策；同时，公有制流通企业和文化生产商二者都同样能够满足这类消费者的需求。很明显，它并不支持与大伦敦议会关系最为密切的地方文化生产商，因为消费者很难接受他们供应的产品。

这里存在三个关键点。

第一，他非常重视针对受众的研究、有效的营销策略以及满足消费者的需求。虽然这样做会使受公共资金赞助的文化的责任获得重视，但却没有考虑到改革、再创造和与事实相反的联想过程，而它们都源于艺术家想法和市民需求之间的错位，或者说是对新事物的期望和实际偏好之间的落差。

第二，伽汉姆指出，即使能够避免人们的大量失业，文化生产的准入权也必然是受限的。然而鉴于大伦敦议会反映出来的日益强烈的积极开展文化生产的愿望，这种准入限制如何实现尚无定论。而且，尽管代表席位不足的少数民族接受了相关培训，文化和经济例外与文化生产格格不入的情况还会维持多久，同样难以确定。

第三，伽汉姆对大伦敦议会所主张的文化产业策略只是做了非常片面的阐释——他没有用足够的时间进行实际论证。但是，伽汉姆的理论对他之后的地方经济和文化战略的影响却非常大。这是一种试图摆脱以“艺术”为中心的文化政策（该政策以提供给艺术家和相关生产机构补贴为核心）。他们开始利用经济和统计工具（比如价值链和就业映射）为文化的商业生产创造条件，他们关注的重点是这个部门的工作是如何进行整体运作，这其中包括了那些关键性的辅助环节和非创造性活动。因此，它代表的是从工业的角度来解决文化政策问题，也就是用经济手段来实现文化（和经济）的目标。

1.5　文化政策：政治和美学

随着文化产业越来越多地融入到新型民主文化政策之中，一些围绕着经济与文化以及文化与政治等根本性问题也随之而来。政治经济学派更多地倾向于研究所有权与控制权、集中与垄断以及公私的分界线（尤其是在占主导地位的广播媒体领域）所蕴涵的政治和意识形态意义。这一做法被越来越多的人看做20世纪80年代和90年代飞速发展的放任策略（Hesmondhalgh，2002）。

阿多诺的现代主义美学观认为社会批判的空间主要存在于艺术作品的形式品质之中，但在20世纪70年代，这样的“形式主义”还是相当前卫的。而传统的左派思想则认为艺术批判功能源自于其表现手法，以及其建立现实主义世界观的手法（Jameson，1977）。政治经济学派暗示，从政治的角度来讲，上述表征功能也是最为核心的，尽管他们从来没有直接这样说。而且，在这方面，语言是至高无上的。另一方面，文化研究探讨的是存在于文本的具体形式和符号结构中的那些不同的特质。

这不只是现代形式主义方面的差别，从更广泛的意义上来说，它还是“艺术”在当代社会中所发挥的作用的差别。阿多诺把失去自主空间看做一场灾难，那这种自主空间又是什么呢？威廉姆斯明确地表示艺术不是一个“神圣的”永恒范畴，但它确实代表了人类的根本需求（Williams，1981）。在探索“艺术”的内在价值的时候，它代表一个与资本主义相抗争的战场——但并不仅仅是意识形态和政治斗争的战场，还是一种希望将“真实”意义作为日常普通文化的一部分的符号宣言。

这也构成了“艺术”或“文化”与资本主义的对立的一部分，现代主义的传统正是从这里起步的（也是阿多诺理论和其他典型的“西方马克思主义”的核心）。到了后 1968 反文化时代，这一传统的重新发现引起了围绕异化感、限制自由、真实性的需求展开的新一轮反资本主义批判浪潮（Boltanski & Chiapello, 2005），它们都得到了波希米亚和艺术传统的大力声援。

2　创意产业：文化产业的扩展

1986 年，大伦敦议会被取消，其背景是保守党政府取缔了一些国内政治反对派，1985 年 3 月罢工斗争失败的全国矿工联盟也赫然在列。文化产业政策的议程并没有从此消失，而是从伦敦转移到了其他大都市的政府以及那些被取缔的组织的残余机构之中。这些残余机构缺乏大伦敦议会计划的形象、雄心和（政治、财政及智力）资源，部分出于这一原因，文化产业计划的具体经济维度受到了越来越多的重视。

2.1　从文化政策到地方经济政策

从许多方面来讲，这一转变都是建立在务实的基础之上。有人将它阐释为一系列可操作的政策知识，但这样的事情不是发生在学术界之内，也不在国家政府的圈子里，而是通常发生在地方政府的外围地带，在扩大的计划和减少的资源之间挣扎的经济发展机构与艺术资助机构在这里相交会。20 世纪 80 年代，由于撒切尔夫人与（主要是工党）地方政府的斗争，地方政府的规划和地方税收的权利受到了很大的限制。同时，他们被要求提供一项经济发展计划，这项议程的前提条件是他们必须相信制造业已经走到了尽头，而且，唯一的回旋余地就是提供一个商业友好型的环境和当地的相关技能。对于英国地方政府来说，经济发展部门还是一个比较新的部门，它们努力尝试提出一项既符合国家政府的要求，又能巩固工党的地方政治基础的计划。自从 1987 年的全国选举以后，大都市区都围绕利用该计划为自己服务这一中心，转变了对未来发展的看法。但地方经济发展不仅是必要的，而且是新型城市发展观形成的基础。一些人认为它完全违背了原来的政治理念；而其他人则认为这是为了在一个千变万化的世界中抓住发展先机而做出的努力。在这个过程中，“文化”开始作为潜在的一大经济资源走向政策制定的中心，而在这之前，它一直被边缘化，而且被看做一种装饰性的或帮助人们提高声望的开支。

艺术部门开始研究如何提高管理效率以及如何通过就业、旅游和提升形象来提高经济效益。J. 迈尔库格（John Myerscough，1988）提出了一个可用来衡量艺术支出的模型，这些开支不仅仅包括就业方面的直接开支（用一个新的术语来说，就是一英镑可以创造多少工作机会），还包括参加艺术活动所带动的在咖啡厅、餐厅和其他地方性的娱乐场所的消费。迈尔库格还使用了“放大效应”来统计公共艺术投资所带动的额外就业和地方性支出。

迈尔库格的研究突出了艺术对地方经济的影响。实际上，地方在艺术领域投入了大量的资金，他们也强烈地希望投入的资金能够带来相应的经济效益。但是，鉴于老工业城镇所面临的困难的经济形势，这些资金应该用于开发新的旅游景点。游客能够带动地方消费，新建的设施也能够起到提升形象的效果：它们会向世界展示城市崭新的蓬勃形象。此外，按照一种正在美国兴起的模型，新文化设施的开发与其他娱乐、零售和办公设施之间的联系也越来越紧密。在博物馆以后，现在又兴起了文化区，同时，人们又开始讨论文化引领的城市复兴这一话题（Bianchini & Parkinson，1993；Bell & Jayne，2004；Evans & Foord，2005）。

这些类型的讨论主要通过文化顾问这一纽带在地方艺术资助机构和地方经济发展机构之间开展。期间，“艺术和文化政策”更多关注如何把文化部门当做一个复杂的整体来管理，以及如何将它融入到城市的总体战略规划之中的问题；这种类型的讨论还需要新的分析工具和传统的艺术决策圈以外的知识。要想在地方的政策领域详细地阐述这些知识，就得有新型专业人才。这在学术界是很难寻觅的；因为它只在文化顾问的小型社区里加以阐述的，其中最有名的当属直接借鉴大伦敦议会经验的联合传媒公司（Comedia）。新工党的创意产业政策也是在这一新兴的领域中成形的。这个时代的文化政策眼光往往被描绘成纯粹的机会主义，或者是庸俗的（“毫无价值”等），但是事实上，它符合经济和文化领域中一些影响深远的变革的需求，这也需要我们去进一步理解。

2.2 从单一市场到多元市场

面对苏联自上而下的计划经济模式的失败，以及新自由主义出现，欧洲的左

派尝试提出一个全新的经济计划。新自由主义认为应该在国家和国际层面放开对资本和劳动力市场的管控。而这种新左派思想与大伦敦议会的"替代经济战略"不谋而合。新左派思想的重点是对经济和城市发展进行国家干预，这既反映了对大规模自上而下规划的不信任，也反映了新的个人和政治愿望。

在这个过程中，市场本身也要受到重新评估。分析工具可以帮助我们了解文化产业价值链，其中，只有在干预最为有效的环节上，我们才需要一种新型的市场机制。与其说这是受伽汉姆的整体分析论的推动，还不如说它是受艺术和政治领域内部的其他活动家的推动。联合传媒公司的创始人查尔斯·兰德利领导的著名作家团队共同撰写了《好一个铁路运营方法》一书（Landry et. al.，1985）。在这本书中，他们猛烈地批评了"交替"社区经济的运营方式。那些披着浪漫的波希米亚理想主义外衣的理论实则是无用的。他们认为，艺术和社区经济应该由了解市场的专业人士运营。

2.3 福特主义、后福特主义与"空间转向"

到了20世纪80年代后期，政治经济学家和经济地理学家们把关注重点从批量生产转向了"灵活专业化"和"后福特主义"（Lash & Urry，1987；1994；Scott，1988；Harvey，1989；Lipietz，1992；Amin，1994）。这就是说消费市场越来越分裂和不稳定。可预见的大众消费模式已让位于规模较小的商品市场以及商品和服务的扩散。它们具有较高层次的"象征性"内容，也可以在"社会主流"之外寻求新的构建社会身份的方式。要想适应这些新的消费市场，就必须使信息更快、更详尽地传达给生产商，并建立更为灵活的生产流程，以增强快速应对需求变化的能力。

在西方的发达国家中，上述转变的一个重要成果是中小型企业（SMEs）的蓬勃发展。同时，有健全的中小企业网络的地方也受到了高度重视。跟市场一样，这些网络具有地域特殊性，它们也是从现有的社会和文化传统中成长起来的（Granovetter，1973；1983；1985；Markusen，1996）。20世纪80年代末，与抽象的现代主义经济地理范畴相反的是，社会空间这一理解经济的关键因素受到了越来越多的重视——这与该领域和其他许多社会科学领域的"文化转向"是紧密相关的（Soja，1989；Crang，1997）。在新兴的文化产业政策领域，它导致了三大后果。

第一，“空间转向”：由全国统一的现代性经济空间转向了更具流动性的和多层次的空间水平上。这本身就反映出人们越来越多地感觉到了一种新的动力，以及资金、人才、知识和产品在全球（这本身也是一种新的规模）流动的密集度的提高。曼纽尔·卡思特斯在其非常有影响力的《网络社会的崛起》（Manuel Castells，1996）一书中指出，在相互连接的网络的基础上将开展一种新的全球性的交流。

第二，把重点放在空间邻近性和地方中小企业网络的做法表明，并非所有经济交易都是建立在“理性地”计算短期盈亏的基础上的。“集群”可以产生一系列的经济效益，比如普遍知识和技能的汇集、灵活的人力资源、相互间的信任关系和共同的目标。这些都是网络本身所特有的影响力，它们也是“不可交易的外部因素”（Porter，1998a；1998b；Cooke & Morgan，1998；Gordon & McCann，2000；Martin & Sunley，2003；Wolff & Gertler，2004）。

第三，对于这些“不可交易的外部因素”以及信任和共同目标之间的关系来说，植根于地方的社会结构、体制和文化之中可共享的本地化知识与它们相得益彰。地方的企业提供并利用这种最为习俗化的知识——它可以给企业带来竞争优势，因为它如果离开当地，就不容易转移或复制（Maskell & Malmberg，1999；Maskell，2001；Bathelt，Malmberg & Maskell，2004；Gertler，2003）。

2.4 中小型企业的崛起

这种新的看待市场和更具流动性的经济和社会空间的态度，以及对地方性嵌入式集群和中小企业网络及其运营的具体社会、政治和文化环境的认同，对文化产业都有明显的启示作用。“文化产业”论与阿多诺理论的共同点在于，它们都将参与文化产品的生产和分配的大型企业作为重点。如果说它们不等同于整个文化生产，也肯定占据了文化生产的制高点。虽然自由职业者和独立的企业仍然继续存在于企业部门的核心地带，但是它们只是艺术家为了生存而传承下来的古老的、资本化程度较低的文化形式；或许它们与国家补贴有关；或许它们是一种通过灵活的合同保存下来的（自我）剥削形式，大量的劳动力“后备军”的报酬都非常少，他们工资的发放标准是特许权使用费的多少，而不是实际所做的工作。然而，我们可以明显地看出，自由职业者、小型或是微型企业仍然是保障整个部门就业的一个极其重要的组成部分，并且这部分的影响力还在迅速增长

（O'Brien & Feist，1995；1997；Pratt，1997；O'Connor，1999；Creigh-Tyte & Thomas，2001）。

本地价值链的纲要性略图是由大伦敦议会首创的，然后由联合传媒公司和其他咨询机构（现在也包括了一些学术机构）将它拓展到了整个英国。它为以后更详尽的分布图打下了坚实的基础。从中我们可以得到四点启示。

第一，在地区层面，不同的子部门（音乐、表演、视觉艺术、电视等）的网络化程度非常高，从而形成了一种“集群化”运营的态势。

第二，这些集群通常集中在大都市区，作为城市网络的节点和更为分散的部门（如手工艺或制造业）的服务中心，这也说明城市本身就为文化产业部门提供了至关重要的东西。

第三，在地区层面，商业部门与接受补贴的部门、以经济为主体的活动与以文化为主体的活动，以及“艺术”的动机与盈利的动机之间的界线并不是绝对的。

第四，绘图工作所取得的进步带来的一个最为重要的结果，那就是使文化产业成为政策讨论的对象。20 世纪 70 年代，文化产业就已经被纳入到了国家文化政策的轨道（为了保护受到威胁的国家文化，联合国教科文组织等机构也出台了相关政策）。从大伦敦议会时期之后，它就成为了所有地方文化战略的一个重要组成部分。在英国，自从 1997 年成立了文化、传媒和体育部以后，它就被列入了明文规定。因此，在 90 年代末，文化产业政策的一个重要目标就是使该部门把自己切实看做一个部门。

2.5 文化和经济学

文化产业是作为一个可行性政策的主体出现的，我们需要将它放在一个更为宽广的背景下来理解，在这个领域中，经济与文化的界限日益模糊。在许多方面，特别是在艺术领域，这是一个良性的错位联盟。通过这种联盟，文化和经济都发现了它们身上的价值具有互补性。艺术和商业组织的设立是为了在公共资金大量削减的情况下最大限度地扩大艺术部门的商业投资，除了这类组织以外，还有很多实例都可以证明艺术和经济本来就应该是天造的盟友，而不是死敌。

20 世纪 80 年代末，马克思主义地理学家大卫·哈维（David Harvey，1989）研究了整个后现代时期的艺术概况，并将有关后福特主义、灵活专业化、全球化和崩溃的战后社会政治和解的讨论联系在一起。一种新的经济和社会秩序正围绕着文化产品的消费市场建立起来，而这些产品又是与新的社会区分和身份相互联系的。这就是资本的“文化定位”。哈维发现这种“文化定位”在城市层面特别有效。壮观的表演、节日活动、购物的经历和少数民族区将发达国家的那些废弃的工业城市转变成了高档文化消费的中心。

拉什和厄利（Lash & Urry，1994）更加强调文化消费的作用和“审美反思”在身份构建过程中的核心作用。这是一种很强的（自我）意识，针对文化消费的投资会对生产和流通的组织产生深刻的影响。在卡斯特（Castell）提出的人员、资金、物资和信息流动的基础上，这又加入了大量的符号产品——文本、图像、声音、和经验。更为关键的是，它改变了文化产业在经济领域的地位。通过以上论述我们可以看出，文化产品的特性为利润的实现带来了一些问题，其中包括实用价值和交换价值之间的根本矛盾问题，也包括建构商业模式难度很大的问题。但是，文化消费的增长也意味着文化市场在生产方面遇到的困难将成为许多不同企业的核心问题。因此，文化产业已不再被视为旧的生产体系中的奇怪残余，而是引领新的“标志和空间”经济的典范（Lash，1990；Lash & Urry，1994）。

2.6 新的职业文化

拉什和厄利认为，在主流的文化产业经济领域，大型企业结构的纵向解体呈现出了加速发展的态势。这并不只是说诸如电视、音乐、设计、电影等部门越来越多地以中小企业和自由职业者为中心，而是审美反思的观念以及更加直观化地卷入文化潮流的旋涡已经转变为企业的核心。再也没有人把文化工作者看成是因为抵制企业部门的价值观而遭其碾压的自由创造者；而恰恰是这些人才懂得如何最有效地去运营企业。这种新职业文化与以下三种观念的发展密不可分。

第一条是将创造力看做一种对当代经济发展甚至是个人成长都至关重要的资源。关于创造力的文献资料有很多，所以本文仅陈述其中的要点（Negus & Pickering，2004；Banaji 等，2007）。首先，创造力与创新相联系，越来越多的人将其视为经济竞争力的关键所在。它试图孤立地看待那些推动新思想和新观念发展的因素，而这些新思想和新观念正是改革的基础。当然，创造力是一种早就得到认可的能力；而创造所做的就是借鉴艺术的品质，所以这注定是一件感性而非理性的事情。其次，它也借鉴了现代主义的相关概念——新事物的冲击、破坏性、反直观性、叛逆的想法和甘冒风险的人。大多数传统的艺术观念都没有这种品质，更多的是像技能、工艺、平衡、和谐、中庸之道、中间道路这样的观念，而在新型创造力方面，所有的这些品质都是用不上的（O'Connor，2006b）。这种借鉴艺术思想的做法可以追溯到 20 世纪 70 年代和 80 年代那些变化的管理学文献中（Kelly，1998；Du Gay，1996；1997；Boltanski & Chiapello，2005；Bilton，2007）。再次，从 20 世纪 60 年代开始，价值观的构建开始从社会责任和个人定位转向自我释放和自我表达，创造力也与这一转变相互关联，这在贝克（Beck，1992）的著作里得到了印证。“完全展示出来”也是一个自我发现的过程，它也吸收了一些波希米亚和艺术传统中的价值观念，它们和 19 世纪以来的现代主义有一定联系（Martin，1981；Wilson，2000；Lloyd，2006）。到了 20 世纪 90 年代，“创造力”已经发展成为当代社会的主要价值和促进企业发展的重要资源（Leadbeater，1999；Rifkin，2000；Howkins，2001；Tepper，2002）。

第二个与之交会的是自我进取的观念，这同样也是一个很大的话题（Heelas & Morris，1992；Heelas，2002）。当然，这是一个撒切尔夫人着力打造的重要形象，她这样做是为了能够重新找回“维多利亚价值观”，而这个价值观的支柱是“自力更生的精神”、企业小型化和拼搏精神。但是，跟撒切尔提出的许多计划一样，虽然有的人并不一定赞同她的价值观，但是他们还是接受了它。拼搏精神不但在格兰瑟姆的小商店里生根发芽，而且正如我们所看到的那样，市场也获得了重新评估，它还被许多排斥“组织者”的反文化派和战后时期的公私官僚阶层发扬光大。在这种背景下，他们形成了自己动手、自主创业的态度，这是一种强烈的自由的感觉（Boltanski & Chiapello，2005）。

第三个与之交会就是有关“经济文化化”的论述，它强调的是文化在组织变革中的核心作用（Du Gay & Pryke，2002）。应对新经济带来的挑战并不仅仅意味着放弃福特主义的组织结构；它需要的是一种新的组织文化。事实上，有人认为，如果某家公司的文化变革没有涉及所有的工人，那么它就无法灵活地参与竞争和应对经济领域的变化。文化产业就是一个典型的例子，在文化产业中，企业希望员工能把企业的文化和目标作为自己的追求，所以就产生了安德鲁·罗斯（Andrew Ross，2003）在《无领》一书中提出的新型管理风格。

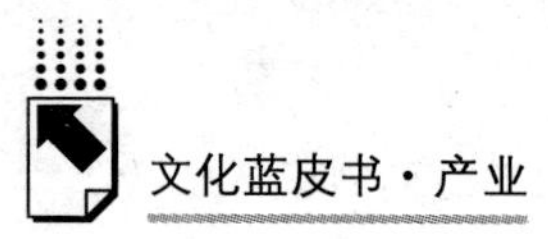

结语：文化与资本主义

这个题目又让我们想起了文化产业的根本矛盾。如果资本主义的本质是无限积累，那么文化则是对这一现象的无情批判。正如威廉姆斯（1981）认为，当内在的价值仅仅是用来创造利润，那么这一价值就会出现扭曲。这里的“批判”与政治意义上的“反对”有所不同，而“内在的”也并不一定就是指艺术固有的内涵。文化价值并不是指财富的积累。正如本文在开始时就强调的那样，文化早已为商品生产和市场所用。但这也并不意味着文化认同了无限积累这一原则。毫无疑问，莎士比亚是一名企业家，但这并不等于说文化价值和利润价值之间没有冲突和分歧。

如果文化在某些方面遏制了资本主义对财富积累的渴望，那么人类就很难在制定文化政策的同时兼顾经济政策。这种矛盾无法避免，因此就会产生一种天真的想法，那就是聪明才智能够管理复杂的创意聚合体。事实上，只有当大家对某些价值具有认同感时，这一方法才能奏效。这正是英国的特色所在，而且这跟德国、加拿大或中国的情况都完全不一样。

（聂启平 译，意娜 编校）

个案研究

Case Study

B.20

民营书业：成长与忧患

鲍　红*

所谓民营书业，是对我国出版业中所有民营资本的统称，既包括上游出版领域，类似于出版社；又包括下游批发零售环节，类似于新华书店。按照国际惯例，上游出版领域又可以分为教育出版、大众出版、专业出版，其中民营书业最活跃的领域为教育出版与大众出版。下游批销又可细分为教辅渠道、少儿渠道、大众社科渠道、网络书店等，以大众社科书店的网点最多。目前的民营书业，已经撑起出版业的半边天。在此，笔者对几个民营书业较为集中的板块逐一介绍。

一　版权问题困扰教辅出版

教育出版包括教材出版和教辅出版两部分。教材出版是中国出版业的利润支

* 鲍红，中国新闻出版研究院民营书业发展研究中心。

柱，但教材出版有非常严格的准入限制。在中小学教材领域，除了仁爱教育研究所获得3门学科部分年级的编写权之外，尚无机构再通过教育部的审批。但有一些民营公司策划编写二级教材，即除国家统一规定的教材之外各地使用的地方教材和专题教材，如《法制教育》、《心理健康教育》等。在政策限制较少的职业教材和幼儿园教材领域，一些民营公司也取得较好的业绩，如公务员教材领域的中公与华图，被市场公认为最好的公务员教材编写机构。据行业资深人士称，在幼儿园教材领域，民营能占60%以上的份额。

在教育出版领域，民营公司所从事的，主要是教辅类图书（即教育辅导类图书）的策划与出版。教辅出版领域是民营书业的主战场，也是民营书业规模实力最为强大的一个领域。教辅出版种类繁多，涵盖大学、中学、小学、职业教育、出国等各个层次和领域，大学辅导首推王长喜、双博士，出国英语辅导首推新东方、新航道。尤其是在中小学领域，由于学生人数众多，市场巨大，这一领域的教辅出版公司也规模最大。目前，年销售码洋过10亿的教辅公司已经不下七八家，年销售6~8亿的更是行业的中坚，年销售码洋上亿的已是数不胜数。

企业壮大以后，越来越多的企业寻求规范企业管理。一些企业寻求知名的咨询公司，规范企业架构，改革薪酬体系；有的企业还高薪聘请业外的职业经理人，健全管理制度；还有的主动培训下游的经销商和书店，提升渠道经营质量。

许多企业健全了对员工的保障。5年前，曾有企业老总说："要看我们企业的工作干劲，不要在白天来，要晚上来；不要平常工作日来，要周末来。"如今，多数成长起来的大企业已经不倡导加班，提出向8个小时要效率。有的企业专门成立企管部，理顺工作流程，免得忙闲不均。许多企业不但规范了保险和福利制度，还有人力资源部门组织各种培训与活动。一些企业还建立了自己的产业园，配套有员工公寓、食堂与健身房，为员工提供更好的工作环境。

教辅是教材的延伸，近年来，关于教辅配套教材的版权问题一直争论不断。2009年，人教社发表"关于知识产权保护的声明"，规定"未经人民教育出版社许可，编写、出版、发行配人教版各类教科书使用的教学辅导用书、报纸、杂志……均侵犯了人民教育出版社的著作权"，从而将版权问题再一次升级。许多教材出版社也一起举起维权的大旗，打击出版其配套教辅的出版商，许多民营公司都收到类似的传讯，有的公司还交了罚款。目前，一些教材出版社和民营公司已经在讨论授权出版事宜，获得授权的民营公司要支付不菲的版税。

虽然版权问题对民营教辅公司还没形成实质性的打击，但许多公司为此十分担心。授权出版一旦在全行业严格实施，对于许多未获得授权的民营教辅公司，可能形成毁灭性的打击。因为教辅是出版业除教材之外最大的利润来源，涉及的利益面太大，授权不仅限制一些民营教辅公司，对各地出版社也是一个打击。事态如何发展，还要静观其变。

教材维权运动的发展，以及折扣战的愈演愈烈，使民营教辅企业的利润变薄，风险加大，一些公司负责人对未来发展产生了倦怠。经过十多年的发展，他们已经积累了足够的资金，赚钱的驱动力减弱。而市场竞争日益激烈，企业做得很辛苦，利润却很薄，加之许多民营出版人对于多年的灰色身份感到厌倦，在这个行业里找不到归属感和荣誉感，一些公司开始萌生退意或转型，有的探试少儿出版，有的跟进数字出版，有的尝试拓展培训，还有的进入了地产领域。

作为一门生意，企业主有权选择更有营利潜能的行业；而对于出版产业，他们的倦怠会产生怎样的影响呢？这一问题值得进一步关注。

二　大众出版面临囚徒困境

大众出版包括少儿、文艺、财经、生活等板块，是民营公司最为活跃的领域，也是市场化程度最高的领域。

大众出版本质是分散、即兴、个人化的创意，很难积累规模，5 年之前，大众出版领域的公司年销售码洋达到 5000 万元已经是很不错的了，而今，一批年销售码洋达 3～6 亿元的公司齐刷刷成长了起来。磨铁、时代新经典、共和联动、博集天卷、华文天下、海豚、唐码、日知等公司，不但体量成长惊人，而且是畅销书榜的重要推手。

由“中国图书商报·东方数据”提供的 2009 年 1 月 1 日至 2010 年 6 月 30 日的销售数据显示，在所有大众类图书的总榜单中，排名前 5 位的，100% 为民营策划出品；排名第 6～10 位的，80% 为民营策划出品；排名前 100 位的，民营策划出品的也占 60% 强的份额。

另据江苏省最大的社科图书批发商九歌发行公司的数据，从供货商的数量来说，民营出版公司与国有出版社之比是 45∶55；而从销售数量和销售额来说，民营出版公司与国有出版社之比至少是 60∶40，甚至达到 70∶30。在陕西最大的社科图书批发商天地和合店内，平时图书批发的量，国有出版社的书多是几本几本地走，而民营出版公司的书则是一摞一摞地走。大众出版领域的民营公司作为名副其实的“畅销书制造基地”，已然在整体份额上优于国有。

大众出版领域的民营公司规模成长迅速，与资本的介入不无关系。

近年来，出版集团为了争“双百亿”和上市融资，纷纷扩大规模。几年以前，年出版五六百个品种已经算一家规模很大的出版社了，现在，年出版4000~8000种图书的出版社也不鲜见。与民营公司比较明确专一的产品线相比，国有的产品线要丰富得多，比如教育社或专业社也同时出教辅书、生活书、少儿书、经管书、文学书。他们除了自身的全品种扩张，还积极并购民营公司扩充体量。

面对全行业的规模扩张，是冒着边缘化的危险坚持特色精品路线，还是吸收资金扩充体量谋求在市场上的优势地位，成为大众出版领域的民营公司面临的两难选择。

许多优秀的民营公司选择了后者。目前，在大众出版领域表现比较优秀的民营公司，极少没有资金注入的——海豚、榕树下、智品、邦道、共和联动、中资海派、上海青鸟等，先后被国有出版集团并购。磨铁图书公司多次吸收风险投资，华文天下成为上市公司盛大的一员，时代新经典也有外资注入。近日，博集天卷也与中南出版集团达成了合作协议。

但扩张之路并非一帆风顺。规模扩张带来的产品数量急剧增加，引起一些行业同仁对于产品质量及其社会价值的质疑。而且规模快速增长的同时，利润率并没有同比增长，相反可能是大大降低。与此同时，大量的退货与库存，加剧企业风险。华文天下一度预备每年销售增长一倍，后来发现并不可行，改为更为稳健的发展路线。

整个行业都在扩张，极少数坚持自己精品路线的人也面临很大压力。自己精心制作的选题可能淹没在海量品种中，品种少，资金流小，也不被经销商所重视。

这场扩张的竞赛，最终谁来埋单？很难说，这对产业是福是难。

三　大众社科书店生存堪忧

在下游批发零售环节，现已成型的有教辅渠道、少儿渠道、社科渠道、网络书店、馆配渠道、超市渠道、特价书渠道等。不同的领域和门类，其生存状况是

不一样的。

教辅、少儿属于较为刚性的需求，教辅渠道的状况一直不错，少儿图书销售也连年增长。超市渠道扩大了购书人群，近年来图书销售增长很快。网上书店渠道的份额更是飞速成长。这其中，生存最艰难的就是大众社科渠道，尤其是人文学术书店。它们是网点最多、形态最为丰富的一个渠道，也是与社会大众文化生活关系最为密切的图书渠道，因此，它们的生存状况也最引人关注。

自从1980年我国开放集个体书店网点以来，图书销售网点获得了迅速的发展，2007年最高峰时期，我国有16.7万个图书发行网点，其中民营图书发行网点12万家。这其中，大部分是大众社科书店。他们见证了中国图书出版业几十年的发展。

随着宏观环境的变化，书店经营也面临严峻的挑战。自2008年以来，销售网点逐年减少，出版社自办发行每年几十家地减少，国有发行网点和供销店系统每年均以几百家的速度萎缩，集个体零售网点每年更是以上千家的速度关门。自2007~2009年，民营书店减少了1万多家。

其中尤以大众社科类的书店，生存最为艰难。究其原因：

一是房租、人力等经营成本的上升。光合作用在厦门的一家书店，房东一周内涨了6次房租。上海季风书店几因房租被迫搬迁，上千人在网上呼吁才得以留下。在一些一线城市，房租成本几乎占到书店毛利的30%，成为一项很大的开支。

二是多媒体时代，读者不断分流。中国出版科研所全国国民阅读调查中，有一项人们对不同媒介的依赖程度的调查。2009年第七届的调查数据显示，电视、报纸、网络在众多方面功能突出，而图书最主要的功能是了解“与工作学习有关的信息”，但就在这一点上，电视（60.3%）、互联网（23.3%）、甚至报纸（18.1%）的作用也远远超过图书（5.7%）。这种状况不能不引起图书出版业的担忧。

与此相对应的是，我国图书出版品种连年增长，2005年22万种，2009年已经达到30万种。这其中，因为书号的稀缺和有价，还有大量一号多书的现象没有统计。上游出版的图书品种一年比一年增多，而下游发行网点却一年比一年减少，这是一种健康的业态吗？一个产业怎么可能在这种情况下繁荣？国民阅读又怎么可能在这种状态下提升？

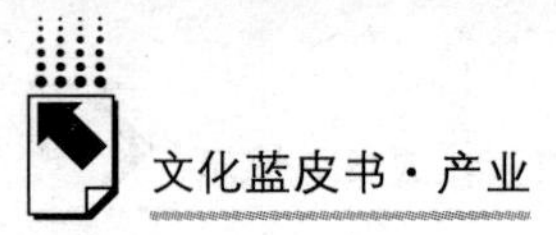

表1　我国国民满足不同需求时的媒体选择

单位：%

	国内外新闻时事	国内外观点和思潮	工作和学习有关信息	生活/消费资讯	时尚流行趋势	休闲娱乐信息
电　视	88.5	77.4	60.3	72.1	63.0	67.0
报　纸	32.2	21.7	18.1	19.7	14.8	14.4
互联网	23.6	23.4	23.3	22.3	23.2	25.2
期　刊	9.6	7.6	6.3	8.7	9.3	7.9
广　播	6.0	5.5	4.0	4.6	2.8	3.8
图　书	1.6	2.7	5.7	2.1	1.6	1.9
音像出版物	0.3	0.3	0.8	0.5	0.6	1.4
电子出版物	0.0	0.1	0.4	0.2	0.3	0.6

尽管近年来网络书店增长迅速，但传统书店仍然是图书销售的主流，网上书店在许多功能上并不能代替实体书店。而且，当当、卓越、亚马逊等大网上书店并不赚钱，当当2010年前9个月销售额为15.7亿元，利润仅1600万，利润率仅1%，因此被人戏称为“搬箱子”的互联网公司。

新华书店虽然有教材发行利润和物业优势，仍觉得经营压力很大，纷纷增加文具和电子产品的销售面积，应对图书销售萎缩带来的压力。

夹隙中的民营大众实体书店，生存状况就更可想而知了。许多学术书店纷纷进入地下室经营，仍觉得房租难以负担。一些书店不得不减少图书品种，增加艺术品销售以图生存。目前民营的大书城，只有大众书城和汉唐书城了，那是因为他们的大楼是自有物业。即便如此也不轻松，许多出版商怀疑他们持续经营的能力，对于向他们发货是非常保守甚至是坚决拒绝的。从产业发展的形势看，这种情况非但没有好转的倾向，还有继续恶化的势头。

近年来，我国积极建设公共文化服务设施，2007年，全国文化事业费达到198.91亿元，其中公共图书馆财政拨款39.54亿元。新闻出版系统也投入大量资金建设农家书屋、益民书屋，每年农家书屋的建设资金达数十亿元。这些对于阅读促进和产业发展，都是非常有益的，但实实在在增加图书销售网点、丰富书店形态，不但能营造书香社会的氛围，还能促进产业发展，应该是更为有效和长效的做法。

让我们凭心想一想，在书店里营造阳光温馨的阅读氛围的光合作用，放了许

多桌椅供学生们看书抄书的风入松和先锋，每周末都有免费讲座活动的单向街，丰富社区文化生活的读易洞，还有“站着太累，坐吧；买书太贵，抄吧；背包太重，存吧”的西西弗……他们富有文化理想，致力于普及文化、思想传承，将书店营造成受了人尊敬的文化场所。尽管经营一家书店并不容易，正如一位书店管理人说，图书的经营利润很薄，员工只能解决温饱，老板只能解决小康，想要大富大贵几乎不可能，但开一家自己的小书店仍是很多人的梦想。它的魅力，在于书中丰富的内涵，可以放飞思想与灵魂。这些看来并不经济的小书店，却是我们物质丰富、精神自由、社会多彩的一种表现。

因此，笔者建议，新闻出版主管部门向国家争取，对所有的书店减免税收，尤其是减免大众社科书店的税收。据行业资深人士估计，给全国的书店免税，最多也就20亿元。如此，不但可以推动产业发展，繁荣文化产业，还可以促进国民阅读，涵养书香社会。

由于书店的生存环境在全球范围内都趋于恶化，有些国家已经开始对书店进行扶持。法国政府不仅为中小书店提供资金支持，还对一些具有文化气息的书店授予“独立书店榜样”标志，以保护文化的多样性。对于整个社会来说，这些书店存在的价值，不在于商业，而在于文化。

B.21

模式的回顾：从“宝莲灯”到“奥飞”

——关于我国动画产业经营模式的分析

苏 锋* 王 莉

2004年以来，在我国政府的大力推动下，动画产业有了快速的发展和长足的进步。全国动画片产量由2004年的21800分钟上升到2009年的171816分钟，2010年动画片产量有望突破20万分钟，从产量看已经成为世界的第一。尽管如此，在产业运营中弊端颇多，85%的动画企业仍处于亏损状态，赢利模式尚不理想，动画企业的生存状况堪忧。在“十二五”的开局之年，有必要对过去15年时间里动画产业的经营模式做一个系统的回顾和梳理。因此，本文以动画片制作企业为中心，在回顾动画产业经营模式历史的基础上，指出现有经营模式的不足和缺陷，为新时期动画产业经营模式的设计提供借鉴，也为动画产业的发展战略和产业政策的制定奠定基础。

一 关于我国动画产业经营模式的简要回顾

从1957年上海美术电影制片厂成立到1995年的近40年时间里，我国的动画片生产和制作一直处于计划经济的掌控之中，虽然创作了多部在艺术上名闻中外的动画片，但由于体制的缘故，没有实现市场化经营。1995年对于中国动画产业来说，具有划时代的意义。这一年，中国电影发行放映公司终止了新中国成立以来的电影统购发行制度，开始了中国动画产业市场化、产业化的历史进程，迫使包括上海美术电影制片厂和中央电视台在内的动画片制作机构，必须调整经营思路，在动画片的内容和表现形式上适应市场，将动画片的艺术性、思想性与

---

* 苏锋，副教授、管理学博士，东北大学秦皇岛分校动画产业研究所所长，中国电视艺术家协会卡通艺术委员会副秘书长，主要研究方向为中国动画产业发展战略和国际化战略。

市场需求有效地结合起来，实现由市场运作收回动画片的投资。此后，动画片制作企业的经营模式应运而生，主要有以下四种：

（一）“宝莲灯”模式（1995～2000）

1999年，上海美术电影制片厂推出了耗时4年，投资1200万元人民币，时长为85分钟的动画电影长片《宝莲灯》，取得了投入产出持平且略有盈余的好成绩，[①] 这是自1995年中国电影界改革以来的第一部，也是少有的几部在国内市场发行并收回成本的国产电影动画片之一。

《宝莲灯》为了适应市场化经营的需要，主要采取了两方面的措施：一方面，在动画片的内容选择上，在以往哲理、传说的基础上，适当加入娱乐和爱情元素，增强了动画片的观赏性和娱乐性，增强了影片对观众的吸引力。例如，在影片中增加了人物嘎妹的设置，演绎了沉香与嘎妹的爱情故事。这在以往国产动画片中是非常少见的，而在日本和美国动画片中是极为常见的重要内容元素。此举表明该剧的主创人员希望适应更大的观众年龄层面，扩大观众的范围。此外，该剧聘请当红歌星（刘欢、李玟、张信哲）和当红影星（姜文、徐帆、宁静等）为影片配唱配音，通过声音增强故事的感染力，改变了以往动画片只重画不重音的整体效果。另一方面，在动画片的经营方面，将动画片的赢利着眼点主要集中在动画片的发行和播映阶段，希望通过动画片的院线发行和电视台的播映，以票房收入和电视播出费收入实现动画片投资成本的回收。

但是，由于电视播出费较低，单纯依靠国内市场的电视播出，根本无法实现成本回收的目标。与之相对应，国内电影院线的发育尚处于初期阶段，这对于动画片的票房收入也产生了严重影响。因此，这一阶段的其他动画片就没有《宝莲灯》这样幸运，几乎全部亏本。

（二）“蓝猫”模式（2000～2003）

鉴于在发行和播映阶段动画公司无法收回制片成本，三辰公司于1999年在经营模式上进行了大胆探索。1999年12月，《蓝猫淘气3000问》在北京电视台成功首播。2000年6月1日开始在全国大规模发行。《蓝猫淘气3000问》以近

① 铁铮：《从蓝猫谈中国动画产业》，2001年10月17日第20版《中华读书报》。

3000集的规模，在华语圈内1020家电视台同步播出，每天累计播出蓝猫卡通片500小时、随片广告30小时。2001年1月娃哈哈公司新品“娃哈哈铁锌钙奶”、“儿童营养液”全面使用蓝猫淘气卡通形象。2001年9月3日蓝猫专卖店招商热线开通。2001年10月与汕头添乐有限公司合资组建汕头三辰蓝猫产品发展有限公司，开发生产“蓝猫”品牌文具等产品，这是第一家蓝猫卡通衍生产品授权公司。此后，“蓝猫”形象广泛应用于文具、玩具、饮品、儿童服饰、日化用品等16个行业，6600余个品种，通过遍布在全国2400多家蓝猫特许连锁专卖店来进行销售。2002年9月至2003年12月期间，三辰集团公司营业收入总额达到12亿元人民币。

通过对三辰公司经营模式的分析，可以看出，“蓝猫”模式在指导思想上，放弃播出阶段的赢利期望，将目光转向后期衍生产品的授权收入。在具体操作上，以电视媒体的播出形式，同时对国内市场进行“地毯式轰炸”，以塑造“蓝猫”品牌，带动衍生产品的开发与销售。因此，“动画影视制作→媒体播出→音像产品的出版发行→衍生产品开发”构成了完整的价值活动体系。2000年，正是中国动画产业的低谷期，“蓝猫”模式的出现使人们看到了电视动画片的希望。“蓝猫”模式的成功为中国动画产业提供了强烈的示范效应。①

但是，由于现行法律法规对制假售假者打击力度不够，以及地方保护主义，导致盗版猖獗，市场上销售的衍生产品中，盗版产品占到80%～90%，甚至很多没有授权的产品也被一些不法企业盗用，极大地扼杀了动画企业的利润来源。② 盗版问题在搅乱动画企业生产经营活动，制约动画产业发展的同时，也给国家财政及税收带来了重大的损失。

（三）“喜羊羊”模式（2004～2010）

在2004～2008年期间，广东原创动力文化传播有限公司在国内制作和播出了近600集《喜羊羊与灰太郎》系列电视动画片，尽管收视率很高，但由于电视播出费低，广东原创动力文化传播有限公司收益甚微。2008年4月，广东原

① 关于“蓝猫”模式的详细内容，请参见苏锋、王莉《蓝猫模式难以模仿的胜利》，《企业管理》2008年第8期。

② 郭燕、徐浩：《“蓝猫”卡通形象遭遇全面盗版》，2003年9月30日第7版《中国新闻出版报》；左丹、曾小颖：《“蓝猫”专卖店长沙经营遭遇尴尬》，2004年3月1日《湖南日报》。

创动力公司、上海文广集团公司和北京优扬文化传媒公司，共同决定投拍由电视动画片改编的电影动画片，由此改变了《喜羊羊与灰太郎》的命运轨迹。2008年6月，影片正式开拍，历时半年完成，2009年初，电影动画片《喜羊羊与灰太郎之牛气冲天》面市。2010年初，电影动画片《喜羊羊与灰太郎之虎虎生威》上市，其票房成绩之高，大大出乎业界的想象。

在以往“蓝猫”模式的基础上，《喜羊羊与灰太郎》的运营，主要在两个方面实施了创新：①加强了动画片的推广力度，将电视媒体、网络和人偶的城市路演结合起来，形成了立体化的推广方案，更加接近了动画产业运营的国际惯例。②增加了电影动画片的拍摄，不仅扩大了利润来源，使电影院线的票房收入成为动画公司最重要的现金来源，而且增强了销售终端的可控性，最大限度地保护了动画公司的利益不被非法盗版侵犯。

但是，“喜羊羊”模式中仍有技术、市场等方面的不确定性因素在影响着该模式的有效运行，使该模式难以被其他动画公司复制成功。试想：如果下一部“喜羊羊”采用3D或其他更高质量的制作技术，必然大大增加动画制作公司和投资人的经营风险，此模式将面临严峻考验；如果下一部《喜羊羊》不能创造如此的票房佳绩，按照目前的分配比例，动画公司将难以收回成本；如果没有当地各级政府的补贴，此模式就不能得到有效地巩固；如果没有上海文广集团和北京优扬公司这样重量级公司的媒体运作，肯定不会取得如此创纪录的票房辉煌。①

（四）“奥飞”模式（2006~2010）

近几年来，为了完善动画产业链条，以广东奥飞动漫文化股份有限公司为代表的玩具产业高调介入，试图以玩具企业本身的升级促进动画产业的发展。广东奥飞动漫文化股份有限公司的前身是一家玩具制造公司，在1986~2006年的20年间，通过引进国外动画片的版权，拓宽了企业的经营思路，并确立了“四驱车”在国内生产和销售的领先地位。2006年起，奥飞公司首次推出拥有自主著作权的《火力少年王》系列动画影视剧，全面带动了《火力少年王》中极力推

---

① 关于“喜羊羊”模式的详细内容，请参见苏锋、王英《从“蓝猫”到“喜羊羊”》，《企业管理》2010年第7期。

崇的“悠悠球”产品的销售，为公司确定玩具与动画形象结合的发展战略奠定了良好基础，标志着“奥飞模式”的形成和企业的转型。2009 年 9 月，奥飞动漫以国内“动漫第一股”的独特身份登陆深交所中小企业板，表明奥飞模式的进一步升级。凭借资本优势，奥飞公司重拳出击。一方面，进军大屏幕，拍摄电影动画片《铠甲勇士之帝皇侠》；另一方面，出资 9000 万元人民币，收购广东佳嘉卡通影视有限公司 60% 的股权，成为 A 股中第一家拥有卫星频道经营权的民营上市公司。其目的在于积极延伸产业链，力图使公司的发展模式从“玩具 + 动漫”升级为“玩具 + 动漫 + 影视 + 游戏 + 授权”，最终完成大动漫娱乐产业的布局。

奥飞模式的创新之处在于创造性地进行了产业嫁接：①将动画片的制作整体上纳入到玩具业的产业链条中；②将动画片的制作视为玩具广告推销过程的重要组成部分；③将动画片的制作费用列为研发支出，达到了动画产业服务于玩具产业的最终目的。与“蓝猫”模式相比，“奥飞”模式是“蓝猫”模式的变型。“蓝猫”模式的主体是动画片制作公司，实施的是正向操作（动画创意→动画制作→动画播出→衍生产品开发），起始点是动画创意，终点是衍生产品，而且是多种衍生产品。“奥飞”模式的主体是玩具制作公司，实施的是反向操作，起始点是玩具，围绕玩具展开动画片的创意和制作。因此，奥飞模式可以被其他玩具业公司复制。

应该引起注意的是，奥飞模式运作的过程中，给中国动画产业带来了负面影响，其表现为：①动画片广告化，或者可以看做广告片中插播动画片。玩具公司制作动画片的第一出发点在于为玩具销售做广告宣传，因此，奥飞公司制作的动画片均以低成本的 FLASH 动画为制作手段，以玩具为主角，或与真人相配合，穿插简单的剧情，在剧中给予玩具以大量的时间篇幅，甚至采取特写的方式，突出所生产的玩具。但由于缺少艺术背景和制作经验，动画片制作水平相当粗糙。②潜规则公开化，颠覆了以往动画行业的惯例。玩具公司将动画片的制作费用计入玩具的研发成本，没有对动画片的播出寄予赢利的希望，因此，玩具公司几乎免费将动画片提供给电视台播出，电视台与玩具公司之间各得其所。电视台更倾向于播出“玩具动画”，使本来就很少的电视播出费面临着进一步被削减的危险，进一步减少了动画公司的现金流量，使动画公司的处境更加艰难。由于玩具公司的介入和玩具动画片的涌入，使动画片赖以生存的电视传播媒体开始走入了

饮鸩止渴的怪圈！对于发展中的动画产业来说，无疑是掀起了动画市场的波澜，设置了前行的障碍。①

二　目前我国动画产业经营模式存在的缺陷

纵观上述四种模式，可以看出以下缺陷：

（一）目标市场的缺陷：国内市场为导向，将无法实现发展动画产业的初衷

从“宝莲灯”模式经“蓝猫”模式，到“喜羊羊”模式和“奥飞”模式，其动画企业均以国内市场为导向，这一点可以从动画片的播映结果中得到充分证明。其问题是没有考虑到广博的国际动画市场。

进入20世纪90年代以来，由于计算机技术和网络技术的介入，世界动画产业正在由劳动资本密集型向技术劳动资本密集型转化。为了降低经营风险，动画企业应在世界范围内整合资源，积极开展全球化经营。从生产的角度看，动画企业需要在全球范围内寻找适宜的生产要素（如人才、技术、资本和动画创意内容），降低制作成本，提高产品竞争力。从销售的角度看，动画企业需要在全球范围内建立自己的销售渠道，销售自己的动画产品，平摊研发成本，降低经营风险，提高动画企业的利润水平。而上述四种模式均以国内市场为导向，与世界动画产业的发展趋势相悖。从经济意义上讲，使我国动画产业失去了国际市场的销售空间，由此极大降低了我国动画企业回收动画片投资成本的概率，增加了动画企业的经营风险，严重影响了来自国内外的资本、技术和各种高水平人才的进入。进而阻碍了动画产业整体管理水平和国际竞争力的提高，对中国动画产业的可持续发展产生极为不利的影响。从文化意义上讲，对国内市场的锁定，不利于中华文化在世界范围内的传播和文化软实力的提升，其损失无法估量。更重要的是经济与文化两方面的损失，制约了发展动画产业初衷的实现。

---

① 关于“奥飞”模式的详细内容，请参见苏锋、王英《敢问奥飞路在何方》，《企业管理》2011年第2期。

（二）指导思想的缺陷：赢利焦点的转移，将增加我国动画企业的经营风险

上述四种模式在设计和实施的过程中，其赢利点各有不同。“宝莲灯”模式中，动画企业的赢利点在于院线播映的票房收入和电视系统的播出费；“蓝猫”模式中，动画企业的赢利点在于动画形象的衍生产品授权收入；“喜羊羊”模式中，电影动画片的放映成为整个模式运营的赢利点和利润来源；“奥飞”模式中，其赢利点在于主打玩具的销售，而动画片作为玩具的广告推销手段并没有被寄予赢利的希望。

伴随着四种模式的赢利点的转移，对于动画企业的资金实力和营销能力依次提出了更高的要求。在“宝莲灯”模式中，动画企业的投入主要集中在动画片的制作成本方面，其他方面投入较少；在“蓝猫”模式中，为了创造市场知名度，必须首先制作多集电视动画片，并进行持续播出；在“喜羊羊”模式中，还要在“蓝猫”模式的基础上，增加电影动画片的拍摄和支出，相当于在“蓝猫”模式上又叠加了“宝莲灯”模式；在奥飞模式中，企业将“蓝猫”模式反向操作，在资金和销售渠道方面需更具实力。因此，在经营规模上，我国动画企业从10年前的千万元级水平，上升到近两年的亿元级水平。在经营内容上，我国动画产业从“重制作”转变为“重营销”。足以说明它越来越接近于国际动画产业的经营惯例，这是我国动画产业发展的重要跨越。与此同时，也意味着我国动画企业的经营风险将不断加大，应该引起业界的高度警觉。

（三）赢利能力的缺陷：相关产业的博弈，将动画产业置于被边缘化的境地

我国动画产业将国内市场作为主要目标市场，为了扩大动画形象的市场影响和衍生产品的市场销售，就必须与媒体合作；为了扩大动画片在国内市场的发行和播映，就必须依靠院线等渠道，也就必然与媒体和院线分享利益。随着媒体、院线等社会资源的加入，动画公司对动画经营活动的控制能力在不断减弱。在“宝莲灯”模式中，其发起公司是动画公司，主要依靠动画片本身的赢利能力。在“蓝猫”模式中，发起公司也是动画公司，但需要将动画形象转换成衍生产品的经营要素，因此需要相关产业的配合。在“喜羊羊”模式中，虽然发起公

司仍然是动画公司，但在运作的过程中，媒体和院线起到主导作用。而在“奥飞”模式中，发起公司则变成了玩具公司，动画在整个模式的运行中完全处于附属地位。

实际上，在发展动画产业的政策推动下，媒体、院线和玩具等相关行业，为了使本企业或本行业的利益最大化，都在力图发挥各自的优势，与动画产业进行力量的博弈，在动画大餐中争得利益。在这个合作与博弈的动态过程中，逐渐形成市场结构和行业惯例。与媒体和院线相比，动画产业缺少传播的手段；与玩具业相比，动画产业缺少资金、市场和管理优势。因此，动画产业作为我国现阶段后发展行业，在与媒体和玩具等行业的合作中，处于弱势的地位。本该动画产业应得的利益越来越被剥夺，减少了动画产业在整个产业链收益中的分成比例，动画产业的生存空间越来越受到挤压。近两年来，当“喜羊羊”成为众多动画公司效仿的对象后，越来越多的动画公司加入到“喜羊羊”模式中，上海文广集团等重量级媒体和电影院线越加成为稀缺资源，在合作中的谈判地位也越来越高。动画公司的这种被动局面，更难于扭转目前动画产业的行业惯例，严重影响着动画企业的可持续发展。因此，动画产业被边缘化的态势应引起高度的重视。

综上分析，“宝莲灯”模式、“蓝猫”模式、“喜羊羊”模式和“奥飞”模式，均以国内市场为导向，其经营模式的门槛在不断提高，经营风险在不断增加，而动画公司在经营过程中的影响力与控制力却在不断下降，动画产业处于被边缘化的过程中。其结果不仅不利于提高动画产业的国际竞争力，而且也挟制了中华文化在世界范围内的有效传播。显然，这与我国政府有关部门大力推动动画产业发展的初衷相偏离，与调整产业结构和转变经济发展方式的目的相违背。尽管如此，上述模式中仅有的成功个案，是特定历史条件下的产物，难以被其他企业复制。因此，对于大多数的动画企业来说还没有找到清晰的赢利模式，仍处于恶性循环之中。

整体来看，上述经营模式的不足从反面对我国动画产业未来经营模式的设计提出了思考。即动画产业的目标市场应该是面向全球市场；动画产业的经营门槛应该能够被大多数中小企业接受；动画产业的内生活力应该得到不断提高。这就要求动画业界拓宽经营视野，在借鉴动画产业发达国家产业发展经验的基础上，结合我国动画产业面临的实际问题，创造性地设计经营模式，并以此为基础，制定动画产业的整体发展战略和产业政策，推动中国动画产业更上新的台阶。

B.22
谷歌事件的风风雨雨

刘翠霞*

引　言

Google是世界上第一个搜索引擎网站，1998年7月成立于美国加利福尼亚。2005年7月Google在中国设立研发中心，次年1月发布中文域名Google.cn，并宣布“谷歌”为其中文名称。谷歌在中国的发展和影响渐深渐大。然而，2010年3月23日谷歌公开宣布停止对谷歌中国搜索服务的“过滤审查”，将搜索服务转至中国香港。一石激起千层浪，一场突发的“网络地震”蔓延开来，引发了各界的广泛讨论。时隔一年后，回顾事件的整个过程，其中有许多问题值得深思：一个互联网企业的退留事件，为什么会在全国乃至世界范围引发如此广泛激烈的争论？作为一个不折不扣的网络大国，经历了谷歌事件后，我们该如何促进互联网产业的健康发展？如何认识理解互联网世界的社会公共利益与个人网络自由、“普世价值”理念与具体文化语境之间的关系？中国应当如何不断健全完善互联网管理体制，才能在保障网络自由的同时维护互联网健康发展和国家文化安全？

一　谷歌事件起因

2006年4月谷歌中国正式成立后，公司宣称其中国版搜寻引擎会遵守中国相关互联网法律，对搜寻结果进行过滤审查。谷歌中国一度在中国互联网领域风生水起，先后与中国移动、迅雷、新浪、天涯等合作，并收购265.com，投资康盛创想，推出谷歌拼音输入法、春运地图和谷歌音乐等本土化产品，在中国的市

* 刘翠霞，系国家行政学院《行政管理改革》编辑部编辑、博士。

场份额居于前列。然而从2009年开始谷歌在中国的声誉不断恶化。2009年3月，谷歌旗下的YouTube网站因为内容的原因在中国境内被屏蔽，6月中央电视台曝光谷歌中国搜索结果含有色情信息，中国政府指责谷歌中国传播不良信息，并对其进行行政处罚。同时，谷歌又因涉嫌侵犯中国作家著作版权闹得沸沸扬扬，9月谷歌在中国的缔造者和代言人李开复宣布辞职离开谷歌。这一连串的变故对谷歌中国来说确实是不小的变故。中国媒体发表多篇文章批评谷歌中国违反其“不作恶”（Don’t be evil）口号。[①] 与此同时，境外一些倡导网络自由的声音却认为谷歌以牺牲网络自由来“屈服于”中国的网络搜索过滤政策，是对其“不作恶”理念的另一种“亵渎”[②]。谷歌中国可谓内外交困、四面楚歌。

2010年1月12日，谷歌在其官方网站上发布了名为A new approach to China的博文，将矛头直指中国互联网监管政策，声称“过去几年来（中国）政府试图进一步限制互联网上的言论自由”，这与谷歌的运营理念相左，并且认为受到了大量来自中国的网络攻击，且“有证据表明攻击者的主要目标是入侵中国社会活动者的Gmail邮箱账户”。所有这些言辞无不充满了火药味与挑衅性。2010年1月13日Google. cn取消了对关键词的过滤，其搜索网站出现了大量在中国受限的资料。

谷歌的做法引起了国内外媒体、社会各界的论争，中美两国政府也隔空过招，一个网络公司的经营行为牵动了世界的神经，在政治、经济、文化多方面风掀浪涌。

二　中美两国政府的博弈

北京时间1月13日，美国国务卿希拉里表示要敦促中国政府回应谷歌关于知识产权受到攻击的声明，并发布一项新技术政策以帮助全世界的人民访问自由的没有审查的互联网。中国政府当即表示关注谷歌事件。1月14日下午，中国外交部声明，中国的互联网是开放的，中国政府鼓励互联网的发展，欢迎国际互

① 《境外淫秽色情信息借谷歌传入境内　遭强烈谴责》、《谷歌“不作恶”口号沦为遮羞布》、《警惕谷歌假整改蒙混过》等，见人民网，http：//it. people. com. cn。

② Cohn, William A. Yahoo’s China Defense. The New Presence. , 2-Autumn/2007.

联网企业在中国依法开展业务。此后事态又几度起伏变化。谷歌 CEO 施密特 1 月 15 日在接受美国《新闻周刊》采访时表示，希望能与中国政府协商取得一致后，继续留在中国。18 日下午，在宣布退出中国市场、员工停止工作一周后，谷歌再次表示在中国的业务恢复正常运转，并开始投放广告。这期间，白宫发言人吉布斯声称，总统奥巴马支持中国的互联网自由，坚信普世权利是所有人都该享有的，不能因为某些国家而有“例外”。美国众议院议长佩洛西则鼓噪美国其他高科技企业一起对抗，称“谷歌的行动是各方企业和各国政府应该学习的榜样”。1 月 19 日，中国外交部发言人第二次表态，称外企在华应遵守中国法律法规，尊重公众利益和文化传统，承担相应社会责任，谷歌也不例外。1 月 21 日，美国国务卿希拉里就“互联网自由”问题发表长达 43 分钟的演讲，讲话四次提及中国，再次指责中国的互联网管理政策，影射中国限制互联网自由，要求中国对包括谷歌在内的美国公司所受网络攻击进行“彻底透明的调查”，声称“限制信息享用自由，或损害互联网用户基本权利的国家有跟不上下一个世纪发展进程的风险”，表示愿以“坦率且始终如一”的态度化解与中国在互联网自由方面的分歧。1 月 22 日，白宫发言人比尔·伯尔顿表示美国总统奥巴马同意希拉里的看法。对于美国“煽风点火”的言行，中国政府表示坚决反对。1 月 29 日、2 月 25 日，中国政府有关部门负责人先后两次与谷歌公司负责人谈话，就其提出的问题作了耐心细致的解释，强调外国公司在中国经营应当遵循中国法律，如谷歌公司愿遵守中国法律，我们依然欢迎谷歌公司在中国经营和发展。但双方没有达成一致。2010 年 3 月 12 日，时任工业和信息化部部长的李毅中表示，中国的互联网是开放的，世界上所有国家都对互联网依法管理，中国政府要维护国家和人民的利益，任何有害于社会稳定、制度稳定，有害于未成年人健康的信息，不能听之任之。是否退出，是谷歌的自由。如果不退出，欢迎在中国发展。如果退出，中国的互联网依然如故，依然迅猛发展。①

2010 年 3 月 23 日凌晨，谷歌公司高级副总裁、首席法律官 David Drummond 发布了谷歌的最新声明，表示已停止了在 Google. cn 搜索服务上的自我审查。此后，登录 www. google. cn 网站进行搜索，网页会自动跳转到 www. google. com. hk。

① 刘铮、岳德亮：《李毅中：相信谷歌事件会得到妥善处理》，《新华每日电讯》2010 年 3 月 13 日第 002 版。

首页还出现了“欢迎您来到谷歌搜索在中国的新家”字样。美国国务院表示谷歌的做法是商业决定，国务院并未介入，但又认为信息自由为普世原则，国务院将继续与中方讨论互联网自由的问题。美国白宫则重申了支持互联网言论自由的立场。中国国务院新闻办公室网络局负责人发表讲话指出：“外国公司在中国经营必须遵守中国法律。谷歌公司违背进入中国市场时做出的书面承诺，停止对搜索服务进行过滤，并就黑客攻击影射和指责中国，这是完全错误的。我们坚决反对将商业问题政治化，对谷歌公司的无理指责和做法表示不满和愤慨……如谷歌公司执意将谷歌中国网站的搜索服务撤走，那是谷歌公司自己的事情，但必须按照中国法律和国际惯例，负责任地做好有关善后工作。”①

三 国内主流媒体及各界的热议

新华社、《环球时报》针对谷歌事件陆续发布、刊登多篇文章。有的是披露谷歌事件“政治阴谋”，批评西方政客以有色眼镜看待中国互联网管理政策：《世界不欢迎“白宫的谷歌”》、《警惕美国的互联网霸权主义》、《中国拒绝“政治的谷歌”与“谷歌的政治”》等文章，斥责谷歌已经成为美国政府“向外推行美国政治意愿及价值观最方便的工具”，称谷歌是“美国设下在思想上征服世界的陷阱”，谷歌来华的真正目的似乎并非拓展商务，而是充当了借助互联网输出西方意识形态，进行文化侵略和价值观渗透的工具；同时，也对谷歌事件进行反思、剖析：《谁也不要冲撞中国民意》以调查数据显示，中国网络民意希望互联网更加自由开放，但并不支持谷歌的冒进做法，尤其反对谷歌与美国政府串通起来教训中国。文章称中国民意呈现的高度复杂性在大多数时候不可能用简单的yes or no来下结论，中国正处于复杂的社会转型期，准确把握民意，提升处置能力与水平，无疑是对执政者提出的更高要求。这也是西方与中国打交道必须认真面对的。《中国要做互联网世界的强者》、《互联网正站在历史转折点》等文章指出，中国必须在互联网世界有大的技术创新、经营模式创新，才有能力向全世界拓展，向世界传播中国的声音。中国要敢于成为推动互联网治理机制变革的主力

① 《国务院新闻办网络局负责人就谷歌搜索服务退出中国内地市场发表谈话》，http://news.xinhuanet.com/politics/2010－03/23/content_13226215.htm。

军，中国必须承担起这个国际责任。对外需要和发展中国家更多地协调，对内则应让民众意识到国家在互联网上所处的真实位置，增加现实世界和互联网上的爱国主义。

谷歌事件引发了中国各界人士的高度关注。阿里巴巴董事局主席马云表示，谷歌声明的退出理由是在为自己的失败找借口。他说，谷歌在美国的成功是一种创业者精神的成功，而进入中国市场后，则变成了以为可以用钱去改变市场，忽略了过去用脚踏实地、用梦想去改变别人的精神。过去的全球化是必须懂得欧洲、懂得美国，但是今后必须是懂得中国才有可能到全世界做生意，中国将会是制定下一个世纪游戏规则的地方。凤凰卫视评论员阮次山认为，从侵犯中国作家协会众作家的知识产权，到此次的退出事件，尽管谷歌的服务不错，但谷歌的确到了该认真反思的时刻了。一个伟大的公司，即使再强大也不要凌驾于人之上，不要认为自己是不可或缺的。江苏学者张敬伟指出，中国社会对信息的承受能力总体上低于美国等发达国家，这是谁都无可否认的客观现实。中国知识分子生活在中国，应当体谅祖国的这个弱点。我们当然要逐步改变，但作改变的出发点应当是中国全社会的利益，而不是少数人的方便或意愿。中国这些年向世界开放的心态是很真诚的，但中国比前苏联和东欧国家高明之处，就是在学西方的同时，坚持走自己的路。所以在互联网监管这样的重大问题上，中国一定不能不顾一切地与西方“接轨”。中国社会在进步，互联网也必须往前走，但如何收、怎么放，中国必须有自己的思路和节奏，不应该也不可能让谷歌的CEO及美国国务院说了算。

在这次的谷歌事件中，中国网民及民众表现出了较大的意见分歧。针对这一现象，中国人民大学国际关系学院金灿荣教授认为，在谷歌考虑退出中国问题上，中国的网民出现了一些分歧，但这种分歧并没有西方媒体渲染的那样严重。从美方透露出的消息看，谷歌在表示考虑退出前与美国政府进行过沟通，谷歌随后把理由解释得冠冕堂皇，因此不排除这件事背后有政治因素，而有些网民考虑的远没有这么深。不同的意见说明了中国社会越来越多元化，但这并不说明中国社会的分裂，任何人都不要指望中国社会分裂。新加坡《联合早报》网站刊登的署名陆桢的文章指出，美国在谷歌事件上是有备而来，虽然在网络“自由”外衣下的民主人权内核未变，但出现了一些新的包装策略，所以引起了网民响应。在中美关于谷歌事件的政治博弈中，中国政府因准备不足而陷入被动。对于西方假借民主、人权的指责，要依照中国的实际情况发展，提出自己对这些所谓“普世”价值观的理解和阐释。

四　境外的各种“声音”

在谷歌发布第一次声明后，国外媒体及各界人士也纷纷发表自己的看法。有部分西方媒体捕捉到了中国网民在谷歌事件上的分歧，在报道中加以渲染，《华尔街日报》报道称有中国网民通过“翻墙”软件使用谷歌的国际搜寻网站。有些报道将矛头转向中国的民主、自由，不过大多数还是比较客观的就事论事。微软公司董事长比尔·盖茨1月25日在接受美国广播公司访问时指出，需要让互联网在中国成长发展，成为言论自由的引擎。同时强调，要在某一个国家经营业务，就必须遵守这个国家的法律。时政电子杂志Slate法语版网站上，一些法国博客作家认为，谷歌直接挑战中国政府权威的做法，使中国知识分子的意见分歧公开化。瑞典斯德哥尔摩大学传媒学教授安德斯·鲍威尔18日表示：“中国社会对谷歌的犹豫，其实恰恰是一种成熟的表现。反过来说，如果中国一致对谷歌说不，说明民族倾向过于严重，这可能导致在政治决策、经济判断上出现不理智行为；而假如中国百姓都拥护谷歌、反对政府，这对中国来说简直就是一场‘灾难’。”俄罗斯《报纸报》22日发表署名弗拉基米尔·托德烈斯的文章，怀疑谷歌公司暗中审查用户的电子邮件，认为谷歌公司向中国发难是为了在美国获取行政资源，以便同中国的百度公司竞争。英国Spiked网站编辑布伦丹·奥尼尔评论说，他一生都在维护言论自由，但他对西方指责中国的互联网管理充满愤怒，因为西方对中国的态度就像在其他问题上一样实行双重标准。结果“言论自由”变成了西方用来显示比东方优越的武器。伊朗媒体评论认为，美国所定义的网络自由，是与西方的所谓民主价值观等同的，美国一直以来为了把自己对网络自由的“独特解释”强加于人而煞费心思。《印度时报》网站23日刊登文章称，从最初起，全世界只有一家诞生于美国而风靡全球的搜索引擎，但是它只是基于英语，更关键的是，它是按照西方所谓开放标准在运营。越南《西贡解放报》24日在其网站发表题为《是网络自由还是网络统制》的评论文章，指出美国国务卿希拉里发表的讲话充分暴露出美国欲将互联网自由拔高到人权层面，并借此干涉别国内政的图谋。美国深知网络自由的消极影响和后果，并借反恐名义对成千上万民众的电话、电子邮件进行窃听和监视。每个国家都有与其历史文化相符的法律基础，进而形成自己的特色。正是不同国家的特色才构成互联网的多样性。每一名公民、每一个组织在使用互联网工具时都要遵守所在国的法律。给互联网套上人权的外皮，利用网络自由侵犯国家、民族利益的终究要接受国家法律的惩治。任何国家都无权为其他国家制定互联网管理方法，并将其所谓人权标准强加别国。越南 BEE 网站 22 日刊文指出，早在 2009 年 10 月，美国就对越南上演过类似把戏，通过决议指责越南限制互联网自由，遭到越南政府的强烈反对。美国《侨报》22 日社论《互联网大国必由之路》指出，尽管中国对互联网的整顿引起了不同解读，但必须承认，这是中国互联网走向大国规范的必由之路。社论说：打击低俗、色情网站，至少是在保护孩子们那份应有的天真与纯洁；对下载类网站的整顿，则敲响了保护知识产权的警钟。建构一个网络大国，不比现实社会更容易。①

国内外媒体、专家学者、网民对谷歌事件有不尽相同的看法，其折射出来的是各界对当前互联网管理相关问题的不同理解。透过这些言论我们不难发现，西方发达国家主张言论自由，借谷歌事件责难中国网络监管问题，而发展中国家更加注重的是国家的和平稳定发展，他们感同身受能够理解中国的互联网政策，对美国动辄将自己的价值观和制度强加别国表示愤慨。对于这种种解读，作为当事者的我们要从中汲取最有益的部分，以进一步改进完善我国现有的互联网管理制度。面对谷歌“挑起”的这样一场不见硝烟的“软”战争，中国作为一个快速发展的新兴经济体、作为全球化的参与者和推动者、作为拥有众多网民的网络大国，确实应该积极争取成为互联网世界的规则制定者，要敢于成为推动互联网治理机制变革的主力军。为此，我们需要以更谦虚更包容的态度面向世界，逐步改进完善我们的互联网管理体制机制，探索更加合理可行的管理模式。

五　谷歌事件的反思与启示

经过各方近半年的博弈较量，2010 年 6 月 29 日，谷歌中国注册的合资公司（北京谷翔信息技术有限公司）向国家工信部提交了年检整改措施，谷歌承诺将

① 《国际视野中的美国“互联网外交”》，http：//www. huanqiu. com。

继续遵守中国的法律，承诺所提供和接入的信息服务内容保证不存在《中华人民共和国电信条例》第 57 条所禁止的内容，即不存在危害国家安全、损害国家利益、煽动民族仇恨、宣传封建迷信、破坏社会稳定、散布淫秽色情暴力恐怖以及诽谤他人等内容，并接受主管部门的监督检查。经相关部门审核，认为谷翔公司年检整改事项基本符合有关规定并予以通过。谷歌事件算是尘埃落定。反思谷歌事件及其引发的争议，可以得出如下一些启示，以进一步完善我国互联网管理：

第一，在相关的法律法规中，进一步以立法的形式明确政府、服务商、网民，尤其是网络运营商的权利义务、法律责任。权责明晰才能够各司其职，这对于不太熟悉本土环境的国外企业而言尤其重要。就谷歌事件来说，虽然不排除谷歌突然发难有商业以外的因素，但是反观自身，如果我们的法规中明确规定了保护什么，禁止什么，那么我们在与一些国外企业签订协议时，就能够提供足够详尽的法规给对方，告知其在中国运营的权利和义务，明确什么样的信息是我们禁止传播、必须过滤的，如果对方违规就可以依照协议处置，不至于被别有用心的势力抓住“把柄”。

第二，解决好严厉监管有害信息与尊重公民文化权利之间的平衡，正面宣传互联网监管的正当性，建设真正自由、开放、文明的互联网空间。网络监管是国际惯例，每个国家都要对互联网信息进行审查。网络传播的匿名性、开放性导致网络信息良莠不齐，治理有害信息、净化网络环境是互联网管理者，甚至全体网民的共同职责与愿望。但是长期以来我国对于互联网监管的正当性及网络自由的限度等问题缺乏公开宣传和明确的标准，网民往往不确定哪些是可以说的，哪些是禁止讨论的，大多数人是在帖子被删后才明白，造成监管者和网民之间沟通不畅，甚至引发矛盾。在此次的谷歌事件中，中国网民的意见出现了较大分歧，网上辩论分成“谷歌价值观至上”论的支持者和持“谷歌阴谋论”的反对者两大阵营。部分网民“力挺”谷歌，是将谷歌看做带有悲情色彩的“捍卫言论自由的勇士”。所以，在今后我们有必要加大对互联网监管正当性的公开宣传，坦然面对网络自由限度等敏感问题。大多数网民都认可合乎规范的、必要的网络监管，互联网管理部门应该主动说明我国基于特殊国情的互联网管理制度，直面管理中的不足，并且就相关法规的改进完善向社会各界广泛征求意见建议。以此获得各方理解与支持，做到防患于未然。同时，现在是一个多元的社会，多元化的利益必然导致多元化的诉求，应该以积极的姿态去听取不同的声音，所以要处理好监管过滤不良有害信息与保护公民文化权利之间的关系。

第三，以立法的形式加强对公民、网民权益的保护，包括隐私权保护等，出台《公民权益保护法》之类的法规。与国外普遍在互联网立法中注重隐私保护相比，中国的法规在这方面有待改进和加强。在此次事件中，谷歌官方对中国发难的主要借口就是认为受到了大量来自中国的网络攻击，且“有证据表明攻击者的主要目标是入侵中国社会活动者的 Gmail 邮箱账户”。近年来，中国互联网上因个人信息大量泄露导致的非法交易频发，人肉搜索导致的悲剧也不少见，给许多人造成了惨重的物质和精神损失，国家在这方面缺乏必要的法律规范以及有效的管理手段，导致个人隐私得不到应有的保护，引起了很多网民的不满。这都是需要我们反思和改进的问题。

第四，健全互联网管理应急机制，加强网络管理中的“文化”应急能力。我们的国家互联网应急中心偏重技术层面与网络安全方面的应急处置，而对一些非技术范畴的互联网事件缺乏相应的快速处理机制。在此次的谷歌事件中，美国政府从国务卿到白宫发言人，利用各种场合、不断向中国政府发难，但是中国政府不管是外交部发言人还是相关部门主管领导，大多数时候都只是反复声明我们的互联网是开放的，缺少更有目的有针对性的驳斥，反映出互联网管理体制文化上的滞后以及应急能力的薄弱。急需加强这方面的应急能力，比如在国家互联网应急中心成立新闻发布中心，在突发事件后第一时间代表官方表态，发布相关的应对措施；建立与网民及广大民众直接沟通的平台，及时了解民意、安抚情绪，等等。

结束语

时隔数月，谷歌事件似乎已经风平浪静了，但留给我们的思考是久远的。近年来，中国政府在以经济建设为中心的同时，高度重视文化建设、大力推进文化体制改革，而且随着国家经济实力的增强，国家形象、文化软实力等问题也提上了议事日程。但是我们到底该如何推进文化建设工程、如何创新文化管理，才能适应“日日新，又日新”的时代？我们将塑造一个什么样的国家形象去面对日益开放、融合的国际社会？这是我们很长一个时期要面对的问题。温家宝总理

2010年在考察深圳时强调，要保障人民的民主权利和合法权益；要最广泛地动员和组织人民依法管理国家事务和经济、社会、文化事务；要从制度上解决权力过分集中又得不到制约的问题，创造条件让人民批评和监督政府，坚决惩治贪污腐败；要建设一个公平正义的社会，特别是要保障司法公正，重视保护和帮助弱势群体，使人们在生活中有安全感，对国家的发展有信心。[①] 这些，其实也应该是中国文化管理、互联网管理努力的终极目标。同时，作为一个互联网大国，中国互联网的稳步发展必然会为世界互联网的繁荣发展作出贡献。

① 《温家宝深圳考察：只有坚持改革开放，国家才有光明前途》，http：//news. xinhuanet. com/politics/2010 -08/21/c_ 12469709. html。

统计指标研究

Statistical Topic

B.23

面向协调增长的中国文化消费需求

——“十五”以来分析与“十二五”测算

王亚南　刘婷*

中国从近年国际金融危机中得来的宝贵启示在于，在社会主义市场经济体制下注重拉动内需，扩大消费，改善民生，应当成为今后中国特色社会主义经济建设、文化建设、社会建设都应该长期遵循的基本国策。从政治层面来说，文化建设的出发点和最终目的是“满足人民群众日益增长的精神文化需求”；从经济层面来说，文化生产的实际成效更需要在文化消费中才能得到最后验证。文化领域提高科学发展水平，更应该坚持“以人为本”的理念，以民生至上、均衡优先为基本原则，拉动文化内需，扩大文化消费，改善文化民生，把推动社会主义文化大发展、大繁荣具体落实在促进并满足广大城乡人民群众文化消费需求之上。

---

* 王亚南，云南省社会科学院研究员、文化研究中心主任，中国文化消费景气评价中心首席科学家、《中国文化消费景气报告》主编；刘婷，云南省社会科学院副研究员，《中国文化消费景气报告》编委。

“十二五”规划建议突出强调科学发展，不再提出GDP增长指标，而是侧重提出实现城乡居民收入增长与经济增长同步，提高居民消费率，增强城乡、区域发展的协调性，逐步完善覆盖城乡居民的基本公共服务体系，等等。本文将以“九五”末年2000年为基础，对“十五”以来全国城乡文化消费需求增长与经济、民生发展背景的协调性展开测评，对“十二五”各年度城乡文化消费需求增长进行基于既往年度平均增幅的或然性预测，同时进行基于经济增长与民生增进（包括文化消费需求）协调的应然值测算。这就是说，“文化消费增长协调”评价包括两个方面：一是“增长协调”指数测评；二是“协调增长”目标测算，即在以2000～2009年城乡文化消费年均增幅预测“十二五”期间“可能”增长目标基础上，再以此间曾经达到的“最佳协调”各项指标测算“十二五”期间“应该”增长目标。

一　文化消费需求增长背景及影响因素分析

在中国这一广阔的国度中，各省域面积大小、人口多少不一，资源秉赋、区位交通、经济规模差异极大，各地区生产总值和文化产业增加值总量根本不具可比性，“GDP总量崇拜”和“文化产业增加值总量追逐”不免显得荒唐；同样，各省域之间城乡居民的收入水平、消费结构乃至积蓄（即经济学一般所谓“消费剩余”）习惯千差万别，文化消费总量也实在不具备可比性，本文最后也仅在全国及大区域层面上测算文化消费需求总量。人均文化消费可以在一定程度上体现出各地文化消费需求的差异，不过这并不够，还需要把人均文化消费放到各地经济增长（取人均产值来表示）、民生增进（取人均收入、总消费和积蓄来表示）当中，衡量其间的比例值关系，这样才能得到更加令人信服的可比性。

2000年以来全国人均产值、城乡人均收入、总消费（分为非文消费与文化消费）和积蓄关系态势分析测算可参见图1。图里反映出全国人均产值，城乡人均收入即（1）、（2）、（3）之和，人均总消费即（2）、（3）之和，以及城乡人均非文消费，人均文化消费，人均积蓄共6项绝对值历年状况。这6类数值及其间的关系构成了本文分析的基础。

图1中清晰可见，2000～2009年，人均总消费在人均收入当中的比例大体呈逐步下降趋势，即除2002年、2005年和2009年外，表示总消费的面积（2）＋（3）

逐渐收窄；人均文化消费在人均收入当中的比例则于2002年上升，并大致保持至2005年，此后呈逐步下降趋势，即表示文化消费的面积（2）先逐渐拓宽后逐渐收窄；最明显的变化还在于，人均积蓄在人均收入当中的比例大体呈逐步上升趋势，尤其是从2006年开始，表示积蓄的面积（1）明显拓宽，“挤压”消费和文化消费。

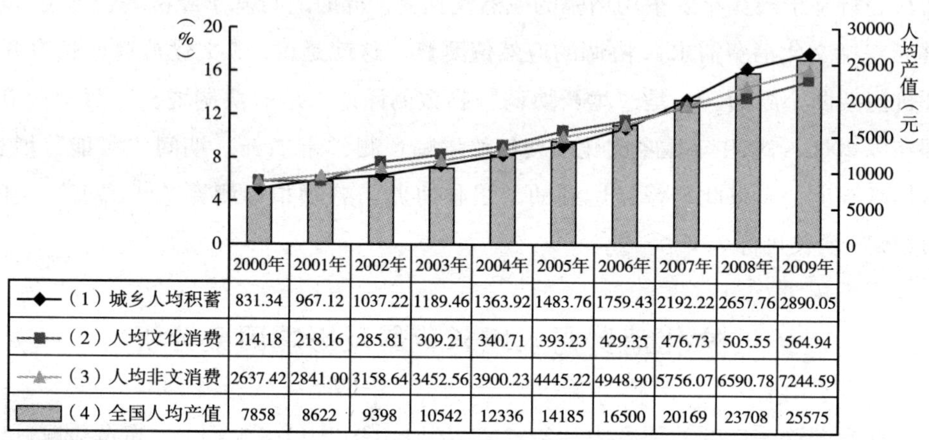

	2000年	2001年	2002年	2003年	2004年	2005年	2006年	2007年	2008年	2009年
（1）城乡人均积蓄	831.34	967.12	1037.22	1189.46	1363.92	1483.76	1759.43	2192.22	2657.76	2890.05
（2）人均文化消费	214.18	218.16	285.81	309.21	340.71	393.23	429.35	476.73	505.55	564.94
（3）人均非文消费	2637.42	2841.00	3158.64	3452.56	3900.23	4445.22	4948.90	5756.07	6590.78	7244.59
（4）全国人均产值	7858	8622	9398	10542	12336	14185	16500	20169	23708	25575

左轴元转换为%；（1）+（2）+（3）=人均收入、（2）+（3）=人均总消费、2005~2008年产值据二次经普数据改

图1　城乡人均积蓄、人均文化消费、人均非文消费和全国人均产值关系态势*

*数据来源：国家统计局：《中国统计年鉴》2001~2010年历年卷。其中，人均产值为年鉴历年卷基础数据，又据《中国统计年鉴》2010年卷最新修订数据加以校订；其余均为加工演算数值。后文图2同。为准确表达数值之间的百分比例关系，图中总消费分为“非文消费”与文化消费。

至于人均产值在其间的关系分析，留待后面专节予以重点展开。

一般认为有益于文化消费需求高涨的诸种影响因素包括以下几点：①人均产值超过3000美元的“国际经验”，②收入增长恩格尔系数下降的“合理推论”，③总消费结构发生变化的“常识判断”，④积蓄增长余钱增多的“臆想假说”，但它们全都不能印证“十五”以来特别是“十一五”以来的“中国现实”。笔者已有专文分析这一点。① 鉴于这种说法仍旧在学界、政界广泛流行，

① 详见王亚南《“国际经验”碰壁“中国现实”——全国公众文化消费影响因素解析》，《北大文化产业评论（2010年上卷）》，金城出版社，2010年6月。

此处增补 2009 年数据继续深入考察判断。图 1 数据揭示出一个明显事实，2007 年中国人均产值超过了 3000 美元，但人均文化消费增长幅度并没有显著提高。

实际上，图 1 已经透露出到底什么是影响全国城乡文化消费需求的最直接因素。下面以图 1 里历年各项绝对值为依据，演算转换为更加直观可比的年增指数图形，进行更为透彻的深度分析。2000 年以来全国人均产值、城乡人均收入、非文消费、文化消费和积蓄增长态势分析测算可参见图 2。

由图 2 可以看到，以 2000 年起点为 100 不计，2001 ~ 2009 年，在全国人均产值、城乡人均收入、非文消费、文化消费与积蓄之间的年度增长指数关系中，有三对数据组之间的相关系数极高：人均产值（柱形）年增指数与人均收入（带菱形曲线）年增指数的相关系数为 0. 9293，即二者之间的历年增长指数在 92. 93% 的程度上保持同步；人均收入年增指数与人均非文消费（带方形曲线）年增指数的相关系数为 0. 9366，即二者之间的历年增长指数在 93. 66% 的程度上保持同步；人均文化消费（带圆形曲线）年增指数与人均积蓄（带三角形曲线）年增指数的相关系数呈现负值，形成“负相关”关系，也就是日常所说的“成反比”，且“反比程度”很高。

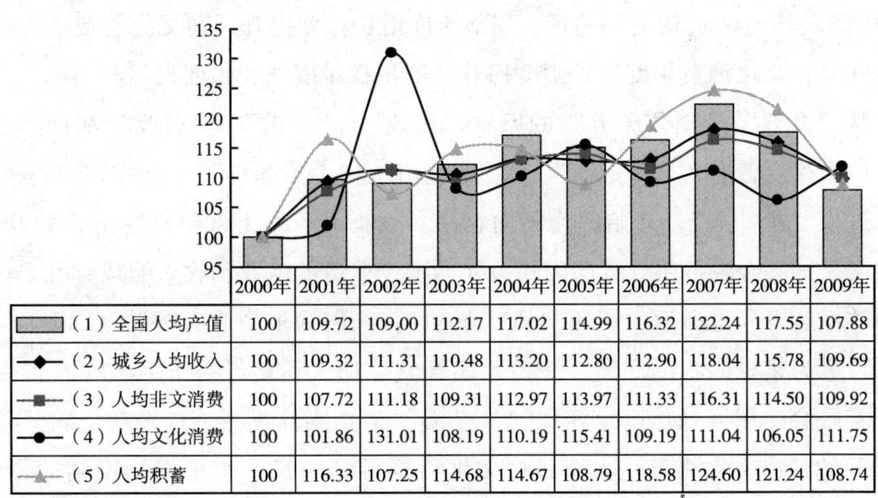

	2000年	2001年	2002年	2003年	2004年	2005年	2006年	2007年	2008年	2009年
（1）全国人均产值	100	109.72	109.00	112.17	117.02	114.99	116.32	122.24	117.55	107.88
（2）城乡人均收入	100	109.32	111.31	110.48	113.20	112.80	112.90	118.04	115.78	109.69
（3）人均非文消费	100	107.72	111.18	109.31	112.97	113.97	111.33	116.31	114.50	109.92
（4）人均文化消费	100	101.86	131.01	108.19	110.19	115.41	109.19	111.04	106.05	111.75
（5）人均积蓄	100	116.33	107.25	114.68	114.67	108.79	118.58	124.60	121.24	108.74

年增指数：上年=100；
相关系数：（1）与（2）0.9293；（2）与（3）0.9366；（4）与（5）–0.6026（2001~2009年）、–0.9131（2001~2005年）、–0.6682（2005~2009年）

图 2　全国人均产值、城乡人均收入、非文消费、文化消费和积蓄增长态势

接着侧重考察文化消费增长与积蓄增长之间的“负相关”关系。二者年增指数的相关系数在2001～2005年间为负值0.9131，在2005～2009年间为负值0.6682，全程2001～2009年间亦为负值0.6026。这也就是说，积蓄增长幅度每提升1个百分点，文化消费增长幅度在2001～2005年间便跌降0.9131个百分点，在2005～2009年间也跌降0.6682个百分点，在全程2001～2009年间则跌降0.6026个百分点。不妨这样来做简便理解：假如积蓄与文化消费各占收入比重相当，亦即积蓄与文化消费绝对值数量相当，那么积蓄每增加100元，在2001～2005年间便有91.31元来自于文化消费的缩减，在2005～2009年间也有66.82元来自于文化消费的缩减，在全程2001～2009年间则有60.26元来自于文化消费的缩减。

值得注意的是，2009年全国城乡人均文化消费增幅出现较大回升，这正是拉动内需、扩大消费在增进文化消费需求上取得成效的体现。不过，与此对应的恰恰正是人均积蓄增幅较大下降，这样的相关关系实在值得高度关注。中国城乡文化消费需求呈现出一种“积蓄增长负相关效应”，这是本项研究早已揭示出来的一个重要发现，而且在全国及各地大都如此。① 增补2009年数据后依然如此——在文化消费增长曲线与积蓄增长曲线之间，呈现出一种“镜面对应”或“水中倒影”的“负相关”关系：积蓄年度增长幅度提升，则文化消费年度增长幅度跌降；文化消费年度增长幅度提升，则积蓄年度增长幅度跌降。

从“九五”延至“十五”的原有“房改”、“医改”、“教改”都算不上成功，广大民众普遍“买不起房”、“看不起病”、“上不起学”，这些都是不争的事实。进入“十一五”，开始即为国内食品、副食品价格上涨带动物价指数升高，随后又是国际金融危机导致国内相关外向型产业链的就业和收入缩减。由于社会保障体系建设严重滞后，一遇“风吹草动”，人们为求“自我保障”，以应付今后也许更为紧要的不测之需，纷纷紧缩开支、加大积蓄。物质生活（衣食住行等）和社会生活（通信医疗等）的“必需”消费刚性难减，首先就是减少“非必需”的精神文化消费。这些都对文化消费需求增长产生了极为不利的影响，

① 详见王亚南《论中国民众文化消费的关联影响因素》，《中国文化产业评论》第11卷，上海人民出版社，2010年2月；王亚南、方彧：《中国东西部文化消费影响因素异同探析》，《广义虚拟经济研究》2010年第1期。

低收入的农村地区和中西部地区所受影响更大。

在公共服务和社会保障体系建设滞后、民众不得不更加注重“自我保障”的背景下，积蓄显然成为一种应对“未来年景”之必需，诸如毕生购房“基金”、个人病老“基金”、子女教育“基金”等。因此，以“中国现实”看来，与其说积蓄是所谓的“消费剩余”，不如说“非必需”的文化消费成了一种“积蓄剩余”——积蓄“必需”之外可多可少。或许人们都不曾想到，社会保障建设最直接地影响到城乡文化消费，而文化消费需求构成整个社会民生建设的一个有机组成部分。

鉴于古之“国野之分”延至今之“城乡二元”的社会结构体制，中国乡村公共服务和社会保障的覆盖率和均等度很低，乡村居民甚至享受不到本来算不上成功的原有“房改”、“医改”、“教改”的益处，他们的“未来年景”更加缺乏基本民生保障，增加积蓄以“自我保障”的需求更甚。加之他们收入水平偏低，一旦被迫抑制消费，无法紧缩物质生活和社会生活的“必需消费”开支，不得已压缩“非必需”的精神文化消费，也就成了顺理成章之事。文化消费需求的“积蓄增长负相关效应”对于乡村更加显著。①

二　文化消费需求相关因素的协调增长透析

由以上分析中提取相关系数很高的三对数据组，恰好构成了从经济增长到文化消费需求增长的完整而简单的数据关系链：人均产值——人均收入；人均收入——人均非文消费；人均非文消费剩余——人均文化消费。这三对数据组分别形成一种比例关系值：（1）人均收入与人均产值的比例值；（2）人均非文消费占人均收入的比重值；（3）人均文化消费与人均非文消费剩余的比例值。这三项比例值分析可以揭示出产值→收入→非文消费→非文消费剩余→文化消费之间增长的多重协调性状况。

同时，本项“文化消费增长协调评价”更加注重城乡、区域之间的协调增

① 详见王亚南、方彧《全国各地农村文化消费影响因素比较》，《广义虚拟经济研究》2010 年第 3 期。该文充分展开分析了东中西部和东北四大区域乡村状况，文化消费需求的“积蓄增长负相关效应”普遍成立。

长，每一项增长分析均演算出相应城乡比和地区差。关于城乡比和地区差指标的设计思考及其演算方式，参考本项研究的“文化消费需求景气评价”。①

（一）人均收入与产值的比例关系变化

在我国现有统计制度中，国内生产总值（英文简称“GDP”，中文可简称“产值”）加上国外净要素收入，即为国民总收入。鉴于（1）全国国外净要素收入在国民总收入中所占份额很低，2009 年度全国也只达到 0.86%，鉴于（2）各省区统计数据仅有作为国内生产总值分解的“地区生产总值”，而无国民总收入分解，因此不妨将国内生产总值作为“国民总收入”的替代数据看待，于是“增长协调评价体系”的相关演算就可以推演至各地。这样一来，城乡居民人均收入与人均产值的关系也就近似类比为居民人均收入与“人均国民收入”的关系，这一比例值自然以数值大为佳，可以视为一种“民生基础系数”，直接反映“一次分配”状况，以此能够衡量经济增长带动民生收入增长的状况，而民生收入正是民生消费与文化民生消费的直接基础。

2000 年以来全国城乡人均收入与人均产值的比例值、人均收入城乡比和地区差变动态势分析测算可参见图 3。

图 3 中清晰可见，2000 ~ 2009 年，全国城乡人均收入与人均产值的比例值在偶有回升中呈逐步下降趋势，由 2000 年的 46.87% 降低至 2009 年的 41.84%。其中，最高比例值（最佳值）为 2002 年 47.69%，最低比例值为 2008 年 41.14%，2009 年为 2002 年高峰值以外唯一的一次回升。这就意味着，“十五”以来，全国城乡居民收入增长大体上一向低于国内经济增长，“人民共享发展成果”程度逐步降低。不过，应该注意到，2008 年年底开始实行拉动内需、扩大消费、改善民生国策，在 2009 年间见到了一定成效，“人民共享发展成果”程度略有回升。

图 3 中同样清晰可见，2000 ~ 2009 年，全国居民人均收入城乡比在偶有回降中呈逐步扩大趋势，由 2000 年的 2.7869 扩大至 2009 年的 3.3328。其中，最

① “城乡比”指标首次运用见王亚南《从文化民生效应看中国文化产业发展实效》，《文化艺术研究》2009 年第 1 期；“地区差”指标首次运用见王亚南、刘婷、高玉亭《全国文化消费民生效应测评报告》，《2010 年中国文化产业发展报告》，北京，社会科学文献出版社，2010 年 4 月。

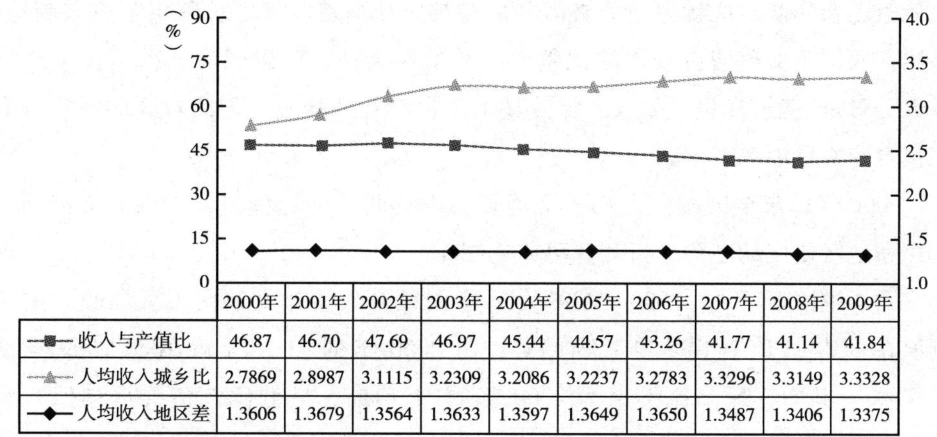

	2000年	2001年	2002年	2003年	2004年	2005年	2006年	2007年	2008年	2009年
收入与产值比	46.87	46.70	47.69	46.97	45.44	44.57	43.26	41.77	41.14	41.84
人均收入城乡比	2.7869	2.8987	3.1115	3.2309	3.2086	3.2237	3.2783	3.3296	3.3149	3.3328
人均收入地区差	1.3606	1.3679	1.3564	1.3633	1.3597	1.3649	1.3650	1.3487	1.3406	1.3375

右轴曲线：城乡比农村=1、地区差无差距=1

图3　全国城乡人均收入比例值、城乡比和地区差变动态势*

*数据演算依据：国家统计局：《中国统计年鉴》2001～2010年历年卷。其中，演算人均收入城乡比的城镇、乡村人均收入为年鉴历年卷基础数据，其余均为加工演算数值。

小值为2000年2.7869，最大值为2009年3.3328，2004年和2008年为仅有的两次微小回降。这就意味着，“十五”以来，全国居民人均收入的城乡差距大体上一直在扩大，城乡之间“共享发展成果”程度逐步降低。

令人高兴的是，2000～2009年，全国城乡居民人均收入地区差在微小起伏中呈略微缩小趋势，由2000年的1.3606缩小至2009年的1.3375。其中，最小值为2009年的1.3375，最大值为2001年的1.3679，2002年和2004年分别缩小，2007～2009年则连续缩小。这就意味着，“十五”以来，全国城乡居民人均收入的地区差距略有缩小，地区之间“共享发展成果”程度略微提高。

（二）人均非文消费占收入的比例关系变化

本项研究假设“非文消费”为“必需消费”，其间包含人们不可或缺的生活消费，譬如衣食住行、通信、医疗等。人均非文消费占人均收入的比例关系无疑形成一种放大了的“恩格尔定律”关系。“恩格尔定律”试图表明，当人均收入达到一定水平时，必需的食物消费支出有可能成为一个常量，即便有所增长也有限度。此处放大了的“恩格尔定律”也可能表明，当人均收入达到一定水平时，必需的物质生活和社会生活消费支出也有可能成为一个常量，甚至相对于收入的比例值还会降低，这就为“非必需”的精神文化消费需求增长留出了更多余地。显然，人均非文消费占收入的比例值以数值小为佳，可以视为一种“民生消费系数”，以此能够衡量民生收入保障基本民生消费的状况，与此对应的另一方面正包含着文化消费需求。

2000年以来全国城乡人均非文消费占人均收入的比例值、人均非文消费城乡比和地区差变动态势分析测算可参见图4。

图4中清晰可见，2000～2009年，全国城乡人均非文消费占人均收入的比例值在偶有回升中呈逐步下降趋势，由2000年的71.61%降低至2009年的67.71%。其中，最高比例值为2000年的71.61%，最低比例值（最佳值）为2008年的67.57%，2005年和2009年为仅有的两次回升。这就意味着，“十五”以来，全国城乡居民“必需”的人均非文消费反映了一种放大了的“恩格尔定律”，这说明国家经济增长、民众收入增多带来人们基本生活保障越来越趋于稳定，“必需消费”增长已经没有多少余地，“必需消费剩余”将会日益增多，这显然是令人十分欢欣鼓舞的事情。就这一点看来，“人民共享发展成果”的效应在基本民生层面已经得以显现。

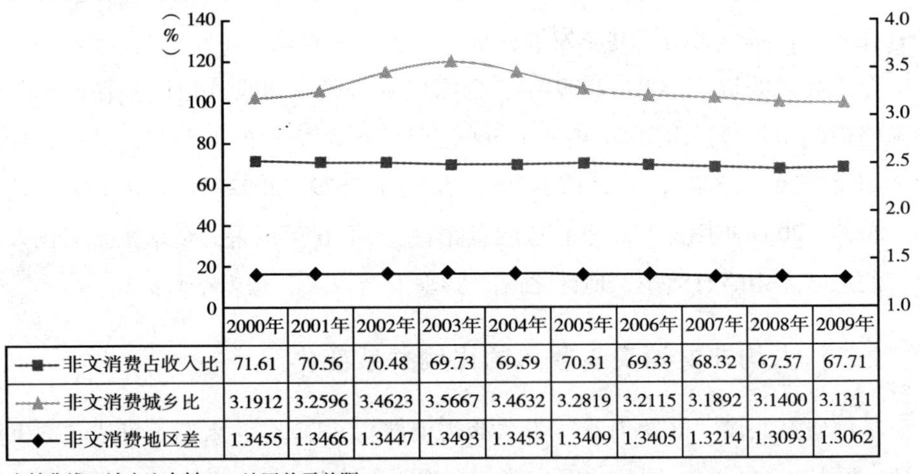

	2000年	2001年	2002年	2003年	2004年	2005年	2006年	2007年	2008年	2009年
非文消费占收入比	71.61	70.56	70.48	69.73	69.59	70.31	69.33	68.32	67.57	67.71
非文消费城乡比	3.1912	3.2596	3.4623	3.5667	3.4632	3.2819	3.2115	3.1892	3.1400	3.1311
非文消费地区差	1.3455	1.3466	1.3447	1.3493	1.3453	1.3409	1.3405	1.3214	1.3093	1.3062

右轴曲线：城乡比农村=1、地区差无差距=1

图4　全国城乡人均非文消费比例值、城乡比和地区差变动态势*

*数据演算依据：国家统计局：《中国统计年鉴》2001～2010年历年卷。其中，演算人均非文消费城乡比的城镇、乡村人均非文消费（总消费与文化消费之差）为年鉴历年卷基础数据，其余均为加工演算数值。

图4中同样清晰可见，2000～2009年，全国居民人均非文消费城乡比先逐步扩大后逐渐缩小，由2000年的3.1912缩小至2009年的3.1311。其中，最小值为2009年的3.1311，最大值为2003年的3.5667，2004年以来一直在缩小。这就意味着，“十五”以来，全国居民人均非文消费的城乡差距先有所扩大后一路缩小，城乡之间在基本民生层面“共享发展成果”的程度略有提高。

更为可喜的是，2000～2009年，全国城乡居民人均非文消费地区差在偶有回升中呈略微缩小趋势，由2000年的1.3455缩小至2009年的1.3062。其中，最小值为2009年的1.3062，最大值为2003年的1.3493，2001年和2003年为仅有的两次微弱回升。这就意味着，“十五”以来，全国城乡居民人均非文消费的地区差距略有缩小，地区之间在基本民生层面“共享发展成果”的程度也略有提高。

（三）人均文化消费与非文消费剩余的比例关系变化

本项研究揭示出中国城乡文化消费需求的“积蓄增长负相关效应”，格外关注文化消费增长与积蓄增长的特殊互动关系。为了避开乡村单行分析测算可能遭遇积蓄负值的演算难题，[①] 本项研究对应于从总消费里分解出来的“非文消费”，设置“非文消费剩余”。借用经济学视收入与总消费之差为“消费剩余”之说，收入与非文消费之差即为“非文消费剩余”。换一个角度来看，“非文消费剩余”其实也就是文化消费与积蓄之和，属于必要生活开支以外的“余钱”范畴，体现出一个社会的富裕程度。文化消费与非文消费剩余的比例值正好体现了文化消费与积蓄之间的关系，二者的“负相关”关系无疑已经形成了对于“必需消费”剩余部分的相互“争夺”。这一比例值同样以数值大为佳，可以视为一种“文化需求系数”，间接涉及“二次分配”状况，以此能够衡量文化消费的民生需求涨落，与此对应的另一方面则是社会基本保障建设缓解民众“积蓄需求”的实际效应。

2000年以来全国城乡人均文化消费与人均非文消费剩余的比例值、人均文化消费城乡比和地区差变动态势分析测算可参见图5。

① 在我国现行统计中，乡村居民“生活消费支出”不限于现金支出，而收入却为“纯收入”，于是少数地区在少数年度里，乡村居民生活消费支出会略大于纯收入，结果积蓄（消费剩余）出现负值。这就是本项研究变通采用“非文消费剩余”演算相关比例值的技术性原因，若取积蓄加以演算，遭遇负值便面临数理上的不合理。

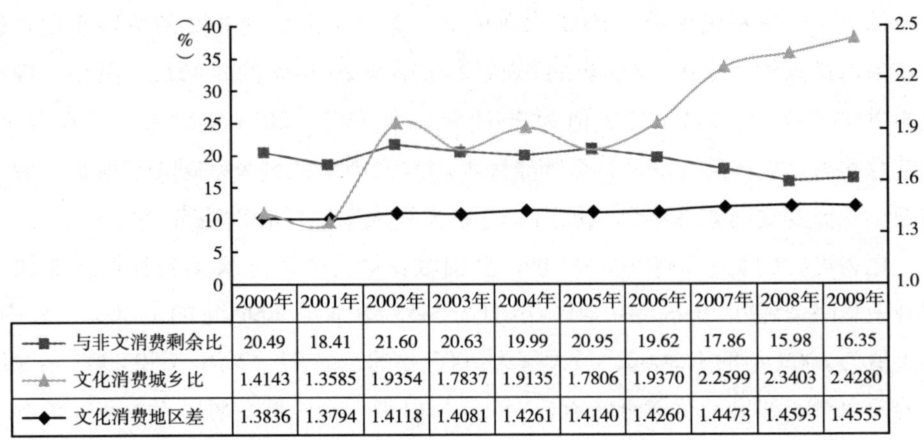

	2000年	2001年	2002年	2003年	2004年	2005年	2006年	2007年	2008年	2009年
与非文消费剩余比	20.49	18.41	21.60	20.63	19.99	20.95	19.62	17.86	15.98	16.35
文化消费城乡比	1.4143	1.3585	1.9354	1.7837	1.9135	1.7806	1.9370	2.2599	2.3403	2.4280
文化消费地区差	1.3836	1.3794	1.4118	1.4081	1.4261	1.4140	1.4260	1.4473	1.4593	1.4555

右轴曲线：城乡比农村=1、地区差无差距=1

图5　全国城乡人均文化消费比例值、城乡比和地区差变动态势*

*数据演算依据：国家统计局：《中国统计年鉴》2001~2010年历年卷。其中，演算人均文化消费城乡比的城镇、乡村人均文化消费为年鉴历年卷基础数据，其余均为加工演算数值。

图5中清晰可见，2000~2009年，全国城乡人均文化消费与人均非文消费剩余的比例值在偶有回升中呈逐步下降趋势，由2000年的20.49%降低至2009年的16.35%。其中，最高比例值（最佳值）为2002年的21.60%，最低比例值为2008年的15.98%，2002年高峰值后仅有2005年和2009年两次回升。这就意味着，“十五”以来，全国城乡居民人均文化消费需求不断受到积蓄增长的牵制，原因则在于社会保障体系建设滞后，广大民众应付“未来不明年景”的“积蓄需求”难以降低。

图5中同样清晰可见，2000~2009年，全国居民人均文化消费城乡比在偶有回降中呈逐步扩大趋势，由2000年的1.4143扩大至2009年的2.4280。其中，最小值为2001年的1.3585，最大值为2009年的2.4280，虽然出现2001年、2003年和2005年三次略微回降，但总体保持扩大态势，2005年之后更是迅速扩大。这就意味着，“十五”以来，全国居民人均文化消费的城乡差距大体上一路扩大，城乡之间在文化民生层面“共享发展成果”的程度持续降低。

还必须说明，《中国统计年鉴》中《各地区农村居民家庭平均每人生活消费支出》统计表之《文教娱乐用品及服务》统计项下，未如同城镇居民“消费性支出”统计那样提供细分小项。因此，乡村文化消费与教育消费难以区分，国

家统计局在相关统计中笼统视之为“文化消费”，其实视之为“教育消费”亦可。如果城镇居民也取“文化教育消费”来衡量，实际上的城乡差距将会更大得多。

与之相同，2000～2009年，全国城乡居民人均文化消费地区差也在偶有回降中呈扩大趋势，由2000年的1.3836扩大至2009年的1.4555。其中，最小值为2001年的1.3794，最大值为2008年的1.4593，虽然2001年、2003年、2005年和2009年多次略微回降，但总体保持扩大态势。这就意味着，“十五”以来，全国城乡居民人均文化消费的地区差距也大体上一路扩大，地区之间在文化民生层面“共享发展成果”的程度持续降低。

三　文化消费需求增长协调评价与应然测算

在以上分析基础上，至此对2000年以来各地文化消费需求增长进行协调性评价和应然值测算。

增长协调性评价包含以上三个子系统：体现民生基础的收入分析、体现民生消费的非文消费分析、体现文化需求的文化消费分析。三个子系统各自皆有绝对值、比例值、城乡比和地区差四项指标，分别赋值1∶2∶2∶1的权重，而各子系统之间权重相等。最后得到的各地测评指数不具备绝对意义，而注重演算过程的通约性和演算结果的可比性。关于测评演算的思路和方法的更多阐释，参看本项研究的“需求景气评价体系”方法论诸文。①

具体评价方式采用各地之间横向比较的理想值测评，可以直接比较各地同年增长协调性指数高低。在此测评方式中，绝对值、比例值两项指标以当年全国平均值为基准指数1来衡量，取各地相应数值对应于基准值的权衡指数进行加权演算，高出全国平均值基准获得“加分”，低于全国平均值基准则要“减分”；城乡比和地区差两项指标则以无差距理想值为基准指数1来衡量，全国及各地只要存在城乡差距和地区差距，一律实行“减分”（城乡比“倒挂”的“加分”特

① 详见王亚南《文化消费民生效应评价指标释义》，《文化产业导刊》2010年第7期；《全国文化消费民生效应评价体系阐释》，《中国文化产业评论》第12卷，上海人民出版社，2010年8月。

例除外，奉行“矫枉必须过正”原则）。既然城乡比和地区差普遍存在，甚至继续扩大，就有必要控制能够达到乃至超过“理想分100”的地区尽可能少，各项指标的权重赋值经反复测试以保证这一点。各地在对应于全国平均值基准这一点上是平等的，而全国及各地同样对应于城乡、地区无差距理想值权衡，同一测评标准保证了测评结果的合理可比，高低上下显而易见。

增长应然值测算也同样应由以上三个方面着手：“十五”以来，全国城乡人均收入与人均产值比例值的最佳值出现在2002年；人均非文消费占人均收入比例值的最佳值出现在2008年；人均文化消费与人均非文消费剩余比例值的最佳值出现在2002年。各地却不尽然。

“协调增长”、“协调发展”是“十二五”规划建议已经明确的基本取向。面向文化消费需求增长的协调性期待，可以追求某种“应然”结果，在此以增长应然值测算来体现。比例值不像城乡比和地区差那样，能够以无差距状态作为理想值，何况这些比例关系值分析大多出自本项研究独到的构思设计，没有以往的现成经验数据可供参照。在此情况下，既往事实也就成了“第一手”参考依据。以“十五”以来全国及各地曾经达到的最佳比例值作为一种“应然”参考值，实现自身近期曾经实现的“目标”，这样一种期待实在不算过分。这就是说，以全国及各地2009年相应比例值与自身2000~2008年间相比，三项比例值（其中非文消费占收入比需反转为非文消费剩余占收入比）均取最佳值，测算2009年度文化消费需求增长的“应然差距”。①

2009年各地城乡人均文化消费增长协调性评价和应然值测算见表1，分东中西部和东北四大区域，以城乡、地区之间无差距理想值横向测评指数高低排列。

在增长协调性评价中，以2009年全国平均的绝对值、比例值衡量各地，全国总体则为基准指数1；另以城乡、城乡地区之间无差距理想值衡量全国及各地。测评结果取百分制，即全国若实现城乡、城乡地区之间无差距则得到“理想分100”。这样一来，全国总体“失分”全部来自城乡比和地区差的存在乃至扩大。只有城乡比和地区差缩小，全国总体测评指数才能够上升；只要城乡比和

① 本项评价体系以正式出版公布的国家法定统计数据为演算基础。2009年数据为目前已经公布的最新数据，需要以此作为测算此后增长的基点；2010年数据尚待《中国统计年鉴》2011年卷正式予以公布。

表 1　2009 年各地城乡人均文化消费增长协调评价与应然测算*

地区	增长协调性评价		增长应然值测算						
	2009 年城乡、地区无差距理想值 = 100		2009 年实然数值(元)	取 2000 ~ 2008 年各项最佳比例值测算应然差距				差距倒序	补差后应然数值(元)
				收入与产值比	反转非文消费剩余占收入比	文化消费与非文消费剩余比	三项乘积综合差距		
	测评指数	排序		2009 年原值 = 1,逊于他年取值 > 1,反之 < 1					
全　国	73.68	—	564.94	1.1399	1.0043	1.3212	1.5125	—	854.44
黑龙江	84.98	5	461.22	1.0962	1.2357	0.9518	1.2892	1	594.62
辽　宁	78.95	7	505.10	1.1265	1.0605	1.2835	1.5334	7	774.50
吉　林	78.23	9	371.40	1.3232	1.1474	1.5105	2.2934	25	851.75
东　北	80.18	—	456.03	1.1553	1.1067	1.1293	1.4438	—	658.43
上　海	101.39	1	1833.24	1.0976	1.0027	1.2054	1.3265	2	2431.71
北　京	96.62	2	1614.49	1.0824	1.0204	1.7423	1.9244	17	3106.88
浙　江	89.14	3	999.54	1.2323	0.9928	1.4723	1.8011	13	1800.29
江　苏	85.56	4	986.22	1.2488	0.9967	1.0790	1.3430	3	1324.49
广　东	82.07	6	989.86	1.3825	1.0285	1.1413	1.6230	9	1606.51
福　建	78.71	8	667.71	1.1847	0.9703	1.2175	1.3996	4	934.51
天　津	77.57	12	877.77	1.3338	1.0013	1.3344	1.7823	11	1564.45
山　东	76.66	13	572.79	1.3411	1.0152	1.3932	1.8969	16	1086.53
海　南	73.24	20	392.53	1.1548	1.0524	1.2604	1.5318	6	601.28
河　北	69.52	25	415.38	1.1561	1.0262	1.2306	1.4600	5	606.44
东　部	78.06	—	843.11	1.2159	0.9861	1.2187	1.4613	—	1232.07
安　徽	76.12	14	425.81	1.1549	1.0551	1.2602	1.5355	8	653.82
山　西	75.79	15	465.01	1.2811	1.0473	1.2230	1.6408	10	763.01
湖　南	74.80	17	436.01	1.3692	0.9676	2.1349	2.8283	30	1233.17
江　西	73.61	19	418.88	1.1871	1.0189	1.5061	1.8216	14	763.03
湖　北	72.70	21	417.71	1.3883	0.9395	1.6907	2.2051	23	921.10
河　南	67.69	26	358.07	1.2327	1.0522	1.3766	1.7855	12	639.35
中　部	72.49	—	411.22	1.2915	0.9938	1.4317	1.8377	—	755.71
陕　西	77.90	10	538.73	1.4197	0.9900	1.5409	2.1657	22	1166.71
内蒙古	77.67	11	645.18	1.9390	1.1160	1.1154	2.4138	28	1557.32
重　庆	75.75	16	529.75	1.3247	0.9894	1.5664	2.0531	19	1087.62
四　川	74.13	18	366.13	1.2821	1.3152	1.2225	2.0614	20	754.74
广　西	69.94	22	391.79	1.2428	0.9655	1.9451	2.3339	27	914.40
宁　夏	69.75	23	408.61	1.2921	1.0626	1.8401	2.5264	29	1032.29
甘　肃	69.73	24	340.90	1.2691	1.1969	1.5189	2.3072	26	786.52
贵　州	66.64	27	316.51	1.4209	1.0003	1.3592	1.9319	18	611.45
云　南	66.44	28	292.27	1.0785	0.9339	1.8397	1.8529	15	541.54
青　海	64.97	29	317.97	1.4424	0.9764	1.5723	2.2144	24	704.12
新　疆	62.89	30	274.76	1.1825	1.0825	1.6137	2.0656	21	567.56
西　藏	51.45	31	108.51	1.4066	0.9842	2.8632	3.9640	31	430.15
西　部	69.59	—	394.89	1.3710	1.0490	1.4023	2.0168	—	796.42

*数据演算依据：国家统计局：《中国统计年鉴》2010 年卷，另对照 2001 ~ 2009 年历年卷。

地区差彻底消除，全国总体测评指数就能够达到“理想分100”。各地“失分”除了来自自身城乡比和地区差的存在乃至扩大之外，还会来自自身绝对值、比例值低于全国平均值，但自身绝对值、比例值高于全国平均值则会得到“加分”。

显然，此类测评方式主要检验全国及各地各项城乡比和地区差变动所体现出来的“增长协调性”状况，同时也检验各地各项比例值变动所体现出来的“增长协调性”状况，而各地各项绝对值增长也能起到一定作用。若干发达地区“得分”较高，主要得益于绝对值与全国平均水平相比的加权系数很高；若干次发达或欠发达地区“失分”较少，则主要得益于城乡比和地区差较小，东北各地极为典型。各类地区的不同“优长”都得以彰显。

面对“十二五”的“协调增长”目标，增长应然值测算是本项研究的一种新的尝试，专门衡量各项比例值若能够达到近几年曾经出现的最佳状态，则“应该”体现出来的“增长协调性”：假设2009年全国城乡人均收入与人均产值比例值“达（回）到”2002年的最佳水平，又设2009年全国城乡人均非文消费占人均收入比例值“达到”2008年的最佳水平，反转过来即2009年全国城乡人均非文消费剩余“余钱”占人均收入比例值“达到”2008年的最佳水平，再设2009年全国城乡人均文化消费与人均非文消费剩余比例值“达到”2002年的最佳水平，那么此三项比例值的“应然差距”以乘积关系综合起来，亦即以2009年人均产值连乘三项“最佳比例值”（其中非文消费占收入比反转为非文消费剩余占收入比）加以演算，则2009年全国城乡人均文化消费需求应当高出现值51.25%，从564.94元提高到854.44元。各地依此类推。不难看出，由于“一次分配”失衡，城乡居民收入增长一向赶不上产值增长，自然不利于消费和文化消费的增长；由于“二次分配”失衡，作为“自我保障”之需的积蓄增长高居不下，一直压制着文化消费需求增长。这两个方面成为影响文化消费需求高涨的重要因素。

最后，基于2000～2009年城乡人均文化消费年均增长幅度计算，并基于2009年城乡人均文化消费“应然”差距演算，表2提供了2010～2015年全国及东中西部和东北四大区域城乡文化消费数值或然性预测和应然性测算数值。

以2000～2009年城乡文化消费年均增长幅度推算2010～2015年间人均数值和总量数值，只是基于概率演算的常规“或然”预测。在此前提之下，本文增加了基于既往事实的额外“应然”测算。以2015年全国总体人均文化消费测算

表 2　2010～2015 年城乡文化消费数值或然性预测和应然性测算*

地区	2009 年	2010 年	2011 年	2012 年	2013 年	2014 年	2015 年
以 2000～2009 年均增幅预测城乡人均文化消费增长或然数值(元,2009 年为实然数值)							
全国	564.94	629.22	700.81	780.56	869.37	968.30	1078.48
东北	456.03	510.33	571.09	639.09	715.18	800.33	895.62
东部	843.11	946.79	1063.23	1193.97	1340.80	1505.68	1690.84
中部	411.22	451.41	495.52	543.93	597.08	655.43	719.47
西部	394.89	431.50	471.51	515.23	563.00	615.20	672.24
取 2000～2008 年三项最佳比例值测算城乡人均文化消费增长补差应然数值(元)							
全国	854.44	974.15	1110.64	1266.24	1443.65	1645.91	1876.51
东北	658.43	746.96	847.40	961.34	1090.59	1237.23	1403.59
东部	1232.07	1407.59	1608.12	1837.22	2098.95	2397.97	2739.59
中部	755.71	875.06	1013.25	1173.27	1358.56	1573.11	1821.54
西部	796.42	925.22	1074.85	1248.68	1450.63	1685.24	1957.79
以 2000～2009 年均增幅预测城乡文化消费总量增长或然数值(亿元,2009 年为实然数值)							
全国	7521.44	8426.77	9441.06	10577.44	11850.60	13277.01	14875.11
东北	496.14	556.55	624.31	700.32	785.59	881.23	988.53
东部	4064.06	4623.78	5260.59	5985.10	6809.39	7747.20	8814.17
中部	1461.26	1603.67	1759.95	1931.46	2119.68	2326.25	2552.95
西部	1446.31	1583.35	1733.37	1897.61	2077.41	2274.24	2489.73
取 2000～2008 年三项最佳比例值测算城乡文化消费总量增长补差应然数值(亿元)							
全国	11375.85	13046.28	14961.99	17159.00	19678.62	22568.23	25882.14
东北	716.34	814.61	926.36	1053.44	1197.96	1362.30	1549.18
东部	5938.93	6874.13	7956.59	9209.51	10659.72	12338.30	14281.20
中部	2685.39	3108.74	3598.82	4166.17	4822.96	5583.28	6463.48
西部	2916.95	3395.00	3951.40	4598.98	5352.69	6229.93	7250.94

＊表中各大区域总量之和不等于全国总量。其实，由于全国人口统计包括军队等，而各地人口统计不涉及，现有各年度实然数值也是各地总量之和不等于全国总量。特予说明。

值为例予以说明：假如届时全国城乡人均收入与产值比例值“达到”2002 年水平，人均非文消费占收入比例值维持 2008 年水平，人均文化消费与非文消费剩余比例值“达到”2002 年水平，那么全国城乡人均文化消费需求增长数值“应该”高达 1876.51 元，而不止于依照 2000～2009 年年均增幅推算的“可能”增长数值 1078.48 元。与之对应，全国城乡文化消费需求总量增长数值将由“可能”的 14875 亿元提高到“应该”的 25882 亿元。把“协调增长”预期落到实处，仅仅依据既往现实而还不是未来理想进行考量，也应当出现这样的结果。否

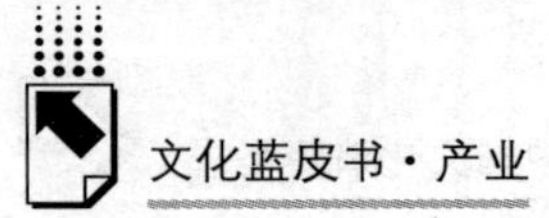

则，全国文化消费需求增长不足必定导致文化生产增长不足，那样文化消费需求总量规模便难以支撑文化产业成为战略性支柱产业。

实际上，按照2000～2009年相关各项数据增长变动的“可能”态势测算，从2010年开始，全国城乡人均非文消费占人均收入的比例值将会小于即优于2008年水平，并且此后逐年进一步优化。这就为“十二五”期间全国城乡文化消费需求增长与经济增长、民生增进的协调性进步预留了余地，而相应测算仍以维持2008年该项比例值水平计算，于是反过来调节缓解了“协调增长”的压力。这样一来，关键性的着力点即在于增加城乡广大居民收入，提高人均收入与人均产值的比例值、健全社会保障减缓“积蓄需求”，提高人均文化消费与人均非文消费剩余的比例值。当然，目前需要密切关注的是，近来物价指数又有明显高涨，这很有可能成为抑制消费尤其是文化消费需求的不利因素。此轮物价上涨究竟会产生什么影响，等待此后年度统计数据正式公布便能够明了。

在“十二五”期间注重“协调增长”和“协调发展”的预定目标之下，这样一种寄期实现既往年度“最佳值”的“应然”测算，实在不过是一种起码的期待，实际的增长结果应当更加令人乐观，人们有理由抱定这样的信心。毕竟追求“丰产丰收”的目的不过是为了满足“丰衣足食”，而民生建设、人文发展的要义首先在于公平正义和均衡协调——这些都是“科学发展”的应有之义。

B.24

中国文化产业发展大事记

宋存洋　王莹莹 整理

2010 年

一月

1 月 8 日　文化部全国动漫企业认定管理工作办公室公布，共有 100 家企业通过文化部、财政部、国家税务总局的审核，成为首批被认定的动漫企业。入围企业将享受增值税、企业所得税、营业税、进口关税和进口环节增值税五种税收减免优惠。（文化产业网）

1 月 8 日　“北京文化创意产业金融服务中心”在北京银行宣武门支行挂牌，这是中国首家金融服务文化创意产业特色支行。北京银行将对“北京文化创意产业金融服务中心”进行风险单独授权，简化文化创意企业贷款审批流程等多项配套服务措施。在文化金融产品方面，将提供“创意贷”品牌下的 10 大类系列贷款子产品，包括文艺演出、出版发行和版权贸易、广播影视节目制作和交易、动漫游戏研发制作、广告和会展、古玩和艺术品交易、设计创意、文化旅游、文化体育休闲等特色产品。与此同时，宣武区政府将对符合条件的文化创意企业给予一定贴息支持。（文化产业网）

1月9日 第七届中国文化产业新年国际论坛在北京大学开幕。本届论坛以“纪念新中国成立60周年：全球视野下的产业融合与文化振兴”为主题，百余名中国文化产业领导部门的负责人、国内外权威专家以及行业精英出席论坛。（新华网）

1月9日 第23届北京图书订货会在京开幕。订货会为期3天，成交订货码洋28.5亿元，比去年增加3.4亿。图书馆现货看样采购9200万元码洋，比去年增加1100万元。（文化产业网）

1月13日 新闻出版总署党组书记、署长、国家版权局局长柳斌杰在全国新闻出版工作会议上宣布，今后十年我国新闻出版工作的主攻方向和新闻出版业的发展目标确定为：向新闻出版强国迈进！数据显示，与2008年相比，2009年全国新闻出版业总产值增长20%左右，图书销售增长20%左右，新媒体出版增长42%左右，投资总额增长35%左右。（中国新闻出版网）

二月

2月3日 广电总局已经发放首批3G手机视听牌照，包括央视、上文广、《人民日报》、新华社等八家企业入选。（21世纪网）

2月5日 “中国百家音像企业反盗版大行动启动仪式”在北京举行，中国唱片总公司等100家音像企业的代表共同宣誓，坚决抵制盗版行为。来自中宣部、新闻出版总署、文化部等国家有关部委和社会各界的嘉宾300余人纷纷在反盗版大行动签名支持板上签名声援。（中国新闻网）

2月6日 上海宝山中国首条倡导“动漫生活方式”的动漫街开幕。坐落于汶水路的动漫街由50个独立商铺组成，总面积约5000平方米，是一条集展示、交流、体验、科普、娱乐等功能为一体的动漫生活方式体验街区。（中国新闻网）

2月26日 第十一届全国人民代表大会常务委员会第十三次会议通过全国人民代表大会常务委员会关于修改《中华人民共和国著作权法》的决定。（文化产业网）

三月

3月5日 国务院总理温家宝在十一届全国人大三次会议上作政府工作报告时指出，新的一年，我们要更加重视和大力加强文化建设。（文化产业网）

3月10日 文化部与中国工商银行签署支持文化产业发展战略合作协议。协议本着“长期合作、优势互补、共谋发展”的原则，充分发挥各自资源优势，更好地支持我国文化产业发展。（新华网）

3月16日 财政部发布了《关于2009年中央和地方预算执行情况与2010年中央和地方预算草案的报告》。其中明确，财政部安排文化体育与传媒支出314.49亿元，积极支持文化体制改革，重点推进中央各部门（单位）148家经营性出版社转企改制等文化事业的发展。（新华网）

3月17日 首批上海市文化“走出去”专项资金扶持项目公布，上海市24家文化企业的24个文化“走出去”项目经评审通过后获专项资金支持，本次专项资金总额为562万元。24家企业按产权划分，近2/3为非公经济与混合所有制企业。（文化产业网）

3月25日 时代出版传媒股份有限公司举行了ISO 9001：2008质量管理体系认证授牌仪式，成为全国首家通过该项国际认证的大型文化企业和出版传媒上市公司。时代出版传媒股份有限公司，是我国新闻出版主业真正意义上整体上市第一家，是文化体制改革的一项重要成果，是文化产业在资本市场上的新突破和新亮点。而近两年其推出的民族新漫画《四大名著》版权已输出10多个国家，创同类图书记录。（中新网）

四月

4月9日 中宣部、中国人民银行、财政部、文化部、广电总局、新闻出版总署、银监会、证监会、保监会联合下发《关于金融支持文化产业振兴和发展繁荣的指导意见》（银发〔2010〕94号）。（人民网）

4月24日 第20届中国图书交易博览会在成都举行。来自全国各地的1000余家知名出版商带着30余万种图书参加此次博览会。在本届博览会中数字出版成为最大亮点，包括网络文学、手机阅读、手持阅读器、电纸书等国内最尖端的数字出版技术首次在成都集中亮相。（文化产业网）

4月28日 由国家广电总局和浙江省人民政府主办的第六届中国国际动漫节开幕，本届动漫节以“动情都市，漫优生活”为主题，围绕“国际化、品牌化、专业化、顶级化”为目标。中国国际动漫节是国家唯一重点扶持的动漫会展项目，设会展、论坛、大赛、活动演出等多个板块，每年参观人次近百万，产业成交额突破50亿人民币。（文化产业网）

4月30日 上海世博会在世博园区盛大开幕。来自全球189个国家和57个国际组织实际参展，创造了世博会159年历史之最。（文化产业网）

五月

5月4日 文化系统体制改革工作电视电话会议召开。会议主会场设在北京，全国各省、自治区、直辖市、新疆生产建设兵团和各计划单列市设有分会场。文化部党组书记、部长蔡武出席会议并讲话。他强调，要推动文化系统体制改革取得决定性进展，为促进经济发展方式转变作出应有的贡献。（文化产业网）

5月6日 中国社科院文化研究中心和社会科学文献出版社联合发布《文化蓝皮书：2010年中国文化产业发展报告》。报告指出，文化产业是一个转型中的产业，自身也面临重大的结构调整任务，必须从转变发展方式中获得新的推动力和增长空间。（中国网）

5月10～25日 第九届中国艺术节在广州举行。这是中国艺术节首次在华南地区举办，也是首次由省会城市承办。全国31个省市自治区和新疆生产建设兵团分别组织代表团前往观摩和参加活动。艺术节期间，开展第十三届“文华奖”和第十五届“群星奖”评选活动，共举办114台各类文艺演出。（4月22日《人民日报》）

5月14日 第六届中国（深圳）国际文化产业博览交易会开幕，本届文博会吸引来65个国家和地区的1797家政府组团、机构和企业参展，首次实现全国所有省市区全数参展的“满堂红”；与会外商上万名。参展客商带来3000余个文化产业投融资项目。（中广网）

5月14～5月17日 “文博会”期间，首届中国国际新媒体影视动漫节盛大亮相。该动漫节是由国家广播电影电视总局和深圳市政府主办，深圳市文体旅游局、深圳广播电影电视集团承办，每年五月在深圳“文博会”期间举行。首届中国国际新媒体影视动漫节的主题是：新媒体·新生活·新未来。内容包括：赛事活动（首届“金鹏奖”中国国际新媒体短片大赛、“金鹏奖”中国十大卡通形象评选、“中国时刻”2010 新媒体广告创意大赛）、主题论坛、博览会展、版权交易、颁奖盛典等五大板块。（中国网）

5 月 14 日　文化部在深圳会展中心牡丹厅举行了《中国文化产业 2010 投融资项目手册》发布会暨重点项目招商推介和合作签约仪式。（人民网）

5 月 23 日　《2010 中国广播电影电视发展报告》（广电蓝皮书）在北京发布，这是广电总局发展研究中心自 2006 年以来组织编写的第五部报告。全书共 7 章 35 万字，涵盖了广播影视发展环境、公益事业发展状况、产业发展状况、技术发展状况、行政管理状况等各个方面，并提供了丰富的个案研究报告。（中国文化产业网）

5 月 25 日　文化部首次发布了《2009 年中国网络音乐市场年度市场报告》（以下简称“年度市场报告”），年度市场报告回顾了 2009 年我国网络音乐发展与管理的总体状况，公布了 2009 年我国网络音乐市场权威数据，明确了今后网络音乐发展与管理的基本思路，将对规范网络音乐市场、促进网络音乐行业发展具有重要的指导意义。（人民网）

5 月 27 日　第三届海外华文传媒国际峰会在西班牙首都马德里开幕，来自全球十余个国家的华文传媒代表和各界嘉宾 150 余人出席。中国驻西班牙大使朱邦造、马德里自治区政府移民局负责人巴勃罗·希内斯、西班牙工商旅游部投资促进局总监豪尔赫·达贾尼等出席会议并致辞。（新华网）

5 月 28 日　第十届世界旅游旅行大会在北京成功召开。这次大会的主题为：旅游，世界第一大产业，迈向新领域。大会期间，中共北京市委研究室、北京市旅游局发布《旅游产业作为世界第一大产业发展状况研究》报告，报告重点强调了旅游产业成为世界第一大产业符合世界经济社会发展规律，并就旅游产业已经成为世界第一大产业、旅游产业具有广阔的发展前景进行了详细地阐述。（中国网）

5 月 29 日　长春高新技术产业开发区动漫软件服务外包产业园、国家新媒体产业基地合作园奠基仪式在长春高新区南区举行，同时 30 个高端项目集中开工，这标志着长春市的文化创意产业进入了一个新的发展阶段。（文化产业网）

六月

6 月 2 日　中华人民共和国国家工商行政管理总局局务会审议通过《网络商

品交易及有关服务行为管理暂行办法》，该《办法》自2010年7月1日起施行。（国家工商总局法规司网站）

6月4日　香港首届中国戏曲节在香港文化中心开锣，北京京剧院“程韵绵长——程派艺术展演”作为开幕演出为香港观众献上《锁麟囊》等程派代表作，受到观众热情欢迎。本届戏曲节主办方香港特别行政区康乐与文化事务署邀请了中国大陆和香港12个剧团，将在为期48天的戏曲节期间展演包括京剧、昆曲、粤剧、潮剧、越剧、莆仙戏、正字戏、川剧、南音等剧种在内的10台节目。（人民网）

6月8日　中国国务院新闻办公室发表了《中国互联网状况》白皮书。白皮书指出，中国政府充分认识到互联网对于加快国民经济发展、推动科学技术进步和加速社会服务信息化进程的不可替代的作用，高度重视并积极促进互联网的发展与运用。白皮书旨在介绍中国互联网发展的基本情况，说明中国政府关于互联网的基本政策以及对相关问题的基本观点，帮助公众和国际社会全面了解中国互联网发展与管理的真实状况。（新华网）

6月9日　国家统计局公布了《2008年我国文化产业发展情况的报告》。《报告》根据2004年国家统计局颁布的《文化及相关产业分类》，利用2008年第二次全国经济普查资料，对文化产业2008年的发展状况及近年来的发展态势进行了全面、系统分析。《报告》显示，截止到2008年底，我国文化产业现有法人单位46.08万个，从业人员总数达1182万人；实现增加值7630亿元，相当于同期国内生产总值的2.43%。其中，法人单位实现增加值7166亿元，占文化产业增加值的93.9%。（人民网）

6月11日　神通艺术世界《书画家风采》频道上线运营，以网络的形式，为著名书法家、画家提供了新的艺术展示平台，吸收了著名书画家陈宏、洪泽玉、徐九龙等10名艺术家作为首批会员。该频道将传统的书法艺术、绘画艺术搬到网上，与广大书画爱好者进行艺术交流。（人民网）

6月12日　广电总局下发管理通知规范婚恋交友类电视节目。通知要求，婚恋交友类电视节目不能由演员、模特、节目主持人、“富二代”、“成功人士”等身份的嘉宾占据荧屏；不得选择社会形象不佳或有争议的人物担当主持人；不得以婚恋的名义对参与者进行羞辱或人身攻击，甚至讨论低俗涉性内容，不得展示和炒作拜金主义等不健康、不正确的婚恋观。（新华网）

6月16日 首届中国农民艺术节于在全国农业展览馆开幕。中共中央政治局委员、国务院副总理回良玉出席并强调，随着我国经济社会平稳较快发展和农村物质文明、精神文明建设的快速推进，广大农民和民间艺术工作者的创作热情空前高涨，在传统艺术不断发扬光大的同时，新的艺术形式和内容也层出不穷，农民艺术活动呈现出活跃繁荣的局面。他希望有关方面要进一步采取措施，积极推动农民艺术事业的发展，为丰富农村文化生活、繁荣社会主义文化事业、促进我国农业现代化发展和新农村建设作出更大的贡献。（文化产业网）

6月17日 第五届全国大学生原创动画大赛在广州正式启动。大赛由中国国际漫画节组委会主办、广州市天河区委、天河区政府和南方出版传媒股份有限公司、国家软件产业基地（广州）承办。（中新网）

6月21日 国家广电总局公布2009年度少儿精品发展专项资金及国产动画发展专项资金项目评审结果，185个项目共计获得2127万元奖励资金。其中，北京人民广播电台、北京卡酷动画卫视频道和本市三家动画企业的6个项目入选，北京辉煌动画公司出品的《三国演义》一举摘得优秀国产电视动画片特等奖。（文化产业网）

6月22日 国内首个专注文化与传媒行业投融资的人民币私募股权基金——华人文化产业投资基金，在沪宣布完成首期20亿元人民币资金募集，正式投入运营。华人文化产业投资基金规模50亿元人民币，是首个在国家发改委获得备案通过的文化产业基金。（人民网）

6月23日 由文化部主办，文化部艺术司、政策法规司、文化产业司承办的首届全国民营艺术院团优秀剧目展演，在北京长安大戏院拉开帷幕。此次展演汇集23个民营艺术表演团体的14台优秀剧目，涵盖戏曲、动漫舞台剧、音乐剧、民乐、曲艺、杂技、木偶、皮影等多个艺术门类，将在北京长安大戏院、梅兰芳大剧院、保利剧院、解放军歌剧院、北展剧场、中国儿童剧场共演出28场。（文化产业网）

6月23日 第三次国家级文化产业示范园区联席会议在曲阜孔子文化会展中心国际会议厅召开。会议就示范园区如何利用好当前大力发展文化产业的政策机遇，发挥优势，健康发展进行探讨。（文化产业网）

6月24日 国内首个著作权交易保证保险产品发布会在北京东方雍和国际

版权交易中心交易大厅隆重举行。中国保监会、中国版权保护中心、北京市金融工作局的相关领导应邀参加了该产品的发布仪式。（文化产业网）

6月28日 中国内地首家动漫游戏主题创业苗圃——“上海动漫游戏创业苗圃”正式启动，中国动漫版权保护办公室长三角交易服务中心亦同期正式揭牌。新启动的“上海动漫游戏创业苗圃”是由上海市科委和上海宝山区人民政府重点支持的动漫游戏产业化服务平台，旨在培育优秀动漫游戏创业项目（团队）。“上海动漫游戏创业苗圃”每年将培育约20个动漫游戏项目。（文化产业网）

七月

7月1日 《网络商品交易及有关服务行为管理暂行办法》开始实施。办法对网络商品经营者和网络服务经营者在境内从事网络商品交易及有关服务行为进行了规范。根据办法规定，通过网络从事商品交易及有关服务行为的自然人，需向提供网络交易平台服务的经营者提出申请，提交姓名和地址等真实身份信息。这意味着，网上开店正式开始进入“实名制”时代。（6月2日《新京报》）

7月3日 深圳文化产权交易所通过“权益拆分”模式，成功推出《深圳文化产权交易所1号艺术品资产包——杨培江美术作品》，并发售完成，显示中国首个艺术品资产包的顺利诞生，此举是对中国文化产业的新型探索。（文化产业网）

7月7日 由文化部和上海市政府主办的第六届中国国际动漫游戏博览会暨2010卡通总动员在上海展览中心举行。这是自2005年开始举办的中国国际动漫游戏博览会与上海本地动漫展会品牌“卡通总动员”进行资源整合后的首度亮相。（人民网）

7月8日 由国家财政支持、文化部组织实施的国家文化创新工程在河北召开2010年度项目评审会议。该奖项涵盖了我国文化产业和公共文化事业的重点领域，对于培育创新意识、倡导创新精神、完善创新机制、建设创新队伍等发挥着重要作用。（文化产业网）

7月9日 中国文化部及上海市人民政府共同主办的第二届“中国（上海）动漫衍生产业高峰论坛”在上海举行，来自美国迪斯尼等国内外知名动漫相关企业围绕“动漫带动产业新发展，产业带来动漫新机遇”共同研讨动漫产业的

衍生出路。（中新网）

7月10日 文化部发出《文化部关于加强文化产业园区基地管理、促进文化产业健康发展的通知》，将文化产业园区、基地界定为从事演艺、动漫、文化娱乐、游戏、文化会展、文化旅游、艺术品和工艺美术、艺术创意和设计、网络文化、文化产品数字制作与相关服务等文化产业门类活动的园区、基地。（文化产业网）

7月14日 由文化部召开的全国文化产权交易工作研讨会，在四川成都召开。各文化产权交易机构在会上做了情况汇报，内容包括文化产权交易机构发展基本情况和工作思路，以及对政府部门推进文化产权交易工作的意见和建议。（四川新闻网）

7月23日 成都文化产权交易所挂牌成立2个月来，首批项目正式签约成交。据介绍，此次找到买家的共有3个项目，总金额1000多万元。这标志着继上海、深圳之后，成都挂牌成立的全国第三家文化产权交易所，服务西部、辐射全国的功能已初步具备。（新民网）

7月24日 文化部出台《国家级文化产业示范园区管理办法（试行）》，针对部分文化产业园区以文化产业的名义进行商业开发的行为，办法明确规定："园区内非文化类商业及其他配套面积不得超过园区总建设面积的20%。"（新华网）

7月29日 "首届中国文化产业项目香港投融资说明会"在香港会展中心举行，探讨内地文化产业投融资及合作机会。（文化产业网）

7月30日 中国联通集团与中国文化传媒集团日前在京签署战略合作协议，我国第一家文化信息类手机报《中国文化手机报》在京正式创刊。（新民网）

八月

8月1日 《网络游戏管理暂行办法》实施，是中国第一部专门针对网游管理和规范的部门规章，除了魔兽、传奇等网络游戏外，开心农场等网页游戏也在《办法》管理范围之内。其中，推行"网游实名制"、禁止强制PK、限制虚拟交易、设定网游企业门槛成为新政中最吸引眼球的四大看点。（新华网）

8月3日 由文化部、青海省文化和新闻出版厅共同主办的第七期西部文化产业经营管理人才培训班在多巴基地举行开班仪式。（青海新闻网）

8月4日　2010年度“国家文化创新工程”项目评选工作日前圆满结束。在文化部文化科技司的主持下，“中国残疾人数字图书馆建设”等10个项目获得立项。（文化部官网）

8月7日　证监会下发一系列文件，对并购重组过程中的各细节问题进行了明确。其中，有十条新规定主要涉及上市公司重大重组方案被否决之后的信息披露、并购重组过程中的反垄断要求、并购重组涉及文化产业准入等问题，并着重对上市公司重组涉及军品秘密时的信息披露豁免进行了规范。（新浪网）

8月11日　易观国际EnfoDesk易观智库发布了2010年上半年互联网数据报告，报告显示：2010年第二季度中国网游市场规模达77.83亿，环比下滑0.5%；上半年中国网游市场规模达156亿元，较2009年下半年环比增长8.3%，较2009年上半年同比增长33.4%。中国网游市场增长阶段性停滞，步入盘整阶段。（易观网）

8月19日　为了传播产业资讯、推行电子政务、促进资源共享，进一步推动我国动漫产业的发展，扶持动漫产业发展部际联席会议办公室批准“国家动漫产业信息服务平台”项目的建设，该平台上线各项准备工作已基本就绪，拟于8月26日正式上线。（国家动漫产业网）

8月21日　“2010国家艺术院团演出推广交易会”在京举行，作为新中国成立以来国家艺术院团规模最大、规格最高、参加人数最多、参展剧（节）目艺术水准最为优秀的演出交易会，九个国家艺术院团分别与相关单位签约各类演出共219场，金额达到3562万元。（中新网）

8月24日　全国人大常委会首次审议的非物质文化遗产法草案明确提出，国家鼓励和支持在有效保护非物质文化遗产代表性项目的基础上，充分发挥非物质文化遗产资源的特殊优势，合理利用非物质文化遗产代表性项目开发具有地方、民族特色和市场潜力的文化产品和文化服务，发展文化产业。（新华网）

8月25日　根据中国人民银行官网发布消息显示，截至今年6月末，文化、体育和娱乐业类各项贷款余额达916亿元，同比增长23.58%，比同期金融机构全部贷款同比增长高4.38个百分点。（文化产业网）

8月26日　中华人民共和国文化部与中国农业银行股份有限公司在京举行全面战略合作启动仪式暨中国农业银行加入“文化部文化产业投融资公共服务平台”仪式。（文化部官网）

8月29日 为期4天的2010中国沈阳（第二届）动漫电脑游戏博览会在沈阳闭幕。展会共吸引了来自日本、韩国以及国内的150多家与动漫产业相关的企业参展。据悉，仅沈阳123文化创意产业园一家在本次博览会上与4家企业现场签约，签约额为6.3亿元，同时达成意向性签约额30亿元。（8月29日香港《文汇报》）

九月

9月1日 中国人寿与国家京剧院在北京签署了《战略合作协议》，开启了大型国有金融企业与国粹艺术的最高殿堂深度合作的先河，双方本着相互支持、共同发展的目的开展全面合作。（9月1日《光明日报》）

9月2日 “文化部优秀保留剧目大奖作品全国巡演”启动仪式在革命老区贵州省遵义市举行。（人民网）

9月6日 文化部长蔡武率领近五十位文化相关官员抵达台湾，参加在台北举行的两岸文化论坛，并与台湾文建会主委盛治仁见面，双方就两岸文化合作进行讨论。因此，蔡武此行被各界视为两岸文化的破冰之旅。（凤凰网）

9月6日 文化部出台《全国文化系统人才发展规划（2010~2020年）》。这是文化系统第一部人才发展规划，也是《国家中长期人才发展规划纲要（2010~2020年）》颁布实施后，首个行业人才发展规划。（文化产业网）

9月9日~10日 以“文化遗产与当代挑战”为主题的第四届亚欧会议文化部长会议在波兰波兹南召开，来自36个亚欧会议成员（35个亚欧国家和欧盟委员会）以及亚欧基金的150余名代表出席了本次会议，即将加入亚欧会议的俄罗斯、澳大利亚也派观察员出席。（文化产业网）

9月15日 第11届国际漫画家大会（ICC，International Comic Artist Conference）暨第13届韩国富川国际漫画节（BICOF，Bucheon International Comics Festival Opening Reception）在韩国富川举行。作为本次活动的重要组成部分，中国漫画展区（China Comic Pavilion）和中国优秀漫画家作品展也于当日在韩国漫画映像振兴院开幕。（文化产业网）

9月15日 “北京市中小企业金融服务平台”正式启动，人民银行营业管理部、市文促中心、北京银监局、市经信委、市金融局、中关村管委会六方共同签署了《北京市中小企业金融服务平台信息共享合作协议》并宣布服务平台正式投入使用。（9月15日《北京商报》）

9月16日 第六届城市文化产业统计研讨会在杭召开。来自国家统计局、广电总局、文化部、新闻出版署等中央部委办有关负责人及北京、上海等25个主要城市的100余位代表参加会议，交流经验，分享成果，取长补短，共谋发展。（9月17日《杭州日报》）

9月17日 俄罗斯“中国文化节”于2010年9月在俄罗斯莫斯科隆重举行。（人民网）

9月20日 国内艺术管理学界的年度盛会“中国艺术管理教育学会第五届年会暨国际艺术管理论坛”日前在京召开。文化部副部长王文章指出，文化艺术发展的基础是管理，但管理不等于“管死”，政府要完善以间接管理为主的管理体系，而文化团体自身要加强自我管理。（人民网）

9月26日 “广东文化产业电子商务公共服务平台”（www. buychuan. com）正式上线。（9月27日《新快报》）

9月27日 2010中国（曲阜）国际孔子文化节在孔子故里山东曲阜开幕，以纪念这位中国先贤诞辰2561年。（中国文化传媒网）

9月16日~12月7日 瑞士“文化风景线艺术节·中国主宾国”活动陆续在瑞士境内18座城市展开，以巴塞尔为中心，辐射伯尔尼、日内瓦、苏黎世等瑞士着名城市，并延伸至德国、奥地利等国。这是继中法文化年、欧罗巴利亚中国艺术节等大型文化交流活动之后，文化部利用海外高知名度的文化交流平台，推动中华文化“走出去”的又一新亮点。（9月30日《中国新闻社》）

9月30日 第二届中国国际影视动漫版权保护和贸易博览会在东莞国际会展中心拉开帷幕，此次博览会重点打造动漫版权平台。（9月30日《东莞时报》）

十月

法国当地时间10月4日 作为全球动画片客户及相关人士的公开活动之一的MIPJunior在戛纳开幕。此次MIPJunior 2010 Licensing Challenge已接受全球约500多部作品，大赛从作品性、商业性等标准上严格审查，最终仅有6部作品能够入选本次比赛。（中国文化产业网）

10月7日 意大利中国文化年开幕式暨文化年开幕音乐会在罗马歌剧院正式举行，中国国务院总理温家宝、意大利总理贝卢斯科尼及两国政治、经济、文化等各界人士共1000余人参加了活动。（文化部官网）

10月8日~10日 第五届纽约国际动漫展在纽约贾维茨会展中心举行，吸引了1000多家参展商，中国动漫企业首次组团参加。(新华网)

10月8日 两岸文化创意产业研究联盟第二次会议在北京举行，会议以“文化产业人才培育的创新模式”为主题，来自海峡两岸的30所高校参加了此次盛会。(中国文化产业学术网)

10月9日 湖北华中文化产权交易所在武汉成立，这是华中地区成立的首家文化产权交易机构。今后，凡是涉及湖北国有文化的产权交易都将进入这个平台。(文化产业网)

10月9日 由世界知识产权组织、文化部文化产业司、国家广播电影电视总局办公厅、国家新闻出版总署产业发展司、上海世博局指导；由中国传媒大学、澳大利亚昆士兰科技大学、河北省委宣传部主办的第五届“创意中国·和谐世界”文化产业国际论坛在北京召开。会议宣布正式成立全球文化产业学术联盟。该论坛是由中国传媒大学、澳大利亚昆士兰科技大学联合主办的国际高端产业论坛，自2006年始至今已成功举办四届。(人民网)

10月14日 由国家旅游局和天津市政府共同主办、世界旅游组织特别支持的“2010中国旅游产业节”在天津开幕。本次产业节的主题是“旅游产业的盛会，合作共赢的舞台”。(10月14日《人民日报》)

10月14日 由文化部文化科技司和中国艺术科技研究所共同主办的“文化与科技融合研讨会”在北京召开。(10月20日《中国文化报》)

10月15日 第五届中国西部文化产业博览会在西安开幕。作为国家级、国际化的综合性文化产业会展活动，西部文博会已经成为展示西部文化产业、促进中西部文化产业交流合作的一个重要平台。来自泰国、马来西亚等东盟国家首次组团参展，成为诸多展馆中的亮点之一。(中国新闻网)

10月18日 在江阴金鸡百花电影节论坛上，中国电影家协会产业研究中心发布了一份《“十二五”期间，研究中国电影产业黄金五年发展战略报告》，报告对未来五年中国电影市场发展趋势作出预测，认为届时全国票房将突破300亿元，冲击400亿，影院银幕数量达到12000块，中国将成为全球第二大电影市场。(国家动漫产业网)

10月21日 第八届中国国际网络文化博览会在北京开幕，为网络时代的人们展示一个网络生活的新景象。(中国广播网)

10月19日~24日 由中国艺术研究院、欧盟文化中心合作组织、上海世博会事务协调局共同主办，上海戏剧学院、中国美术学院承办的第三届中欧文化对话在上海举行。(10月22日《中国文化报》)

10月24日 （第五届）中国南京文化产业交易会期间，南京发起设立了一个1亿元规模的“公司型”文化创业投资基金，以加快推进有一定规模、管理规范、发展前景较好的中小文化企业实现上市。(新华网)

10月24日 由国家发改委培训中心与北京大学文化产业研究院联合举办的第一届中国文化产业前沿论坛在北大举行。本届论坛的主题是“十二五：中国文化产业新图景——区域文化产业发展模式选择暨投融资对话”。（新华网）

10月26日~28日 由国家文化部文化科技司、中共深圳市委宣传部、深圳市文体旅游局共同主办的首届中国演艺科技高峰论坛暨“演艺文化的科技支撑和本体开拓”经验交流会在深圳举行。(文化部网站)

10月27日 哈尔滨市正式成立了文化产业协会。(黑龙江新闻网)

10月27日 湖北文化产业招商博览会举行“金融支持文化产业振兴发展暨文化产业招商项目签约仪式”，仪式上共签订金融支持文化产业振兴发展项目4项，文化产业招商项目签约37项，合同金额高达270多亿元，意向协议金额100亿元。(1月13日《中国联合商报》)

10月28日 中南出版传媒集团股份有限公司登陆上交所，公开发行3.98亿股新股，市值突破240亿元，有望成为传媒第一龙头股。（11月12日《华夏时报》)

10月30日 陕西省博物馆学会相关文化产业专业委员会正式成立。这是全国首个博物馆学会相关文化产业机构。(中国文化产业网)

十一月

11月1日 文化部出台《关于开展全国基层文化队伍培训工作的意见》。决定在“十二五”期间大力推动全国基层文化队伍培训工作。(《中国文化报》)

11月3日~6日 2010中国（中山）国际游戏游艺博览交易会在广东省中山市举行。(11月12日《中国文化报》)

11月9日 由文化部主办、湖南省文化厅承办的2010国家动漫产业高级研

修班（新媒体动漫方向）在长沙举行开班了典礼。全国一共有65名新媒体动漫企业的负责人参加培训。（新华网）

11月11日 文化部、国家旅游局联合评选出首批“旅游演出类国家文化旅游重点项目名录”，《西湖之夜》、《印象刘三姐》、《宋城千古情》、《东北二人转》、《禅宗少林音乐大典》、《魅力湘西》等35个文化旅游演出项目上榜。（文化部官网）

11月12日 广东省南方文化产权交易所股份有限公司在广州正式挂牌，这是广东省统一的文化产权和版权交易市场与平台，为本土文化企业提供版权登记、版权交易、投融资、法律维权等服务，重在突破文化企业融资瓶颈。（11月12日《人民日报》）

11月12日 由第五届中国北京国际文化创意产业博览会组委会办公室、北京市文化创意产业促进中心、石景山区人民政府主办，石景山区文化创意产业领导小组办公室、北京动漫游戏产业联盟、北京每日智库管理顾问有限公司承办，北京影视动画协会、ACG国际动画教育机构、《北京商报文化创意产业周刊》、23家市级文化创意产业集聚区协办的动漫游戏产业发展国际论坛在石景山区举办。来自文化部、广电总局和北京市的主管部门领导以及国内外动漫游戏领军企业、150多所国内外院校的专家学者和业界精英共600人出席了本次论坛。（人民网）

11月11日~14日 由中华文化联谊会、台湾商业总会主办的“首届两岸文化创意产业展”在台北世贸中心南港展览馆举行，以福建参展团为主体的大陆展区，将海西主要是厦门的文创产业介绍给台湾业界和民众。（11月17日《厦门日报》）

11月17日 第四届中国国际文化产业论坛（ICI FORUM）在北京开幕。本届论坛在第五届北京国际文化创意产业博览会期间举办，作为博览会的高峰论坛，它与文博会共同为推动中国文化产业实现跨越式发展贡献力量。由联合国五大机构共同完成的《2010创意经济报告》（中文版）首发式在开幕式上举行。该报告由联合国贸发会议、联合国开发计划署、联合国教科文组织、世界知识产权组织和国际贸易中心联合发布，旨在通过描述概念、制度和政策框架实现科学合理的决策，促进创意经济的繁荣发展。（人民网）

11月18日 全国民营剧院演艺联盟在宁波成立。宁波飞越广场、长沙琴岛演艺广场、杭州金海岸演艺大舞台等全国13家有影响力的民营剧院联合订立自律公约，倡导健康向上的文化氛围，远离低俗、恶俗、媚俗，共同规范文化演艺市场，携手推进文化产业大发展大繁荣。(11 月 19 日《宁波日报》)

11 月 20 日 中国鄱阳湖国际生态文化节在江西南昌举办。文化节盛会吸引了来自美国、欧洲、东南亚及国内众多投资客商，经过推介、考察和洽谈，共签订合作项目 110 个，总投资金额达 758.5 亿元。(中国新闻网)

11 月 19 ~ 20 日 “中国文化产业 30 人论坛”在北京民族饭店召开。此次论坛以“推动文化产业成为国民经济支柱性产业”为主题，在对“十一五”期间我国文化产业的发展进行认真回顾的同时就“十二五”期间我国文化产业的发展路径等问题进行预测和分析。(中国文化产业网)

11 月 21 ~ 22 日 以“文化产业园区的规范与发展”为主题的第二届“文化创意产业与品牌城市国际论坛”在中国人民大学隆重举行。论坛由中国人民大学和文化部文化产业司共同主办，中国人民大学文化科技园和中国人民大学文化创意产业研究中心承办。本届论坛是“第五届中国北京国际文化创意产业博览会”的重要论坛峰会之一。中国人民大学文化创意产业研究中心在论坛上正式发布了历经一年的研究成果——中国省市文化产业发展指数。(中国文化产业网)

11 月 22 日 由文化部、南京市政府主办的首届“上海合作组织成员国文化产业合作南京论坛”在南京开幕。来自上合组织成员国、观察员国、对话伙伴国的多国代表就成员国文化产业合作进行交流。该论坛由中方上海合作组织文化部长第七次会晤上倡议发起，旨在进一步拓展交流渠道，丰富交流内容，增进上合组织各国文化企业界的相互了解、相互借鉴，加强成员国及相关国家之间的文化交流与合作。(新华网)

11 月 22 日 我国第一家文化艺术品交易所——天津文化艺术品交易所在天津启动。天津文化艺术品交易所是为推动文化产业发展，探索金融改革创新模式，经天津市人民政府批准成立的文化艺术品份额化交易平台。交易所通过文化艺术品市场与资本市场的对接，为文化艺术品的流通开辟新的路子。(11 月 24 日《人民日报》)

11 月 25 日 第二届“中国（上海）动漫衍生产业高峰论坛”在上海新锦江大酒店举行，这是目前国内唯一的动漫衍生产业主题论坛，本次主题为：动漫生活与衍生时代。(11 月 25 日《文汇报》)

11 月 26 日 2010 中国—东盟文化产业论坛在南宁召开，中国文化部、广西文化厅以及国内相关文化产业的代表，越南、缅甸、老挝、泰国、柬埔寨等东盟国家驻南宁总领事馆的总领事以及相关人员参加了本次论坛。(中新网)

11 月 26 日 为期一周的全国文化行业高技能人才培训班在山东省济南市结束。本次培训班由文化部人事司主办、山东省文化厅承办，来自全国各省、自治区、直辖市的 60 多名文化行业高技能人才代表参加了培训。(《文化部官网》)

11 月 30 日 曲江新区管委会与国家行政学院社会和文化教研部、中国政法大学新闻与传播学院合作共建文化产业教学科研基地签约仪式在西安举行。这是国内首个由国家级文化产业示范区联袂高等院校成立的文化产业教学科研基地，旨在通过合作实现优势互补，互惠共赢，在文化产业发展的理论研究、发展实践和人才培养等方面取得新的成绩。(12 月 1 日《陕西日报》)

11 月 30 日 在“多彩贵州”商标全面注册暨品牌招商新闻发布会上，“多彩贵州”作为我国首个省级文化品牌商标全面注册成功，标志着贵州省文化产业进入品牌经济保护时代。(12 月 2 日《贵州日报》)

十二月

12 月 1 日 经住房和城乡建设部、国家发改委批准，《文化馆建设标准》正式施行。这是我国首次对文化馆设施建设颁布的规范标准，对加强以文化馆为代表的公共文化设施的保障机制，具有重要意义。(中国文化传媒网)

12 月 2 日 中央文化管理干部学院文化体制改革与发展研究中心在京成立。该中心由中央文化管理干部学院联合国务院发展研究中心等相关单位组建。作为国内首个专门就国内外文化领域的体制改革与文化行业发展进行研究的科研机构，该中心紧紧抓住文化系统体制改革与发展中的重点、难点、焦点问题进行深入研究，提供政策咨询、决策咨询服务。(12 月 5 日《光明日报》)

11 月 29 ~ 12 月 3 日 为贯彻落实中央领导同志的有关指示精神，推动一批骨干文化企业尽快做大做强，进一步发挥示范引领作用，从而提升我国文化产业的素质和水平，为实现文化产业规模化、集约化、专业化发展的目标打好基础。文化部系统四家集团公司经营管理人才培训班暨文化企业改制上市研讨班在京举办。文化部党组副书记、副部长欧阳坚 12 月 2 日到会并发表讲话。(《文化部官网》)

12 月 6 日　由英国贸易投资总署主办，中国动漫集团和英中贸易协会承办，并得到文化部文化产业司以及英国文化、媒体和体育部支持的中英动漫合作论坛在北京召开，来自中英两国动漫界、数字娱乐媒体领域的知名专家学者和近百位企业人士参加了论坛交流，并就两国在动漫电影、电视新媒体等数码娱乐领域的合作空间进行了积极探寻。（12 月 8 日《中国文化报》）

12 月 8 日　中国人民大学文化创意产业研究中心发布中国省市文化产业发展指数，北京以综合指数 78.6、生产力指数 83.0、驱动力指数 69.9 位列三项排名第一，江苏以 84.6 居影响力指数第一，上海、广东、浙江则在上述四项排名的二、三名中交替出现。（12 月 8 日《光明日报》）

12 月 9 日　文化部在天津举行第四批国家文化产业示范基地命名授牌大会，天津神界漫画有限公司、上海今日动画影视文化有限公司、湖南大剧院等 70 家企业获此殊荣。（新华网）

12 月 15 日　中国文化部外联局与韩国文化产业振兴院在中国文化部签署《中韩文化产业合作 2011 ~2012 年行动计划》。（中国新闻网）

12 月 15 日　文化部正式发布通知，并在文化部官网公布名单，决定集中清理音乐天空网、123wma 音乐网等 237 家涉嫌从事违规经营活动的网络音乐网站。（中新网）

12 月 15 日　由中华人民共和国文化部和韩国文化产业振兴院主办、中国对外文化集团公司承办的《2011 ~2012 中韩文化产业合作行动计划》签署仪式暨中韩文化产业政策对话会在北京举行。（中国网）

12 月 16 日　深圳文化产权交易所与中信信托有限责任公司在深圳举行了战略合作协议签约仪式，双方在文化产权、艺术品投资、艺术衍生品创设等方面的进行创新性合作。同时，首只书画类信托基金——中信信托发行的中信文道·中国书画投资基金正式进入深圳文化产权交易所进行交易。该基金首次发行规模 4000 万，已完成募集。（12 月 17 日《证券时报》）

12 月 17 日　由阿里巴巴董事局主席马云和聚众传媒创始人虞锋等 10 多位企业家发起的云锋基金，宣布向大型实景演出系列《印象》投资 5000 万美元。这是迄今为止，演出界最大的一笔投资。（12 月 20 日《北京商报》）

截至 12 月 19 日　中国企业在海外 IPO 有 52 家，其中，在美国上市企业 40 家，7 家公司在新加坡上市，韩国 3 家，德国 1 家，英国 1 家。（12 月 22 日《证

券日报》）

12 月 22 日　文化部、财政部、国家税务总局联合公布了 2010 年通过认定的动漫企业和重点动漫企业名单。（中国文化产业网）

12 月 21 日　由中国国际文化产业促进会、中国网视台、中国书法城联合主办的“第二届国际文化产业发展论坛暨中国网视台成立四周年庆典”在北京举办。（人民网）

12 月 27 日　由国家文化部、广电总局和新闻出版总署指导，中国传媒大学文化产业研究院主持编纂的《中国文化产业年鉴》（2010）在京首发。（人民网）

12 月 28 日　文化部文化科技司、武汉大学主办，武当山旅游经济特区、武汉大学国家文化创新研究中心共同承办的“2010 中国文化创新高峰论坛”，在湖北武当山举行，来自全国各地的专家学者 50 多人出席论坛。（12 月 28 日《光明日报》）

约稿启事

文化蓝皮书《中国文化产业发展报告》（简称《文化产业蓝皮书》）是中国社会科学院文化研究中心与文化部、上海交通大学国家文化产业创新与发展研究基地合作，于2001年起着手编写的年度性国家文化产业报告，迄今已出版了十本（2001～2002年、2003年、2004年、2005年、2006年、2007年、2008年、2009年、2010年、2011年），赢得了广泛好评。《文化产业蓝皮书》的出版，配合了中央关于发展文化产业和推动文化体制改革的一系列重大决策的出台，产生了较大的社会影响，已经成为我国文化产业的权威性工具书。

为全面反映我国文化产业发展，《文化产业蓝皮书》总课题组特面向全国征集稿件。

《文化产业蓝皮书》提倡用产业经济的方法，联系体制改革和政策分析，对文化产业进行宏观扫描和跨学科研讨。本书的栏目包括：宏观视野、专家论坛、行业报告、区域报告、国际文化产业、个案研究、统计研究等，您可以自行选择针对不同栏目的合适的题目。请在确定选题后，于8月30日前将文章提纲发送给文化蓝皮书总课题组。

来稿要求观点明晰，论据充足，材料详实，行文简洁流畅。篇幅在6000～10000字左右。文章体例要求请见已出版的《文化产业蓝皮书》。

来稿应当是未公开发表的学术论文，敬请作者自留底稿。来信请注明作者工作单位。如决定使用，《文化产业蓝皮书》总课题组将对来稿进行文字编辑，如有删改意见，将与作者联系。

《文化产业蓝皮书》撰稿人将享有以下权利：以蓝皮书撰稿人或者分课题主持人身份，在本单位立项，编委会根据撰稿人申请，发出课题立项通知；稿酬和赠送样书；与蓝皮书相关的其他学术研讨活动（如“《文化产业蓝皮书》年度撰稿人会议”）；等等。

联系方式：北京市建国门内大街5号中国社会科学院文化研究中心，邮编：100732。电子邮件：whyjzx@vip.sina.com。

图书在版编目（CIP）数据

2011年中国文化产业发展报告/张晓明，胡惠林，章建刚主编．—北京：社会科学文献出版社，2011.7
（文化蓝皮书）
ISBN 978－7－5097－2415－6

Ⅰ.①2… Ⅱ.①张… ②胡… ③章… Ⅲ.①文化产业－研究报告－中国－2011 Ⅳ.①G124

中国版本图书馆CIP数据核字（2011）第099531号

文化蓝皮书
2011年中国文化产业发展报告

顾　　问／江蓝生　谢绳武
主　　编／张晓明　胡惠林　章建刚

出 版 人／谢寿光
总 编 辑／邹东涛
出 版 者／社会科学文献出版社
地　　址／北京市西城区北三环中路甲29号院3号楼华龙大厦
邮政编码／100029

责任部门／皮书出版中心（010）59367127　　责任编辑／田玉荣　周映希
电子信箱／pishubu@ ssap. cn　　责任校对／徐兵臣
项目统筹／邓泳红　　责任印制／董　然
总 经 销／社会科学文献出版社发行部（010）59367081　59367089
读者服务／读者服务中心（010）59367028

印　　装／北京季蜂印刷有限公司
开　　本／787mm×1092mm　1/16　　印　　张／18.75
版　　次／2011年7月第1版　　字　　数／317千字
印　　次／2011年7月第1次印刷
书　　号／ISBN 978－7－5097－2415－6
定　　价／59.00元